钱币学 戴建兵 丛书主编

十九世纪英美涉华货币档案

［法］玛瑞纳·科瓦查克
［俄］乔治斯·德佩罗 编

张素敏 习永凯 译

SHIJIUSHIJI YINGMEI SHEHUA HUOBI DANG'AN

河北出版传媒集团
河北人民出版社
石家庄

图书在版编目（CIP）数据

十九世纪英美涉华货币档案 /（法）玛瑞纳·科瓦查克，（俄罗斯）乔治斯·德佩罗编；张素敏，习永凯译. -- 石家庄：河北人民出版社，2021.4
（钱币学 / 戴建兵主编）
ISBN 978-7-202-15364-2

Ⅰ. ①十… Ⅱ. ①玛… ②乔… ③张… ④习… Ⅲ. ①货币史－史料－中国－19世纪 Ⅳ. ①F822.9

中国版本图书馆CIP数据核字(2021)第072639号

丛 书 名	钱币学
书　　名	十九世纪英美涉华货币档案
	SHIJIU SHIJI YINGMEI SHEHUA HUOBI DANGAN
丛书主编	戴建兵
本书编者	（法）玛瑞纳·科瓦查克　（俄罗斯）乔治斯·德佩罗
本书译者	张素敏　习永凯
责任编辑	高　菲
美术编辑	秦春霞
封面设计	王　超
责任校对	余尚敏
出版发行	河北出版传媒集团　河北人民出版社
	（石家庄市友谊北大街330号）
印　　刷	河北新华第二印刷有限责任公司
开　　本	787毫米×1092毫米　1/16
印　　张	30
字　　数	377 000
版　　次	2021年4月第1版　2021年4月第1次印刷
书　　号	ISBN 978-7-202-15364-2
定　　价	99.00元

版权所有　翻印必究

引言
YINYAN

本书收集了驻中国的英美商业代表、领事或大使的文献、文献段落及语句。

庞杂的报告及信件记录了许多细节和有价值的信息，借此我们可以查看到19世纪下半叶的货币流通及经济状况。

文献有关货币与中国的货币体系间的关系主要涉及外国人所从事的贸易活动。

主要问题与中国缺乏全国统一的货币有关，还涉及银元，即纹银的流通。这些纹银的重量和金属含量各不相同，甚至因地区而异，在不同的时期也不相同。

纹银与现金及西方货币间的等价问题是许多报告和书信的中心问题。

有关此方面文献，曾出版了两部书，作为"中国货币备忘录"。第一本由乔治佛·西沃德（George F. Seward）整理，第二本由穆·凡布朗特（M.von Brandt）整理。在书中，他们详尽地描绘了1878年间中国的货币问题。

书中也多处描述了中国的货币和金银进出口。

本书最后部分补充了一些有关香港对日开放及贸易的货币关系。

文献的大部分来自乔治斯·德佩罗（Georges Depeyrot）在东京大学亚洲高级研究所期间（2011年8—9月）的收集，该收集受到日本科促会的赞助。

序言
XUYAN

19世纪上半叶的一个标志是淘金热。19世纪40年代,加利福尼亚和阿拉斯加发现矿脉(在南非和澳大利亚发现矿床之前),导致金价相对银价下跌。1850—1860年间,黄金和白银之间的价格才恢复稳定。

贸易是财富的来源,为扩大贸易,西方施加其他国家的压力越来越大。经济博弈涉及多个国家,包括欧洲国家(主要是英国)、美国、印度和日本。严格意义上来讲,西方人加深了殖民剥削。这种剥削与列国通过对本国货币征税而获利有关。

但是,各种货币之间的汇率不利于交易。中国人偏爱西班牙硬币,相同重量和相同数量的硬币比欧洲硬币更值钱。因此,19世纪50年代反复提出的一个问题是,在亚洲建立一种西式货币储备,以降低货物交易造成的损失。于是,决定在香港制造硬币。

19世纪60年代末,内华达州巨大白银矿床的发现吸引了大量矿工。短短几年之内,世界白银年产量至少增长了4倍。

市场上源源不断、日益增多的白银导致白银价格降低,黄金价格增长。因此,我们可以将两条曲线放在一起,以突出显示白银和黄金两种贵金属价格演变的相似性。

随着西方世界被白银涌入所掩埋,经济和货币动荡加剧。在此之前,流通货币是黄金和白银,它们关系稳定、固定,密切相关。举例来说,金币或银币可以用相同的方式来支付一美元。但是,大量白银的到来造成银币贬值,金币增值。

免费铸币体系中,任何人都可以携带金属进行铸造。因此,人们就有可能携带商业活动中购买的金属获得大于其贸易值的法定货币。

1870年至1914年间，西方国家逐渐采用了金本位制。

但是，如何处理从银矿中提取的大量白银呢？这个问题一直是众多国际货币会议的主题，提出了多种解决方案。美国决定购买白银以支持其价格。美国这一购买措施导致白银的价值两次上升。但银矿中提取出来的白银数额巨大，导致这一措施无法继续执行。因此，白银的价格与黄金的价格相比有所下降。

另一个方案是促进亚洲的货币流通。货币是中国、日本和东南亚大部分地区的常见付款方式。银货币在这些国家和地区受到追捧，其价格高于白银贬值的美国或欧洲。

国外各大国先是尝试通过使用西方正在贬值的白银进行贸易，然后以更高的利润转售。他们试图强迫中国使用从西方货币体系复制而来的交易手段，即使用硬币。原因是如果中国采用西方货币体系，那么白银可能会在中国大量流通，而中国的需求将足以维持西方白银的价格。召开香港货币研讨会的目的就是生产运往中国大陆的硬币。

香港研讨会的目的很快落空了。英国殖民地生产的硬币遭到习惯使用纹银的中国商人拒绝。香港造币厂于1866年开放，1868年关闭，机器出售给了日本。

中国的贸易问题仍未解决。在19世纪下半叶，与货币价格变化有关的贸易争端仍然是交易者关注的问题。铜币在日常交易中占据主导地位，纹银在重要交易中占据主导地位，同被视为阻碍商业和银行利润增长的一大障碍。

本书在阐明了这些分歧的同时，还展示了两个不同的货币体系如何产生冲突，及如何强制中国或中国自愿采取一个新货币系统。

乔治·德佩罗

目录 MULU

英国卷 ································ 001

1. 1855，上海 ························ 003
2. 1856，广州 ························ 007
3. 1856，上海 ························ 009
4. 1858，中国 ························ 014
5. 1858，北京 ························ 020
6. 1858，上海 ························ 021
7. 1858，天津 ························ 023
8. 1863，九江 ························ 024
9. 1864，九江 ························ 025
10. 1864，宁波 ······················ 026
11. 1864，天津 ······················ 027
12. 1865，汉口 ······················ 028
13. 1865，牛庄 ······················ 029
14. 1865，天津 ······················ 031
15. 1865，天津 ······················ 032
16. 1866，上海 ······················ 034
17. 1868，2月4日，九江 ········ 036
18. 1868，3月7日，镇江 ········ 038
19. 1868，3月31日，上海 ······ 039
20. 1868，3月31日，烟台 ······ 041
21. 1868，4月18日，广州 ······ 043
22. 1868，5月7日，上海 ········ 045
23. 1868，5月15日，牛庄 ······ 046
24. 1868，九江 ······················ 048
25. 1868，牛庄 ······················ 049
26. 1869，烟台 ······················ 050
27. 1869，牛庄 ······················ 051
28. 1872，牛庄 ······················ 052
29. 1873，福州 ······················ 053
30. 1873，牛庄 ······················ 054
31. 1874，上海 ······················ 055
32. 1874，淡水和基隆 ············ 056

33. 1875—1876，上海 …………… 057	59. 1887，牛庄 ………………… 092
34. 1876，厦门 ………………… 060	60. 1887，汉城 ………………… 094
35. 1876，广东 ………………… 062	61. 1887，台湾 ………………… 095
36. 1876，九江 ………………… 063	62. 1887，温州 ………………… 096
37. 1877，福州 ………………… 064	63. 1887，芜湖 ………………… 097
38. 1877，温州 ………………… 065	64. 1888，广州 ………………… 098
39. 1878，烟台 ………………… 067	65. 1888，汉口 ………………… 099
40. 1878，上海 ………………… 068	66. 1888，上海 ………………… 100
41. 1878，温州 ………………… 070	67. 1888，汉城 ………………… 102
42. 1879，烟台 ………………… 072	68. 1888，温州 ………………… 103
43. 1880，牛庄 ………………… 073	69. 1889，广州 ………………… 105
44. 1881，福州 ………………… 074	70. 1889，牛庄 ………………… 106
45. 1881，温州 ………………… 076	71. 1890，福州 ………………… 107
46. 1883，厦门 ………………… 077	72. 1891，烟台 ………………… 109
47. 1883，九江 ………………… 079	73. 1891，福州 ………………… 110
48. 1883，淡水和基隆 ………… 080	74. 1891，汉口 ………………… 112
49. 1885，宜昌 ………………… 081	75. 1891，上海 ………………… 115
50. 1885，北海 ………………… 082	76. 1891，汉城 ………………… 117
51. 1886，厦门 ………………… 083	77. 1891，淡水 ………………… 120
52. 1886，镇江 ………………… 084	78. 1892，厦门 ………………… 122
53. 1886，福州 ………………… 085	79. 1892，广州 ………………… 123
54. 1886，宁波 ………………… 086	80. 1892，烟台 ………………… 124
55. 1886，北海关 ……………… 087	81. 1892，福州 ………………… 125
56. 1887，广州 ………………… 088	82. 1892，汉口 ………………… 127
57. 1887，镇江 ………………… 090	83. 1892，九江 ………………… 128
58. 1887，汉口 ………………… 091	84. 1892，厦门 ………………… 129

85. 1892，牛庄 …………… 130
86. 1892，北京 …………… 131
87. 1892，上海 …………… 135
88. 1892，汉城 …………… 138
89. 1892，汕头 …………… 141
90. 1893，广州 …………… 142
91. 1893，烟台 …………… 144
92. 1893，重庆 …………… 146
93. 1893，福州 …………… 147
94. 1893，宜昌 …………… 148
95. 1893，牛庄 …………… 149
96. 1893，北京 …………… 151
97. 1893，中国白银问题报告 …… 152
98. 1893，上海 …………… 175
99. 1893，汉城 …………… 176
100. 1893，淡水 …………… 177
101. 1894，烟台 …………… 178
102. 1894，牛庄 …………… 179
103. 1894，北海关 …………… 180
104. 1894，北京 …………… 181
105. 1894，上海 …………… 182
106. 1894，汉城 …………… 185
107. 1895，烟台 …………… 186
108. 1895，重庆 …………… 187
109. 1895，清帝国的开支 ……… 188
110. 1895，汉口 …………… 191

111. 1895，汉口 …………… 193
112. 1895，宁波 …………… 194
113. 1895，上海 …………… 196
114. 1895，汉城 …………… 198
115. 1896，中国 …………… 200
116. 1896，重庆 …………… 202
117. 1896，福州 …………… 203
118. 1896，杭州 …………… 204
119. 1896，牛庄 …………… 205
120. 1896，北京 …………… 206
121. 1896，上海 …………… 207
122. 1896，汉城 …………… 209
123. 1896，芜湖 …………… 210
124. 1897，重庆 …………… 211
125. 1897，朝鲜 …………… 213
126. 1897，福州 …………… 216
127. 1897，汉口 …………… 217
128. 1897，九江 …………… 218
129. 1897，宁波 …………… 219
130. 1897，北海 …………… 220
131. 1897，上海 …………… 221
132. 1897，沙市 …………… 222
133. 1897，芜湖 …………… 223
134. 1898，广州 …………… 224
135. 1898，广州 …………… 225
136. 1898，烟台 …………… 226

137. 1898，重庆 …… 227
138. 1898，朝鲜 …… 228
139. 1898，北四川之旅报告 …… 231
140. 1898，中国中南部贸易 …… 234

美国卷 …… 235

141. 1868，9月26日 …… 237
142. 1874，6月3日 …… 238
143. 1876，2月29日 …… 239
144. 1877，5月8日 …… 241
145. 1877，9月22日 …… 244
146. 1878，2月7日 …… 246
147. 1878，6月24日 …… 248
148. 1878，2月，中国货币备忘录 …… 250
149. 1878，2月，中国货币备忘录 …… 263
150. 1878，7月1日 …… 282
151. 1879，11月21日 …… 292
152. 1880，4月24日 …… 294
153. 1880，5月6日 …… 298
154. 1886，3月24日 …… 303
155. 1887，1月28日 …… 309
156. 1887，11月11日 …… 311
157. 1888，3月28日 …… 318
158. 1888，7月14日 …… 320
159. 1889，1月11日 …… 322
160. 1890，9月11日 …… 323
161. 1890，9月26日 …… 327
162. 1894，8月17日 …… 328
163. 1897，6月19日 …… 329
164. 1897，6月31日 …… 331
165. 1897，8月6日 …… 332
166. 1897，9月14日 …… 333

涉及香港的英国卷 …… 335

167. 1864，2月26日，香港殖民地建立制币厂法令 …… 337
168. 1864，7月26日，香港制币厂 …… 340
169. 1870，9月10日，香港制币厂倒闭 …… 341

殖民部和外交部接收的有关中国市场白银供应问题的通信（1853—1858年） …… 343

后记 …… 468

英国卷

十九世纪英美涉华货币档案

1　1855，上海[①]

1855 年 12 月 31 日罗伯逊（Robertson）上海港贸易年终报告

[...]

汇率

[...]

当年商业的一个重要特征是风靡港口的高汇率，高达每美元 6s. 2d.—6s. 9d. 不等。这也许归因于当地货币非凡的地位，这一点很有必要简述一下。

首先，我观察到中国很可能没有银币或金币；唯一的货币是称为"钱"的铜币。这种铜钱价值不大。1,700 枚相当于 1 枚西班牙银元（查尔斯）。因此，100% 的纯银取代了银币或金币，成了政府的计量标准，称为"两、钱、文、毫"。彼此间是十进位制，由此产生名义货币，虽然更确切地说，这些货币术语只是重量单位。我不清楚通过哪种标准来得到的面值，或这种面值的出处，但中国官员的俸禄都是来自北京户部的标准重量，政府开支都是依此而定。并且，在这一系统中，一两纯银相当于 1 又 1/3 盎司，或 579.84 克金衡制。市场上流通的这种货币呈鞋状，一枚一两，有时候会小一些，但这种情况并不多见。

[①] 英议会文件，中国 6，大使和领事商业报告，1854—1866，爱尔兰大学出版社，香农，爱尔兰，1971，31f 页。

中国人早就感到他们需要更为方便的银价计量单位，这一点从他们早些时期就采用当时唯一可以采用的西班牙币可见一斑。但是，他们对任何事情都喜欢缀以自己名号的嗜好彰显了他们对货币一体化的反对。随着命名过程中一遍遍地盖章和印戳，西班牙币被迅速分解，取而代之的是第三种货币，即"烂版银元"。这种货币根据市场价格通过两及其他十进位计量单位与纯银的标准进行权重。只要西班牙银元一直流入中国，人们就不会感觉到外币的不方便性及外币成烂版后的缺失性。但这种情况及时停止了，原因是西班牙不再制查尔斯元，使得这种贸易货币在流通中变得很短缺。紧随而至的是导致中国开放四个新港口进行贸易的中英战争。

自此，西班牙银元只限于在广州使用，一开始，南方的这些港口对西班牙币了解甚少，导致墨西哥元首次因为其纯度而溢价西班牙币。但上海的广东通事和买办们习惯用西班牙银元购买内地的茶和丝绸，而内地商人以前与广州人打交道也知道西班牙银元，因此，西班牙银元立刻就流行起来并且不久就成为广州港的通用货币。这一退步不仅使得西班牙币成为广州的指定货币，还扩大到其他的领域流通。这一结果迅速地广为人知。在最后的两三年中，西班牙银元反而一直溢价墨西哥币30—40分不等。并且，只要西班牙银元是该港口的流通货币，就会一直被使用。

1853年我出任英国驻广州领事，当时西班牙币在上海每分溢价27。外商感到有必要增加一种币种，并就此事与我交涉。我建议基于纯银的标准等同化银元，因为这将立刻使西班牙币和墨西哥币达到标准。他们采纳了我的建议。就此事英大使也询问了我，并同意我的意见，公开宣布了银元的等同化。后来我赴厦门时，这一货币体系也很快在当地顺利完全实施了。然而西班牙币依旧从上海的市场向广州流失，使得西班牙币直到耗尽仍有些溢价。

去年年初我一到厦门港，一大群外商也提出了相同的要求。我就此事和法国、美国的领事进行了交流，他们立刻根据广州的做法进行了改变。同样，我们就此事与中国当局也进行了交谈，对西班牙银元、费迪南德（Ferdinand）币、墨西哥币和其他几个币种进行了检验，认为墨西哥币比西班牙币更纯，高出至少1.48。由此，中国当局发布了声明，认为西班牙币和墨西哥币平价对等。

如果国外商团能像在广州那样利用给予他们的这个机会合理地对待厦门的货币，一切就会顺利。但不幸的是，由商团倡议的大会通过决议认为墨西哥币是记账货币，并旁征博引、长篇累牍地决定贸易中此币为流通货币。大会还在当天决定了西班牙币和墨西哥币这两种币种的相对价值，以更好地规范记账。会后宣布二者间相差25%。当这个消息传到我这儿时，我认为这就等同于否定了初始建议。二者间的比值业已证明了这一点。

我越发为国外社团在此问题上的犹豫不决而感到惋惜，因为当时的环境有利于影响汇率，而我也怀疑这样的大好机会不会再有。然而，是进口商来决定什么最有利于他们；对我而言，吃紧的货币市场和有限的货币都不利于贸易。而坚决地反对国内制造商及其他利益集团所约定的厦门港的货币，维护其所在的利益集团也几乎是他们的职责之一。这一点也是显而易见的。

很显然，是年所盛行的高汇率可归因于货币的紧缺。必须筹集资金来偿还债务。铸币的特性及其有限的供给是其在市场上的价值所在。铸币持有者只有在极端的汇率条件下才会抛售它。因此，国内的人们才不情愿交税去支持一个不安全的、腐败的体系。

市场上有一个非常强大的阶层，即钱庄。他们因为汇率变化获利颇多，当然支持西班牙币。中国的税收是以纯银锭的形式交付的。出口的一大部分也是如此。正是因为购买银锭以支付债务，西班牙币才大量地使用。内贸却不一样，主要通过钱庄每月定期地以本票兑货币。为了使墨西哥币进入市场，我坚持银行每月定期地以本票兑墨西哥币。如果这样要求钱庄，就会遭拒，但我坚持这一点。然而我不认为这有多大的意义，因为钱庄兑的是西班牙币，这样做也多不到哪儿去。

因此我略看了一下汇率的问题。当时是厦门港比较重要的一个阶段。国内的出口商也在关注此事。但我认为，在香港建立制币厂会迅速地解决这一问题，对中国内陆及其海峡的贸易也会大有好处。

[...]

2 1856，广州[①]

英驻广州领事帕克斯（Parkes）先生 1856 年广州港贸易报告

[...]

同样让人感兴趣的是货币交易。我很遗憾未能详细地阐释这一主题，虽然我已尽力而为。不过，我会基于目前我所有的材料简述一下1856年进口到广州的 800 万—900 万美元。大量货币泊近广州，同样数目的货币也在泊入上海和福州。中国政府曾一度成为货币的大买家，以运往北方支付战争所需。同样也有金条或金叶从广州出口到印度。据我估计，1856 年达到了 300 万美元。

下表是 1856 年广州货币的价格及汇率，显示了广州港近几年来如何在墨西哥币与旧的西班牙币票面价值相当的情况下获利很多。

汇率表

月	英国六个月每美元的即期汇率		印度三天每百元的即期汇率		银锭溢价美元	黄金每两溢价美元
	西班牙币	西班牙币	卢布	卢布	T. M.	H.
1 月	50	51	228	231	102	21.60
2 月	411 1/2	50 1/2	228	229 1/2	90	21.50

[①] 英议会文件，中国 6，大使和领事商业报告，1854—1866，爱尔兰大学出版社，香农，爱尔兰，1971，40f 页。

续表

月	英国六个月每美元的即期汇率		印度三天每百元的即期汇率		银锭溢价美元	黄金每两溢价美元
	西班牙币	西班牙币	卢布	卢布	T. M.	H.
3 月	411 3/4	50 1/4	230	231	86	21.60
4 月	411 3/4	50	230	231	86	21.60
5 月	410	410 1/4	226	227 1/2	75	21.65
6 月	49 1/2	410 1/2	223	226	93	21.65
7 月	411	50	235	236	110	21.50
8 月	411 3/4	50 1/2	233	235	113	21.40
9 月	410 1/2	411	226	229	109	$21.^{50}$@$21.^{65}$
10 月	49	49 3/4	222	224	82@10	$21.^{55}$@$21.^{95}$

[…]

3 | 1856，上海[①]

英驻上海领事罗伯逊（Robertson）先生1856年上海港贸易报告

[...]

货币汇率

虽然由于相同的原因，但更多的是受到环境的影响，货币市场的交易在过去的一年要高于以往任何时期。

在1855年的报告中，我提到货币紧缩下的贸易困难，并运用各种方法使人们相信这种情况。我依然相信从原则上来讲是这样的。我还提到否认这一点会使得问题难以解决，也不会有确定的解决模式。目前市场状态已完全证明了这一点。

观察到西班牙币的测试值是50.12分，而墨西哥币是50.01分，票面价值相当，是4s. 2d.。在上海，前者的市场值是7s. 8d.，每一元增长了3s. 6d.，或半倍多；而墨西哥币根据其纯银含量而价格波动，最高点只是5s.。鉴于墨西哥币不出现在上海货币交易中，没有必要再提。西班牙币的平均汇率是7s.，比测试值增长了约2s. 10d.。然而，西班牙币在英国市场上一般值4s. 2d.，其实际在上海的溢价是2s. 6d.，这就是每一元钱维持一个糟糕虚假货币体系所付出的代价。

[①] 英议会文件，中国6，大使和领事商业报告，1854—1866，爱尔兰大学出版社，香农，爱尔兰，1971，57f页。

这一错误的货币体系虽然对外国人有影响，但对中国人的影响更大。中国人偏爱西班牙币，没有什么能够让他们放弃，但他们对这一货币的环境又不能控制。有两种原因可以动摇他们对西班牙币的信任，即大米的缺乏和铜币的紧缺。

像其他国家一样，中国人的物价基于其主打食品谷物或大米，市场上所有的汇率都是基于此来衡量。原因是，如果食品贵了，产品的代价高了，生产值就会低；在此基础上，加上流通的不得力，对比较贫穷的人们来说，压力就重了。如今适逢北方各省不知何故谷类歉收，使得铜币——中国唯一的货币已变得很紧缺。结果是，一枚西班牙币前两年平均值 1750 文，而如今只值 1200 文。店商和农户发现自己在用贬值的货币来支付更贵的粮食。因而，最好用总能体现市场价值的银锭来支付，以免受损失。就是这些原因影响了人们的货币反应。

外商也未因受到影响而试图改变。原因是由于进口的低迷和偏高的汇率，在 1855 年岁尾时好多账户都封着，而大笔的货币都是中国人的。那一年，正是为了满足货币需求并为将来着想，才以银条的形式进口了大量的银币。

中国当局也震惊于当时的情况。他们制定了各种各样的计划以降低西班牙币值，但均未果。9 月 6 日，道台以特定行会请愿的形式就货币状况交流了看法。行会抱怨说，钱庄铁了心要和供给他们的货币作对，外商的收账员选择性地不收取某些货币，造成本土商人被忽略，损失严重。行会还指出，在市场上每 100 两纹银只能兑换 90 美元及一些零钱，尽管二者的金属含量相同。行会还要求道台应考虑到上海各国的贸易商，引导他们把纹银作为流通货币，藉此来终止难以预料的、日益上升的西班牙币值。他们同样要求大的钱庄给予书面保证。道台申明了其约束力并公布于众。然而始于斯也终于斯，没有人理会道台的意见。但货币紧缺的抱怨又一次引起了政府的震动。10 月 28 日，当地法官尽其所能发文批评记账员和钱庄不公正地积聚西班牙币和拒绝墨西哥币，并划出一些地区，要求该地墨西哥币以市场率兑换现金。开始似乎有成效，因为有些人拿墨西哥币以市场率兑换现金了。但人们手中的墨西哥币很少，钱庄也在兑换中很小心，没两三天这些交易就终止了。道台又想出些法子，比较为人熟知的是造出一些一两一枚的货币，两面都拉模印上汉字。机器很粗劣，也就造了几百个，人们都不买它，因而也行不通。货币问题依旧存在。

9月份的时候，西班牙币已升至 7s. 8d.，纹银又降了20分，即7钱2毫银两。纹银至少与纯银相比是降了11分，1西班牙元能买1两纹银，当时在银行已达到制高点。在那样的汇率情况下，由于买不到西班牙币当地的商人不得不接受纹银。

看到这一点，钱庄立刻发行了面值10元的钱贴及14天的期票，大量的货币很快涌入市场，价格逼近了纹银，因此最大的波动也发生了，汇率波动最高曾一度达到5分。在这些钱贴开始出现的一两个小时，其成色是二等货币，当然人们不认它，所以出现了纹银汇率大涨。这引起了很大的骚动。当地30家钱庄的代理把此事报告给了我。我告诉他们说没有办法，原因是他们注定要以自己所在港口的货币，即一等西班牙币，来买中国钱贴，而货币的持有者却不一定要这样做，他们可使用自己的货币。各家钱庄却声称自己没有成色好的货币。我回复说要去当地立法局申请他们破产。这一点奏了效，所有的钱贴都满意地得到了解决。

此后，纹银强势介入，原因我前文已说。西班牙币贬值，商人们开始喜欢17又1/2 dwt.batt.的银条。银行对所有以纹银进行交易的收费都优于以西班牙币进行的交易。也许是这种原因使得纹银在一定时期内统治了市场。

然而不幸的是，纹银有广州和上海两种重量，广州的要重些，做

100两纹银需109两8钱3毫。这是清政府的标准，所有的税收等都依此进行。当道台第一次向我提到纹银时，我建议他树个好样板，按上海海关两，但他拒绝了，原因是每100两会损失9两1钱。因此，这两种纹银，哪个作为商业汇率的衡量标准悬而未定，而当时有人告诉我鸦片商依据的是上海海关两。

纹银可以进行大宗买卖，但必须以货币形式计量。墨西哥币在一般情况下能满足这一点。但墨西哥币粗糙难看，很容易被伪造。西班牙币在内地使用，也许会返回而不会外流，但随着港口贸易的增长，已满足不了市场的需求。我在1855年的报告中提到了香港的制币厂。自那以后，英全权大使约翰·博瑞（John Bowring）先生，采纳了国外团体对此事的看法，认为需要负责任的政府保证无限量提供货币，而我也将提交类似协定给对中贸易的外商。

英国进口到中国的货币估计达7,722,450$l.$。其中，4,156,725$l.$进到了上海。大量的进口很自然引起了中国国内的关注，人们在猜测是否还会继续进口。

我留意到1855年年末，对外贸易逆差很大，不少于7,825,742$l.$。即使是去年，也需要3,429,565$l.$以结清所有的主要商贸差额。这些事摆在面前，我们在中国的地位真需多加考虑了。

根据条约，有5个港口通商，其进出口都逐步增长。但人们很快意识到，进口相对于中国这么大的一个国家，其对外竞争产品的开放程度没有预期的那么大。希望我们产品的对华进口会逐步增加。但不管是由于内部的关税，还是由于福州城及港口的中间商为了自己的利益共同操纵外货，这些希望从来就没有实现过。这很难解释，也询问不出结果。但有一点很肯定，也就是在中国的和平时期，我们的进口贸易是一个失败。如今内战干扰下，前景变得更糟。动荡年代使得内地的商人更不愿意把投资放在不动产上。事实上也是如此，他们的销售渠道被反叛者占领，存货积在手上卖不出。因此，通过法律渠道消除对外进口贸易差额很显然不是上策。而即使在好的年头，进口也难以控制，不能寄希望于进口与出口持平。因而，如何正常化进口成为一个严肃的问题。

回顾一下月销售我们会发现，进口市场在一定时期内很活跃，商品公平交易。这一点如以前观察到的，和北方帆船带着大量的国外货物启程回到北方各港口而不是回到南方有关。去年大概有2/3的货物沿途销售到北方各省，因此也散布到内地。很显然，长江以北很需要我们的货物。中国脆弱的小船能成功地在山东港及胶州湾进行贸易，可以想象我们配备优良的汽船的贸易量该得有多少啊！事实上，把青岛作为胶州湾的重要港口，从上海行驶上1000多英里，就可以抵达，并能省掉许多关税及银行费用。

以"货币和汇率"为由来扩大中国内地贸易目前还不太合适。但扩大我们的进口是解决贸易逆差、阻止货币外流的唯一途径。而如何实现这一点，涉及贵金属量及贵金属运行方式等等，至关重要。在此，我不再详述。此报告的结语是：中国货币混乱，唯一的解决方案是通过合情合理的方式平衡贸易，而不是邪恶的方式。这只能通过解除目前中国所存在的各种各样的限制和规定来实现。

[…]

4 | 1858,中国[①]

有关为中国市场提供白银的报告及在广州和上海的汇率

[…]

***

1号信件

安丁顿(H. U. Addington)先生写给莱维斯(G. C. Lewis)先生的信件副本

外事办 1852 年 1 月 24 日

受格兰维尔(Granville)伯爵吩咐,把财务大臣的信息传达给您。相关信件及附件的副本来自博纳姆(S. G. Bonham)。信件内容是有关目前向港口领事馆提供的资金使人们及领事馆官员在上海受损的问题,并希望格兰维尔(Granville)伯爵能够藉此给信中提到的代表们一个回复。

写信人

安丁顿(H. U. Addington)

[①] 英议会文件,中国6,大使和领事商业报告,1854—1866,爱尔兰大学出版社,香农,爱尔兰,1971,57f页。

1号信件附件

维多利亚，香港，1851 年 12 月 26 日

尊敬的阁下：

在安洛克（Alcock）领事寄给我的备份中，有幸读到尊阁下附件中有关我们政府和在中国领事馆遭受损失的信息。备份中提到，遭受的损失缘于不管什么时候汇款，都需把英国金币、墨西哥币及卢布转给领事馆。

安洛克（Alcock）先生在信中详细解释了由于送款到上海而引起的损失和不便。为了不耽误您宝贵的时间，我就不再重复其所言。上周在上海，我本人就英国金币和卢布的价值咨询了一些商人，所得信息也充分证明了安洛克（Alcock）先生所言，即只要汇付这些货币，领事馆就会遭受严重损失。这一点，我已完全确信。

由于我已清楚用英国金币或卢布进行支付，会对一些领事馆产生不便，我就此事与供给我资金的总领事助理进行了沟通。附件中有我的信及他的回复。您会收到史密斯（Smith）先生的信，会看到我没有办法提供给官员们想要的其他货币。

您会了解到，史密斯（Smith）先生保证一定会遵从他上司即财政大臣的指示。

英国的银币或金币在中国的任何一个地方都不同于其在欧洲的币值。事实上，目前只有西班牙币在流通。因此，能否请您建议您的财务大臣不要命令和监督驻中的领事馆开销（议会投票同意的）按美元支付。如这样安排，就会正如安洛克（Alcock）先生所言，政府会成为所有领事馆消费的获利者。并且，所有的这些支出（除领事馆官员工资以外），就均会用西班牙币或对等币。我还需补充敬告您的是，我确实认为这是一个难题，因为以美元支付，领事馆得遭受 6—8 分的损失。但如果了解

这些后，政府仍坚持领事馆人员按现在的方式支付的话，我迫切地请贵总领事授命以美元的形式提供每年的国会金。因为这样的话，几个领事馆就能在各自港口的殖民地财务主管那里获得钱，运费及保险等费用也可以从那移付而省掉一些。

目前体系下，只要不同港口的商人不根据这里的财政部要求用美元支付账单，各领事就不能与总监进行协商，因为领事们很清楚他们的汇票不是以英国金币的形式兑现，就是以卢布的形式兑现。而这将比现在的各殖民地港口间的运费及保险等费用还要高。

此致

帕尔姆斯顿子爵（Viscount Palmerston）
博纳姆（S. G. Bonham）

* * *

（108号）

英领事馆，上海，1851 年 11 月 19 日

先生：

鉴于您莅临港口，我有幸借此机会请您关注一下此事：由于最近根据规定向殖民地香港输入西班牙币，给领事馆和财务部造成了损失和困难。一批钱币刚到，有英国金币、墨西哥币、卢布、半卢布及 1/4 卢布，都躺在领事馆的金库里，没有一个币种可以在此港流通。它们要么卖给中国去熔化铸币，要么卖给返回香港的商人。目前墨西哥币兑当地的唯一货币西班牙币还不到 88 分，卢布每 100 元的汇率是 240，英金币是 3 元 84 分，折扣是 0—24%。也就是说，以这样的汇率支付，如果下一年的费用是 5000*l*.，再加上仆人及额外消费 1000*l*.，政府就需花掉 600*l*.—1000*l*.。如果职员也以同样方式领工资的话，将会比平时工资多交 10% 的个人所得税。这不是贵政府所想要的。我再次向您请示，这无论于

领事馆,还是于政府来说,都是一个没必要的浪费。西班牙币在北方各港作为唯一货币对政府有利。就上海而言,用西班牙币只收取5%的费用,同时还节省了转到东方银行、邓特洋行(Dent & Co)及怡和洋行(Jardine、Matheson & Co)等银行的运费。而以墨西哥币支付,得以很低的汇率兑换成西班牙币。如这样安排,领事馆官员虽会获益,但远未有政府受益那么多。因为所有的额外开支等都以墨西哥币在市场上的汇率而定。如果必须以墨西哥币支付的话,其他所有的开支同样也需要按同等的汇率打折支付。

请您考察证明我的这些陈述属实。我迫切地请求您为了政府,同时也为了效力于政府的工作人员的利益采用我的建议。如您本人不能做主采取措施的话,请把这些情况特别告知外事部秘书。

此致

博纳姆(S. G. Bonham)

卢瑟福·安洛克(Rutherford Alcock)

* * *

(173号)

殖民地秘书处,香港,1851年10月14日

维多利亚先生:

几天前我们就送往5个港口的英领事馆的货币问题进行了谈话。我受命传达:阁下通过考虑后确认,发给各使馆英金币或其他先令等都确实不妥和不便。

不消说中国北部各关口都不知道英国金币,仅假设官员们得到这些有限的金币(这点,阁下一直在怀疑),无疑会在他们因墨西哥币而遭受的损失上又加了一层霜,因为墨西哥币与中国通用货币西班牙币相比,每一分要打六折至八折。

先不谈官员的工资，单是各方面设施的额外开支等所涉及的政府开销等，都不可避免地要按此地的货币来支付。为了支持这种决定，我上司提醒您，目前有60,000西班牙币正准备运往上海，合同已签。至于向上海港领事馆发英金币及标准纯银（英国货币）等（阁下已下令上海领事馆可不接收），官员们藉此不足以聊生，这不可避免地会给上海港的公共服务等带来诸多不便。

最后我要说，遵照命令您曾根据英国的指示给各使馆发先令，这使得我上司被迫命令各使馆依赖殖民地财务官的资助，来支付运营开支及支付与香港政府进行谈判签约等产生的各种损失。

史密斯（J.W. Smith）先生

总领事助理

此致

敬礼

凯恩（W. Caine）

***

有司，香港，1851年10月15日

驻中国军需部：

有关您昨天173号信件中的收据，我只能查询财务备忘录。这些备忘录可分别追溯到1845年6月10日和1846年3月13日。这些备忘录的副本我已有幸请主管人员过目。

前一个备忘录的后半部分，军需部已授命"当前流通西班牙币的各殖民地和领事馆将来所有的收益都按最有利的汇率支付"。

为执行这一决定，根据英国对地方货币的条款规定，我不得不为军需部金库接受了一大笔英金币，来兑换支付各种账单。去年，私人投机者进口的这种货币在兑换各种账单支付这一特殊目的中很有利。

这些货币在这儿及北方各港口都打了折扣，用来支付皇家的军队或船员。虽然很不方便，但我发现有必要按1/4的比例来发行，这样可以平衡货币的差额。殖民地和领事馆需分担损失，别无他法。除非像1846年3月13日备忘录中对待领事馆官员那样，对等地接受财务部的钱贴。

　　至于您信中的后一段，如果他们拒绝接受一部分的英金币，或对等地接受国库钱贴，我斗胆建议任何由于领事馆官员工资的协商草案而产生的损失可向当事方收费。6,000墨西哥币或68,000卢布至少目前已足以支付所提到的各种费用。尤其是卢布，在上海需求很大，已与当地的西班牙币对等。

　　此致

敬礼

史密斯（J. W. Smith），A. C. G.
殖民地秘书

5 | 1858，北京[①]

女王陛下公使馆秘书、殖民地上尉尼勒（Neale）

北京，1861 年 12 月 20 日

[...]

金属货币

此地缺乏任何有价值的输出物品，当地商人用白银或黄金进行买卖。然而也不要指望贵金属需求的降低，因为当地商人与外商用与开放港口同等量的金条或银条进行交易。真正的差别始于前期人们在上海用金条或银条进行交易，而后来是在天津。用来支付的黄金在有限的范围内都来自内地，是老金而不是新的金子。新的黄金主要来自广州及北方的一些地区，但新黄金在天津市场的交易非常可观。黄金以纹银的形式支付。在市场上也有一小部分的沙俄黄金，但大都是内地的黄金。中俄贸易本质上是物物交换，据说西伯利亚金矿的黄金几乎全运到了中国。

[①] 英议会文件，中国 6，大使和领事商业报告，1854—1866，爱尔兰大学出版社，香农，爱尔兰，1971，98f 页。

6 1858，上海[①]

英驻上海领事罗伯逊（Robertson）先生1858年上海港贸易报告

[...]

汇率

上个报告中讨论了尚未解决的货币问题及其对市场的影响。但此问题已不复存在。因为在缺乏货币的情况下，银两成为流通货币，1两相当于1,208金衡制盎司。除了大宗买卖外，对其他生意来说很累赘和不方便。因此，银行支票（其实是私家钱庄汇票）成为通常的货币形式。西班牙币完全失了宠，墨西哥币则是新宠，那一年1元汇率从20飙升到了30，也就是说1分纹银从25飙升到了42又6/7，溢价墨西哥币。更简单地说，买100两银锭，需花125—140墨西哥币。但提到的这一汇率有点极端，平均应是25%，相当于银锭溢价33又2/7。

毋庸置疑，纹银很有利于汇率稳定，能避免使用西班牙币偶尔带来的极端汇率。西班牙币往往有限，不足时常产生汇率大涨。而纹银是银条形式，不会出现类似的较大涨幅。纹银有时会在市场极端需求下短缺，但很快能在市场中平衡，钱庄的投机只会造成价格上涨，不会造成缺乏。有时也使用金条进行贸易，但主要是对印贸易，并且几乎是纯金，北京

[①] 英议会文件，中国6，大使和领事商业报告，1854—1866，爱尔兰大学出版社，香农，爱尔兰，1971，87f页。

纯度是98%，杭州是97%。而纹银主要是广东或海关两和上海两。上海两在去年纯度是91%—94%至99%—96%，加上熔化费用等，大概是89%，比广东两要糟一些。清朝的所有税务等都按海关两进行，而商人则按上海两。

因为货币不用交关税，所以难以得到确切的货币进口数。尽管货币进口都经过海关，但也会有例外。1858年是3,912,780两，1867年是6,374,222两。后者是私人信息，而官方证明货币进口确实降低了。而出口异常的大，是9,624,310两，市场缩减了5,711,530两，以满足各种费用及广州和福州的市场。

7　1858，天津[①]

女王陛下公使馆秘书、殖民地上尉尼勒（Neale）

[...]

金币

今年大量的黄金从天津出口。黄金以金条的形式进入市场，每条重10两，或13又1/3常衡盎司。每两按15.15，或1又1/2盎司从天津购买，每两按16.20卖到上海，最后按23美元每两卖到香港，大多是继续运到印度。

这些黄金来自哪里众说纷纭。有人说是来自沙俄，但这一说法站不住脚，因为如果沙俄出口黄金给中国，他一定会等价换回些东西。据猜测，一部分来自沙俄，而一部分则不然。因此，比较靠谱的说法是，大部分黄金是国产的，来自长城以北的满洲里或其他地方。少量的金灰和金粒由蒙古人运到张家口。这些金子再运往北京铸成金条，据说在制造过程中会损失5%。金条在北京制成进一步说明这种贵金属不是产自沙俄。

[①] 英议会文件，中国6，大使和领事商业报告，1854—1866，爱尔兰大学出版社，香农，爱尔兰，1971，166f页。

8 | 1863，九江[①]

副领事休斯（Hughes）关于1863年九江贸易的报告

［...］

像中国的其他地方一样，在九江用纹银，而不是西班牙币作为标准价值从事商业活动。目前95又43/100九江纹银相当于100两上海银两。购买土地的纹银比普通的买卖及支付税务的政府银价要高出2又0.5/100。100海关两相当于106又31/100九江两。

九江没有银行，几乎所有的贸易都是通过上海的银行，对英的汇率是多少不得而知。平均海关两估价是 *7s.*，九江两的估价是 *6s. 6 1/2d.*。

九江的重量衡与中国其他地方没什么不同。

［...］

---

① 英议会文件，中国6，大使和领事商业报告，1854—1866，爱尔兰大学出版社，香农，爱尔兰，1971，288f页。

9 | 1864，九江[①]

执行领事休斯（Hughes）关于1864年九江贸易的报告

[...]

关于货币，九江目前只有铜钱，1,200—1,300枚相当于1两纹银的值。但汇率一直在变化。

当然，汇率的变化取决于上海。在上海，商定的是汇率95九江两相当于100上海两。没有直接与伦敦交易的钱庄或组织。

[...]

[①] 英议会文件，中国6，大使和领事商业报告，1854—1866，爱尔兰大学出版社，香农，爱尔兰，1971，385f页。

10　1864，宁波[①]
1864年宁波贸易报告

铜币的出口量很大，从 394,580 吊升到了 1,362,292 吊，商人经由九江和汉口卖给茶商。这种增长没什么可称赞的，因为这会给该省的小商铺和平民带来麻烦。但这的确为宁波带来了大量的美元收入，在这一点上，宁波市场状况还是非常好的。贸易商一致认为中国年底结账很方便。他们还发现，中国的钱庄便利服务少，不过还不至于影响宁波的商业活动。不论如何，宁波和上海一样，汇率还是很高的。银行为了获取巨额的利润而太急于摆脱资金，可能会阻碍很多交易。

对此我们不再做进一步的评论，因为通过与中国的各种关系即可见一斑。

[...]

[①] 英议会文件，中国 6，大使和领事商业报告，1854—1866，爱尔兰大学出版社，香农，爱尔兰，1971，590f 页。

11 1864，天津[①]

执行领事休斯（Hughes）关于1864年九江贸易的报告

[...]

"两"是贵金属中最高的计量单位，纯银的两也是中国贸易中最普通的流通货币计量单位，并且还可十进位细分为钱、毫和文。这四个单位是白银的重量而不是货币的重量。很显然，贸易中纹银在中国相当于金币在英国、法郎在法国及泰勒在普鲁士。但事实上并非仅仅如此，因为上述每个硬币虽然都表示某一个价值，而两则有不同的价值。

例如，在海关支付关税的两就贵于天津两，而后者又比上海两贵。所以商人们用当地货币付税时，需多加5%以达到海关的标准。而在上海，我认为则需多加11又0.5/100。1864年的是天津两报表，以每两6*s.* 4*d.* 的汇率折算标准纯银（英国货币）。

[...]

[①] 英议会文件，中国6，大使和领事商业报告，1854—1866，爱尔兰大学出版社，香农，爱尔兰，1971，491f页。

12 1865，汉口[①]

领事麦斯特（Medhust）写给安洛克（R. Alcock）的信

汉口，1866年3月3日

[......]

港口开放以后，今年的货币要比以往的都多。从上表可以看出，规定的汇率很低，利润率也低于平均值。银行一年以10%的利息贷出货币，而在1864年利息则是16%。

1864年底纹银的标准很低，因而需要成立公估局以保证对外贸易的每一笔买卖都有公估局的章。公估局成立以后，纹银的汇率立刻如上表所示得到了提升，从1月份的2又0.25/100升到2月份的1又0.5/100折扣。

需要注意的是，1865年铜币和金银币的进口大幅降低。两年来的进口值如下：

	1864年	1865年
铜币（两）	2,926,658	1,190,614
金银币（两）	1,398,198	1,047,934

这要归因于当年进口的增加及港口所提供的货币交易设施的提升。

[......]

[①] 英议会文件，中国6，大使和领事商业报告，1866—1867，爱尔兰大学出版社，香农，爱尔兰，1971，491f页。

13　1865，牛庄①
1865年牛庄领事区商业报告

牛庄，1866年3月31日

[...]

此地的货币是白银或黄金，用来进行大笔商业活动，形状是商界熟识的鞋状，毋庸细说。需要补充的是，尽管货币的进制是清帝国所通用的两、钱、毫，但几乎每一个城市或大的城镇的相应计量都有所不同。

小的交易如家用开销找零等，用钱贴，或中国家喻户晓的铜钱——孔方边圆的那种。钱贴的样式有点儿像英国的银票。发行行及日期（在钱贴上有固定预留位置）都用大写的字。而手写签名的最终生效版根据中国官方和海关要求用红印精细地刻上水印。

这些钱贴不大量发行，也不单由货币兑换处发行，每一个商局或大的零售商都可以发行。起初只占资本的1/10，这样做也只是为了满足行会港口商业投资，后来成为相互担保的一种约束。但在过去的两年里，行会开始放弃对纸币的约束，目前此处有123家在随意发行纸币。

每一种钱贴都许诺按一定的吊来支付。这个港口最小的是2吊，在其他城市最大的是50吊，我也见过100吊的。1吊在中国的南部相当于前面提到的1,000铜钱。中国人叫"钱"，外国人叫"现金"。而1吊在

---

① 英议会文件，中国6，大使和领事商业报告，1866—1867，爱尔兰大学出版社，香农，爱尔兰，1971，134f页。

这儿表示 1,000 关东钱,是关东最小的现钞。关东指长城以北我所说的牛庄领事一带,包括满洲里三省及蒙古的东边。这个地区的市镇都有其当地的小额现钞,虽然彼此仅隔 30 里开外但邻区交易都存在困难。1 吊,或 1,000 关东小额钱贴相当于 160 个普通的中国铜钱。后者每 160 个就穿成一个钱串子,即为 1 吊。这些钱贴是见票即付,但按惯例每一家发行者在交易中只给 1/5 的铜钱来结平其他钱庄发行的钱贴。这样,持有者需反复这一手续来贴补。如需要换 50 吊的钱贴,面值只是 2$l.$ 标准纯银(英国货币)多一点儿,就需要走 6—8 个发行钱庄,有的彼此间有 1 里远。

钱贴和银币的汇率由钱庄人员在当天破晓碰头而定,所以汇率每天都发生变化,这个城市过去的 5 年里平均 9 吊换 1 两,介于 7 又 80/100—10 吊之间。

当时南方各省所使用的墨西哥币在此港的批发业务中尚不被人知,在小宗买卖中也不使用,只有少数的船主和能与外商结算的中国商人使用。墨西哥币在内地只是作为一种银币,使用的话也比其内在的价值要低些。在航海出行的季节,汇率是 5 又 1/2—6 吊,在冰冻闭港期,则是 4 又 1/2—5 吊。

[...]

14 1865，天津[①]

1865年天津贸易报告

[...]

外商在澳门用银元进行交易，一般重量是7钱2毫（极少的银元正好是这个重量），这种银元就是西班牙币。当然也接受其他的币种按这个重量进行交易。在香港和福州每西班牙币是7钱1毫7，在厦门熔化费会造成不同的重量。西班牙币在白银用来交易时被引到广州。为什么它一直作为交易的货币是一个谜。用来称这些货币的计量器是始于广州的约定海关两标准重量。厦门当地的重量会轻点儿。厦门的7钱3毫，或当地人所称的"小秤"，相当于广州"大秤"的7钱2毫。当地的商人大多按相当于6钱6毫的广州两标准进行交易。为方便计算，墨西哥币或其他币种（除了西班牙币）都打一个百分比折扣。西班牙币缺乏，钱币上的数字不明晰，还往往因中国人打上各个商行戳记的恶习而被人们认为重量较轻。

这些货币都只按重量来计，纯墨西哥币很轻以至于折半计量，纯西班牙币则很难得到。

[...]

[①] 英议会文件，中国6，大使和领事商业报告，1866—1867，爱尔兰大学出版社，香农，爱尔兰，1971，265f页。

15 | 1865，天津[①]
1865年中国贸易分析

[...]

商品

几家友好的银行提供给我们有确切日期的货币数量，但这些货币的利润未能提供。1865年，从国外包括香港进口的商品达到9,684,470两，从中国港口进口的物品达到8,959,393两，总计18,643,863两。出口到国外包括香港的物品达12,067,843两，加上出口到中国其他港口的3,965,847两，总计16,033,690两。

根据这些信息，我们正确地计算出来上海的贸易额。

外贸（两）	
从国外进口的物品	9,684,470
从国外进口的物品，减去再次出口到相同的国家的物品	35,225,965
总计	44,910,435
从国外进口的物品	12,067,843
中国出口到国外的物品	29,559,622
总计	41,627,465

[①] 英议会文件，中国6，大使和领事商业报告，1866—1867，爱尔兰大学出版社，香农，爱尔兰，1971，625f页。

港口贸易（两）	
从中国港口进口的物品	8,959,393
进口的中国物品，减去再次出口到其他港口的物品	21,079,390
从中国港口进口的国外物品	382,660
总计	30,421,443
出口到中国港口的物品	3,965,847
出口到这些港口的当地产品	7,702,554
再次出口到这些港口的国外产品	24,991,620
总计	36,660,021

从这些计算中能很容易地推断出1865年的货币状况。一方面，从国外的进口值超过了出口值。另一方面，从上海运出到其他港口的国内外物品超过了运进到上海的物品。这些均迫使银行寻求货币回报。加之当地前些年完全缺乏相应的规章制度，也越发造成很多货币涌入上海。汇率变化幅度也很低，从1864年的7$s.$ 2$d.$降到6$s.$ 2$d.$和6$s.$ 4$d.$，直到7月份回升到6$s.$ 6$d.$。11家银行发现上海整年的贸易都很疲软，而为了摆脱手上的币种，他们把这些币种卖到印度殖民地政府。大概有9,761,796两是通过这种方式脱手的，并持续到1866年1月。上海多余的币种都这样脱手了，如信中所报告的也不会有大量的货币从欧洲进口，因此，贸易复苏时交易一定会提升。

[...]

16　1866，上海[①]

1866年上海贸易报告

上海，1867年3月15日

[...]

金银

[...]

进口了价值 10,606,943 美元的金银。1865 年是 6,987,837 美元，所以 1866 年增长了 3,619,106 美元。去年的再次出口比去年多了 804,878 美元。

1866 年所有进口的估计值报表是 22,158,426 美元，减去出口与再次出口，还会有 612,944 的贸易逆差。如果这些差额不能作为发票费和国内外商人的开支（实际上是现金支付），我们可以从资产余额中拿出 8,940,511 美元。从进口的 10,606,943 美元中再减去再次出口的 1,666,432 美元，这样仍会有 8,327,567 美元的盈余。有人猜测，中国人手中还有大笔的钱。这一猜测不无道理，但从中国得不到相关可信的信息。从几个商人与邻省福建商人的物品交易中可以看出，中国是债权人。

[①] 英议会文件，中国 6，大使和领事商业报告，1867—1868，爱尔兰大学出版社，香农，爱尔兰，1971，23f 页。

有时没有印戳的墨西哥币会从上海和香港进口到福州，它们的溢价平均是3%—4%。经常会看到这些墨西哥币和烂版墨西哥币等价使用。在当地的茶叶交易区，人们对净币（clean dollars）没有偏好。对外商而言，当地的货币都是烂版墨西哥币和西班牙币，在按票面价值等价交易，这些币种用来进行茶交易和几乎所有的商业活动。此外，当地的商人还使用铜钱、纸币及货币形式的金、银等进行交易。

从英国和欧洲大陆进口银条的情况很少发生，因为那里的银条比较贵，内地商人在购买时会很小心，代销人处理很小的数额时也会碰到很多的麻烦。福州纹银有新、旧两种。一个是100银，一个是96银。出口商很少用这些，即便使用，数额也是很少。很显然，中国人愿意使纹银处于自己的掌控之中。因此，外商作为买者或卖者都处于不利的地位。他们没有谈判协商的余地，不得不服从随意的汇率。上海制造了许多纹银，送往此省内地的同时，也根据政府要求汇到北方。然而，上海制造的这些纹银，虽然作为当地的货币流通使用，却几乎被外商忽视，所有的税款及公司债务基本都是用西班牙币。

这个港口很少用金叶或金条进行交易，外商亦很少用此进行汇款或交易。此地的中国银行是黄金的主要交易行，黄金主要来自上海，纯度平均是98银，目的是把交易控制在自己的圈内。

按香港汇率进行的标准纯银（英国货币）交易很有利。6个月的交易额显示，1866年的平均值是每元4$s.$ 8$d.$。但由于当年货物交易的降低，海岸交易额与去年相比较低。

[...]

17 | 1868，2月4日，九江①

2号

韩蒙德（Hammond）先生写给休斯（Hughes）领事的信（4月13日收）

九江，1868年2月4日

先生：

有幸把13日的信交由卢瑟福·安洛克（Rutherford Alcock）先生审读，这是我1867年九江港的贸易报告。

此致

休斯（P. J. Hughes）

2号附件

休斯（Hughes）领事写给安洛克（R. Alcock）先生的信

九江，1868年1月13日

[……]

---

① 奉命提交给女王陛下的中、日及曼谷领事馆的商业报告。1866—1868，1968年7月，伦敦，1868，21页。

出口

[...]

	担（Piculs）	两
铜元	6,983 96（原文如此）	6,983
金银		3,914,936

[...]

进口

[...]

	枚	两
铜元	6,983 96（原文如此）	1,313,620
金银		11,780

18 | 1868，3月7日，镇江[①]

3号

执行领事马卡姆（Markham）写给韩蒙德（Hammond）先生的信（5月11日收）

镇江，1868年3月7日

[...]

3号附件

执行领事马卡姆（Markham）写给安洛克（Alcock）先生的信

镇江，1868年3月27日

[...]

1867年镇江货币进出口海关利润

进口		出口	
地点	金额（美元）	地点	金额（美元）
上海	无*	上海	1,376,557
九江	无*	九江	43,400
汉口	326,518	汉口	176,046
总计	326,518	总计	1,596,003

[①] 奉命提交给女王陛下的中、日及曼谷领事馆的商业报告。1866—1868，1968年7月，伦敦，1868，24页。

19 | 1868，3月31日，上海[①]

7号

领事温彻斯特（Winchester）写给史丹利（Stanley）领主的信（5月18日收）

上海，1868年3月31日

[...]

7号附件

1867年上海港贸易统计备忘录

I. 进口

年度	金银进口金额（美元）
1866年	4,531,159
1867年	502,836

[...]

1867年进口与1866年相比低了4,000,000两，主要原因在于金银进口的降低。

[①] 奉命提交给女王陛下的中、日及曼谷领事馆的商业报告。1866—1868，1968年7月，伦敦，1868，86页。

[...]

1867年进出口到国外和中国港口的金银汇总

进口		出口	
地点	金额（两）	地点	金额（两）
英国	309,696	香港	96,621
马塞德斯	632,921	日本	10,125
香港	193,140	汕头	89,935
日本	218,96	厦门	3,450
	1,354,723	福州	19,430
厦门	17,887	宁波	890,978
福州	948,385	九江	865,319
台湾	27,000	汉口	816,143
宁波	1,941,967	烟台	39,509
九江	3,752,674	天津	414,510
汉口	4,210,435	牛庄	18,514
烟台	1,318,837		3,157,688
天津	3,375,745		
牛庄	249,259		
	15,852,189		
合计	17,209,912	合计	3,264,434

20 | 1868，3月31日，烟台[1]

10号

执行副领事阿拉巴斯特（Alabaster）写给史丹利（Stanley）领主的信（6月6日收）

烟台，1868年3月31日

[...]

10号附件

执行副领事阿拉巴斯特（Alabaster）写给安洛克（Alcock）先生的信

烟台，1868年2月1日

[...]

年度	金银进口金额（两）	
	从国外港口	从中国港口
1867年	7,400	313,999
1868年	26,504	254,549

[...]

---

[1] 奉命提交给女王陛下的在中、日及曼谷领事馆的商业报告。1866—1868，1968年7月，伦敦，1868，102—103页，132页。

金银报表显示，过去的几年里出现了大幅进口降低，产生了大幅的港口贸易差额，出口超过进口接近 1,500,000 两。这一走势会继续下去直到找到有价值的出口物品。同时可以发现，有些港口进出口持平，显示出银行代理的必要性。德艾克特商业银行（Comptoir d'Escomte）[①]的一名雇员去年曾访问了烟台，但我个人认为贸易不足以证明外国银行设立代理机构很重要，因为目前当地还没有哪个钱庄足以让外国人甚至中国人信任。

[①] 原文如此。

21 | 1868，4月18日，广州[①]

5号

执行领事罗伯逊（Robertson）写给韩蒙德（Hammond）先生的信（6月1日收）

广州，1868年4月18日

[...]

5号附件

1867年广州对外贸易报告

烟台，1868年2月1日

[...]

下表展示了1866—1867年外币交易的不同。

年度	金银进口金额（美元）	金银出口金额（美元）
1866年	5,873,035	4,334,000
1867年	2,325,373	4,232,926

[①] 奉命提交给女王陛下的中、日及曼谷领事馆的商业报告。1866—1868，1968年7月，伦敦，1868，48页。

[...]

据分析，1867年相对于1866年贸易值降低，部分是由于市场行情降低很多，但更主要的原因是进口的货币数额降低，仅3,500,000美元。这也解释了中国商人为什么接受甚至喜欢用香港银行发行的支票。货币的使用显得没有必要。

22 | 1868，5月7日，上海[①]

8号

领事温彻斯特（Winchester）写给史丹利（Stanley）领主的信（7月4日收）

上海，1868年5月7日

[...]

8号附件

领事温彻斯特（Winchester）写给安洛克（Alcock）先生的信

上海，1868年5月6日

[...]

与1866年相比，1867年从国外进口的货币数额明显降低，我认为这意味着海关在此方面信息获取的不足。原因是太平洋公司的船只可以直接从加利福尼亚向中国大量地出口，从墨西哥得到的银两就是经此航线，当年一直以来的低汇率也是源于此。银行家和经纪人都认为太平洋航线的开辟会大幅地降低交易的汇率，造成在中国进行贸易的货币出现前所未有的贬值。这一严重的后果很可能造成各方面成本都会上涨。

[①] 奉命提交给女王陛下的中、日及曼谷领事馆的商业报告。1866—1868，1968年7月，伦敦，1868，102—103页。

23 | 1868，5月15日，牛庄[①]

12号

领事麦都思（Meadows）写给韩蒙德（Hammond）先生的信（7月27日收）

牛庄，1868年5月15日

[...]

12号附件

1867年牛庄领事区商业报告

英顾问，牛庄，1868年4月30日

[...]

货币

1867年从牛庄进出口的纹银和铜币。

[①] 奉命提交给女王陛下的中、日及曼谷领事馆的商业报告。1866—1868，1968年7月，伦敦，1868，205，241页。

进口

港口	纹银 两	纹银 先令（£-s.-d.）	铜币① 钱串	铜币① 两	铜币① 先令（£）	合计 两	合计 先令（£-s.-d.）
天津	44,522	14,840-13-4	450	330	110	44,852	14,950-13-4
烟台	20,000	6,666-13-4	62,050	46,545	15,515	66,545	22,181-13-4
上海	18,514	6,171-6-8				18,514	6,171-6-8
宁波	19,500	6,500-0-0				19,500	6,500-0-0
厦门							
香港							
合计	102,536	34,178-13-4	62,500	46,875	15,625	149,411	49,803-13-4

出口

港口	纹银 两	纹银 先令（£-s.-d.）
天津		
烟台	52,898	17,632-13-4
上海	249,529	63,176-6-8
宁波		
厦门	850	283-6-8
香港	71,711	23,903-13-4
合计	374,988	124,996-0-0

---

① 每一串汇率是 0.75。

24 1868，九江[①]
1868年九江外贸报告

[...]

铜币

铜币的进口主要是在1864年，其后逐年下降。今年铜币的出口增到近92,270两。原因很难确定，据说是因为内地人们生活水平提高了，为了存钱积蓄开始买纹银。而他们以前喜欢用铜币，于是大量积攒的铜币用途很少，就从九江运出。

[①] 英议会文件，中国8，大使和领事商业报告，1867—1868，爱尔兰大学出版社，香农，爱尔兰，1971，475f页。

25 1868，牛庄[1]
1868年牛庄外贸报告

[...]

汇率

前文提到的豆类作物及豆制品降价的一个原因是，虽然去年只有116艘船进出此港，但进口量很大，而且当地的出口在减少，造成买卖都需要纹银支付。附表列出了1867年与1868年的豆类作物及其制品价比。

[...]

铜钱与银两的汇率在秋季最高升至8,500—9,000文/两，冬季降至8,000—8,500文/两。1867年秋季的汇率超过了往年的秋季，冬季又恢复到往年秋季的汇率。而到1868年开港期，又升至9,700—10,450文/两。在中国到1868年年尾时汇率是11,000文/两。中国商人因银荒遭受了很多的损失，但其他许多城市和贸易公司却没有因此受损。纹银的流失使得中国人在下一季必须以能支付其进口的价格来抛售其内部产品（豆类作物及其制品是此地唯一的出口产品）。

---

[1] 英议会文件，中国8，大使和领事商业报告，1867—1868，爱尔兰大学出版社，香农，爱尔兰，1971，558f页。

26 | 1869，烟台[①]
1869年烟台外贸报告

[...]

汇率

货币出口降低的原因是一年比一年猖獗的纹银质量造假，中国人为此不得不大量地使用纸币。有一次在季末的时候，一艘汽船载了大量的货币，而纹银还不到 1/6，主要原因貌似中国人都喜欢上海汇票。

[...]

[①] 英议会文件，中国8，大使和领事商业报告，1867—1868，爱尔兰大学出版社，香农，爱尔兰，1971，118f 页。

27 | 1869，牛庄[①]
1869年牛庄商贸报告

[...]

汇率

这些省份纹银的缺乏及去年报道的偏见依然继续，影响到了进口生意。虽然外贸商用纹银交易鸦片和进口商品，但他们出口也均使用纹银。夏季很长一段时间，纹银的汇率超过了 11,400 小文（small cash）/ 两，曾一度飙至 12,300。这当然不利于贸易。出口的纹银比 1868 年少了近乎一半。但 1869 年的出口要比进口多出 843,272 两。税收的一大部分都以纹银的形式送往北京，对市场造成了显著影响。由于下面三个原因，纹银恢复了一点点的平衡：内部产品的大量出口；货币的不断进口；没卖出去的国外进口产品。考虑到整个港口的大小船只贸易，出口至少会低于进口 1,250,000 两。纹银和汇票在当时是 10,000 小文兑 1 两。难以用纹银来卖货导致了物物交换，但豆类的高价格导致又不能总用这种方法来进行。我们非常期待政府能在某一时间段不以纹银的方式汇款，从而遏制恶性的贸易。

[...]

---

① 英议会文件，中国 8，大使和领事商业报告，1867—1868，爱尔兰大学出版社，香农，爱尔兰，1971，98f 页。

28 | 1872，牛庄[①]

执行领事哈维（Harvey）1872年牛庄贸易报告

[...]

物物交换体系

曼彻斯特的物品往往以现金的形式支付，但在鸦片贸易中可以用长期信贷，交易按众所周知的物物交换体系"过账（Kuo lu）"或"倒账（move）"进行。

根据这一体系，在中国店铺所买的许多当地产品都接受国外产品进行物资交换。

有时，双方立字为据，但更多的是口头许诺即可。

这一体系运行良好。在上一季度，英商没有遭受什么损失。

[...]

[①] 英议会文件，中国10，大使和领事商业报告，1871—1873，爱尔兰大学出版社，香农，爱尔兰，1971，385f页。

29 1873,福州[1]

1873年福州贸易报告

[...]

汇率

开市率是 4s. 6 又 1/2 d.—4s. 6 又 3/4 d.。有些交易高达 4s. 7d.。很快汇率就崩了,达到这一年以来最低的汇率 4s. 2 又 5/8 d.。持续了长达半年的低汇率完全归因于德国货币兑换成了黄金。这样一来就把大量的银两抛到了市场上,从而也导致了银价大跌。

[...]

---

[1] 英议会文件,中国 11,大使和领事商业报告,1874—1877,爱尔兰大学出版社,香农,爱尔兰,1971,82f 页。

30 1873，牛庄[①]
1873年牛庄贸易报告

[...]

计量和汇率

外商认为1873年是非常平稳和收获颇丰的一年。然而白银的出口比1872年多很多（1,400,000:700,000），白银的缺乏曾在这一季的某一个时期使溢价高达11%。

除非是以货物的形式交换，否则白银溢价对汇款非常不利。去年我在报告中提到的物物交易已在各个产品中进行。以前只是鸦片行接受"导账"或"市场钱"，比如内地某一公司订货，可以对等地购买某一产品，但只能按市场上鞋形的纹银汇率换成银两。现在，所有的外商店铺发现自己都被迫在同等条件下等价交换曼彻斯特的物品或其他进口产品。因此，商人们如果不愿出口产品，想在南方碰碰市场运气，在开价前必须得考虑到纹银可能的汇率。在牛庄纹银的附加费是11%，与南方有差价，且低很多，在这样的条款下仍有可赚的余地。毫无疑问，在这种易物体系盛行之下，出口只有和进口结合才能有利可图。

[...]

[①] 英议会文件，中国11，大使和领事商业报告，1874—1877，爱尔兰大学出版社，香农，爱尔兰，1971，109f页。

31 1874，上海[①]
1874年上海贸易报告

[...]

金银

由于海关未能记录下来往的金银数额，只能大概估算一下今年港口的货币进出口量，进口与出口分别是 30,000,000 两和 20,000,000 两。银行汇票的平均汇率是 5*s*. 9 又 1/2*d*.。在这里需说明的是，一涉及进口，在某种程度上可以说汇率是造成贸易损失的部分原因。商人们起初认定 6*s*. 是标准汇率，一般汇款还算可以。但国内的银价降了很多，他们开始认定标准汇率 5*s*. 9*d*.。这对进口者来说差出了 4%。如果已习惯使用纹银的中国政府在与外商的交易中不歧视英国银币的话，可以藉此来进行补偿，但也很难使他们在低汇率的情况下提前付款。此外，银价由于低的汇率而上升，用当地货币进行买卖的外商在与内地制造商的竞争中处于劣势，并且尚未察觉到本国银价下滑的影响。

[①] 英议会文件，中国 11，大使和领事商业报告，1874—1877，爱尔兰大学出版社，香农，爱尔兰，1971，420f 页。

32 | 1874，淡水和基隆[①]
1874年淡水和基隆贸易报告

[...]

货币

去年驻此的英公司发现很难用此地唯一的流通货币西班牙币进行交易，因此提议中国政府就此事予以帮助。于是政府发布了新、旧墨西哥币和美洲贸易货币作为台湾北部流通货币的公告。

[①] 英议会文件，中国11，大使和领事商业报告，1874—1877，爱尔兰大学出版社，香农，爱尔兰，1971，370f页。

33 1875—1876，上海[1]

1875年上海货币市场

[...]

去年市场上货币供给充裕，对外商和中国钱庄来讲通过货币交易获利很难。外商很少为自己或中国机构借钱，导致共享市场低迷，对投机商的需求也很少。今年港口采用的体系是按生产时的值（以前按装船出货时的值）计算，这使得纹银在商人间的流通加速。中国政府协商了两种贷款，总计3,000,000两。一种有关海关税收的安全性，另一种是前一阵在福州签订的条约的约定。这在当时为市场的贸易注入了活力，卖出了大量的纸币以增加供给，因为当季汇款人需要的汇票很稀缺。同时还吸纳了一批资金，而不是被钱庄用来买卖货币。如没有这些行动措施，很可能会是船期未到达之前就出现了汇率的下跌。

1月份显示近6个月来的行情银行报表是每两5$s.$ 8 又 7/8$d.$—5$s.$ 9$d.$，没有什么变化。直到5月中旬新茶开市时，汇率才升了1又1/4。该汇率一直持续到6月底才恢复到1月的汇率，从7月到年末由于银价的贬值汇率又降低了2%。

伦敦廉价的货币和印度的低汇率使人们认为去年欧洲在上海设立的分行获利很多，因为国外银行大多数资金都从伦敦和印度支取。但当地

---

[1] 英议会文件，中国11，大使和领事商业报告，1874—1877，爱尔兰大学出版社，香农，爱尔兰，1971，708f页。

的钱庄却都纷纷倒闭。后来几年的口岸贸易及内地贸易对中国来说都没什么盈利，明白或担心这一点的钱庄都行事很小心。

中国钱庄合伙人只有几个，合伙人提供给他们足够的交易资金。中国钱庄最大的实收资本是100,000两，其他的是20,000—60,000两不等。这就限制了他们只能和店商及小宗买卖者进行交易。和外商打交道的钱庄一般都很大，并都把其信用用到了极致。这些钱庄的合伙人大都很富，除了在钱庄入份子，还都会在钱庄要求下在困难时期帮助钱庄运转。

此外，汇丰银行与附近的大城市有联系，在利率高的时候会打入资金运转。在丝商和茶商交易高峰，因货币很稀缺，当地的汇率很高。这样，从其他地方来的纹银就很管用，会比我们想象的还要能缓解银行头寸的困难。这源于钱庄间的亲密关系，也是为了整个银行业能有较为易行的货币市场。这一政策往往能加强中国各个钱庄的运营。他们与外商保持着协商，而当地的商人也能继续自己的生意。否则的话，要是他获得借款的银行有危险了，他的生意也就难做了。

存款、借款和支付账单等根据时间长短以各种各样的汇率在银行进行交易。与世界各地银行一样，从大公司到小商贩，不同级别的商人都可办理相关业务。所有卖到此地的国外进口货物都在接到内地钱庄付款通知的5—10天之内进行支付，这一措施不仅给了钱庄能用这笔钱的时间，也能使进口的买家和钱庄完成各种安排以和内地及开发港口进行交易。每一年这种贸易形式的数量都很大，但很少会出现什么损失。

钱庄能完成职责的能力在很大程度上取决于他们之间的惯约。他们每年会安排时间付清债务。和内部各省进行的交易及和协约开放港口进行的交易都通过山西的票号。这些票号大都在上海设有机构。他们的信用都很高，声称自己在中国的任何地方都有买卖。许多富有的合伙人投资不止一家银行，这无疑更增加了彼此的亲密程度，会给予彼此所需要的帮助。

在钱庄中的每一个商贸分支中，中国人都抱团不让西方各国参与。对外的生意他们彼此间不竞争（这样就会减少损失），谋合作，必要时相互帮助，提升了共同信用。考虑到此港这些钱庄的数量（去年70多个），这一协定很少被打破。这一点很值得注意，因为他们总是定期安排好事务，除非是接受了很大的国外的单子。彼此的交易大于与其他国家银行间的交易，中国钱庄看来是很小心谨慎的。年份好的时候合伙人能分到很多的利润。

1876年3月31日

后记：去年年末开始出现的银两贬值引起了严重的汇率降低。2月份显示半年内银行报表是每两5*s.* 1又1/2*d.*，虽然后来又回升了2又1/2*d.*，但几个月前人们就都预期到汇率会创历史最低，商人的损失惨重。同时，货币的贬值也使得靠固定收入的人们生活费用增加。而国外商品价值没有发生补偿性上升，所以当地交易商不可能给出补偿性价格来弥补汇票中产生的损失。

［...］

34 | 1876，厦门[①]
1876年厦门货币市场

[...]

货币

厦门的货币最不靠谱，有3种铸币：海关银、西班牙币、墨西哥币。而实际上使用的还有贬值了的、残缺不完整的烂版货币。

税收和政府费用都用海关银。也就是说，是用值1又1/2盎司纯银重量的纹银来代替根本就不存在的纯银。人们在不同程度上接受不同的货币。

商业和银行交易是以西班牙币进行的，与根本就不存在的纯银币等值。海关银与烂版西班牙币的比值是77∶100。

在很小的交易中使用墨西哥币，墨西哥币与烂版西班牙币的比值是71.21∶100。

最近也有使用没有损缺的货币的，但根据规则，用来流通的还是那些在人们手中传来传去的被污损的、残缺不完整的、难以看出真实价值的烂版货币。

如果是强大的政府立刻就能解决这一问题。只需像几年前上海做的

[①] 英议会文件，中国11，大使和领事商业报告，1877—1879，爱尔兰大学出版社，香农，爱尔兰，1971，209f页。

那样，声明禁止人们削切或涂毁进口的货币，命令银行拒收，或以很低的折扣收这些货币，然后熔化成银条，同时给中间商及货币鉴定人等人员一些利益。商人不愿意但又不能自己决定不再使用这样的货币，当地官员也承认当地的资本流动太依赖中央官员了。

然而，去年考虑的第一步是用墨西哥币取代现行的西班牙币，因为干净的墨西哥币确实等重于西班牙币。但这种没缺损的货币在流通中不被重视，因而很可能会造成缺损的、邪恶的、不方便的货币的迅速流通，即使贫穷的人们对这种烂版银元诟病很多。

[...]

35 | 1876，广东[①]
1876年广东外贸报告

[...]

银两贬值是1876年贸易值降低的原因。如果海关的银价（在中国是官方值，但因省而异）与1875年的相同，1876年真正的港口贸易值将会显示增加。因此只根据值而不根据量就会有谬。

下表是过去3年里海关两的值与美元相对于英币的值。

年度		s.	d.
1874年	两	6	4又1/2
	美元	4	2又3/4
1875年	两	6	0
	美元	4	0
1876年	两	5	9
	美元	3	9

[...]

[①] 英议会文件，中国12，大使和领事商业报告，1877—1879，爱尔兰大学出版社，香农，爱尔兰，1971，11f页。

36　1876，九江[①]

1876年九江贸易报告

[...]

在中国也感觉到了白银的贬值。公司报表所依据的海关两标准在1875年是1两6$s.$2$d.$，但在过去的一年里从未超过5$s.$10$d.$。正因如此，虽然1876年九江的贸易在纹银数量上与1875年相比增加了112,470两，而按英银币来算却是减少了181,164$l.$7$s.$8$d.$。主要原因是汇率的降低。正如我前文所讲，基于英币的计算是不可靠的。

[...]

[①] 英议会文件，中国12，大使和领事商业报告，1877—1879，爱尔兰大学出版社，香农，爱尔兰，1971，50f页。

37 1877，福州①

1877年福州贸易报告

[...]

汇率

1877—1878年，福州港货币汇率的波动很小。5月份显示伦敦英币汇票对运输货物的卖价是 4s. 又 1/2d.。6—7月间，币率稳定保持在 7s. 8d.。8月有小小的回落，时价降到 3s. 11 又 3/4d.。8—9月份的贸易都按此进行。此后，只有一点点回升，变化不大，并在10月初又很快有一点回落，据说是由于印度饥荒。这一时期的相对稳定比1876—1877年的动荡不定更有利于贸易的发展。汇率的升高会影响到伦敦的生产成本，而降低则会影响到茶及其他商品进口的市场值。这样会刺激生产，导致过多的商品涌入市场，最终导致总出口额超出英国、欧洲大陆及其殖民地的消费。而高利率的持续使物价降低，因而会抑制生产，防止过量的出口。

[...]

---

① 英议会文件，中国12，大使和领事商业报告，1877—1879，爱尔兰大学出版社，香农，爱尔兰，1971，276f页。

38 1877，温州

1877年温州外贸报告

[...]

汇率

时年温州的平均汇率是 150 元（干净的）墨西哥币兑 100 海关两，但时常会有微小的变动。1 卡洛斯是 1,350 文，1 墨西哥币是 1,170 文，美元根据此汇率换算义，与当年其他港口相比都比较有利。因而中国人很渴望把铜钱出口到北方，但官方不准他们这样做。他们虽忌惮官方的压力，但也有一部分出口得逞。对此，政府发文收集所有的小额赝币，大都是硬币形式，并重惩胆敢私藏铜钱的人。这样的做法效果显著，1 美元降到了 1,130 文，也再没有听到过有人把铜钱出口到北方。

在中国的大部分港口 1 两大概值 1,600—1,700 文。除了道台规定的标准以外，看似没什么汇率，所有的税收都按当地的海关两标准。税收按两计算，但道台坚持以 2400 文/两的现金形式来收。因此，道台反对出口上面提到的铜钱。我上文提到，出口如果继续下去，很可能会影响到海关的票据。这些票据支付完每年向省政府缴纳的固定额，剩下的就归了道台自己的腰包。

---

① 英议会文件，中国 12，大使和领事商业报告，1877—1879，爱尔兰大学出版社，香农，爱尔兰，1971，393f 页。

在温州也有贬值的货币，是在宁波、台州和苏州制造的许多不纯的墨西哥币。这些货币有的与标准差不太多，值大概1,000文，而后来的只值800文，贬值了近25%。

39 | 1878，烟台[①]
1878年烟台外贸报告

[...]

不利于英国贸易的环境

一些不利的影响会抑制我们的贸易。其中最重要的是始于德法1870年战后的白银贬值。战争赔偿后，中国充满了德国来的白银。从那以后，内华达州矿工的巨大产出使白银贬值。我们的制造商们发现这一情况后果严重，而美国的制造商却因此获利。为了扭转这一不利情形，曼彻斯特开始疯狂地在纺织品中大量掺加胶料。我不说这一情况是否道德，但有句中国谚语说得好，"变戏法的欺骗不了为他敲锣的"。企图狡猾地把胶粘物当布卖给人们，就像中国人把铁屑和仙人掌叶混进茶叶，在丝绸里掺水变潮增加重量一样，都是不明智的。

[①] 英议会文件，中国12，大使和领事商业报告，1877—1879，爱尔兰大学出版社，香农，爱尔兰，1971，601f页。

40 1878，上海[①]
1878年上海外贸报告

[...]

中国政府和中国人不喜欢外贸的一个主要原因是他们普遍拥有一个观念，认为购买鸦片和衬衫会掏空他们的白银。去年总的进口是49,921,439两，出口只是28,303,976两，很显然有21,500,000两的逆差。乍一看，不管按去年贸易的哪一个汇率，中国的红顶商人们都能找到自己的观念依据。为了看到真相，韩礼德（Holliday）明智公司尊贵的韩礼德（J. F. Holliday）先生设法得到了进出口相关信息。如下表信息所示，过去的一年，上海及其他分港口到目前为止，从出口中实际进账了6,000,000两的白银，相当于1,500,000*l.* 的英国银币。

下表为1878年从上海进出口物品的备忘录，数据来自马来西亚东方邮轮、法国邮轮和日本邮轮。

	进口金额（海关两）	出口金额（海关两）	进口大于出口金额（海关两）	出口大于进口金额（海关两）
马来西亚东方邮轮	5,635,000	4,691,000	944,000	—
法国邮轮	620,000	1,423,000	—	803,000
三菱	6,820,000	1,106,000	5,696,000	—

---

① 英议会文件，中国13，大使和领事商业报告，1877—1879，爱尔兰大学出版社，香农，爱尔兰，1971，11f页。

续表

	进口金额（海关两）	出口金额（海关两）	进口大于出口金额（海关两）	出口大于进口金额（海关两）
总计	13,057,000	7,220,000	6,640,000	803,000
减去出口大于进口的部分	—	—	803,000	—
进口超出出口的净值	—	—	5,837,000	—

韩礼德（Holliday）先生这样解释了这一复杂问题："我详细地解释一下1878年的数字。人们会看到进口比出口净多出了6,000,000两白银。这也是我曾想到的。在对比进出口时，我想没有卖掉的库存货物也应该考虑进去。数字虽然显示进口要比出口多很多，它们只是表示外国在当地生产上的投资，而出口的数字显示的是真正总的贸易，出口的每一镑生产费都用外币支付了。没有卖掉的库存货物也表明那么多的内地资本还没有变成外国物品或外币。"

[...]

41　1878，温州[1]

1878年温州外贸报告

[...]

金银

这一年出口的金银与整个交易值几乎相同。全部按每美元 3s. 9d. 换算成英国银币，不是因为这是实际的汇率，而是为了与前一年的出口进行对比。同理，按每美元 5s. 8d. 换算成海关两。整个海关报表都采用这一方法。墨西哥币则是从 3s. 6 又 1/2d. —3s. 7 又 1/2d. 不等。

除了 235,971 美元，还有 150,000 美元用中国炮船运到了宁波，出口的金银总值达到 89,245l.。

进口的都是来自茶区福州的减值墨西哥币。从福州出口，不仅可用来支付进口到温州及周边、上海和宁波等地的货款，还有人们认为用一些海边经常出没的类似海盗的小船不安全的原因。

虽然进口了大量的铜钱，这儿的汇率却并未受到什么影响，1 美元仍是 1,150 —1,160 文。

在温州有多种硬币，但是在许多港口，减值的货币最常用。除了台州地区，很少能见到足重的干净美元。这些硬币根据它们的含铜量贬值

---

[1] 英议会文件，中国 13，大使和领事商业报告，1877—1879，爱尔兰大学出版社，香农，爱尔兰，1971，731f 页。

5%—20% 不等。

在结束报告之前,我想要再说一下,温州的交易能力很大,并且到目前为止还没有一起纠纷。

[...]

42 | 1879，烟台①
1879年烟台贸易报告

[...]

但这些数字并没有完全显示出贸易增长的重要性。价值标准无疑是黄金，但当地人们的购买力用纹银更能体现出来。在1872年，海关两的汇率（1又1/2盎司银两）是 6*s.*，而在1879年只是 5*s.* 6*d.*。如果这两年都按 6*s.* 来算，1879年比1872年的贸易值增长了 304,000*l.*，而不是 2,000*l.*。

[...]

---

① 英议会文件，中国13，大使和领事商业报告，1880—1881，爱尔兰大学出版社，香农，爱尔兰，1971，136f页。

43 1880，牛庄[①]

1880年牛庄贸易报告

[...]

汇率

我基本上可以说牛庄和欧洲及美洲之间没有什么汇率。我们依靠的是上海的各种银行设施。中国这个国家的通用货币是贬值的铜币。10串铜币兑1两纹银，7串兑1美元，但汇率每天都在变。当地的1两或1盎司纹银估计溢价上海两4又1/2，对海关两则少8又1/2。鉴于海关两是5*s.* 9*d.*，这儿的1两估计是5*s.* 3*d.*。时年纹银和铜币的汇率高，通常1两纹银抵10多串铜币。

[...]

[①] 英议会文件，中国13，大使和领事商业报告，1880—1881，爱尔兰大学出版社，香农，爱尔兰，1971，479f页。

44 1881，福州[1]

1881年福州贸易报告

[...]

汇率

过去一季的货币市场没有1880年活跃。一个原因是茶价的降低，只有3,500,000美元运到内地供当地的培植者借款，而在1880年是5,500,000美元。给当地茶商的借贷看似都逐步地落到了钱庄或财库。1881年的国外借贷低于10%，而1880年是不到18%，1876年是多于40%。除了7月初在巴黎召开的国际白银大会期间，4个月商品单据涨到3s.10又3/4d.，伦敦的汇率在当年就没什么变化。随着大会协商的失败，汇率降到了最低点3s. 8又1/4d.。而一般的浮动是3s. 8又3/4d.—3s. 9又1/4d.。当年的平均值是3s. 8又1/8d.。4个月来平均的汇率是3s. 9d.。

英币市场主要受上海和香港的市场控制，而这两地的市场又受伦敦银条的价格控制。伦敦银条的价格是银衡制国家（如中国和印度等）的银币汇率标准，当然这一标准也受到当地其他情况的影响，如茶叶大量出口会导致货币不足、交易行进口的货币及银行汇票支持下的中国人向上海和香港进行的汇款等。

---

[1] 英议会文件，中国14，大使和领事商业报告，1882—1884，爱尔兰大学出版社，香农，爱尔兰，1971，8f页。

根据海关统计，1881年12月31日岁末货币进出口如下：

进口		出口	
地点	金额（美元）	地点	金额（美元）
香港	3,709,180	香港	1,886,423
汕头	332,700	汕头	11,190
厦门	313,972	厦门	51,400
台湾	1,000	上海	330,250
上海	4,818,710	合计	2,279,263

今年贸易的一个显著特征是再出口导致了下半年意想不到的货币吃紧。先是广州的货币市场接受福州的烂版银元按重量销售，后来是印度货币市场吃紧，导致大量的福州币出口到印度的孟买和加尔各答。另一个原因无疑是出口及茶价的降低。这导致与上一年相比，英币购买减少，也导致中国账户汇款到上海的需求高达11,500,500美元。美元需求大量持续增长，标志着福州和北方各港口间贸易的扩大。据估计，上海去年银行（国内外）提现未超过9,000,000美元。扩张是通过什么贸易渠道进行的呢？这使我很感兴趣。

[...]

45 | 1881，温州[①]

1881年温州贸易报告

[...]

金银

206,500*l.*纹银和5,300*l.*的铜币运到了上海和宁波。据清政府海关统计，大致有113,000*l.*的贸易收支。内地的贸易量不可知，而根据内地的贸易数字计算是错误的。国外海关显示，当地帆船有424,000*l.*的进口和112,000*l.*的出口，如果加上这些，贸易收支要多些。

这一流失从哪儿来补上就不得而知了。似乎进口地区发现通过其他途径付定金出口产品会更便宜些。这听起来有点儿矛盾，但我只能解释到此。外贸的渔船由福州人掌管，他们在此卸下他们的产品，离港时购进必需品。这只是一个小例子，而大陆内地又是怎样呢？是否这是他们的进口地，理所当然也是他们的出口地？这一点不得其解。内地钱庄之间的友好帮助，在此处只不过是任凭货币在无休止的运输途中消磨时间、"无所事事"。

[...]

---

① 英议会文件，中国14，大使和领事商业报告，1882—1884，爱尔兰大学出版社，香农，爱尔兰，1971，142f页。

46 1883，厦门[1]

1883 年厦门贸易报告

[...]

白银的进出口

1883 年白银的进口与 1882 年相比增加了 600,835 两，而出口则降低了 451,718 两。原因也许是 1882 年末厦门商业危机期间商品出口的大量回升。

[...]

下表显示的是 1883 年从天津进出口的金银：

进口		出口	
	海关两		海关两
黄金等值于	5,286	黄金等值于	610,002
白银	4,292,700	白银	4,172,414
合计	4,297,986	合计	4,782,436
铜钱：116,599 串 = 19,433 *tls*			

我们可以看到白银的进出口基本持平。原因是厦门没有公估局，内地的白银只能运往上海。在上海熔化后，提取出黄金加入 1% 的合金，

---

[1] 英议会文件，中国 14，大使和领事商业报告，1882—1884，爱尔兰大学出版社，香农，爱尔兰，1971，551f 页。

铸成鞋状加上公估局的戳，再运往天津。

除上面提到的，居住在北京和天津的外国使节和其他外国人每年进口多达 100,000 枚的墨西哥币，这些都不出口。因此，一旦北京出现墨西哥币和铜钱之间不利的汇率时，当地人就熔化手头所有的墨西哥币。

在天津，进口大于出口是常有的事儿，一个原因很可能是进口多出的部分经由陆上省份给朝廷买了贡品。出口的 4,000,000 两估计是在上海倒了手：贸易商用来支付进口，又回头作为政府基金交税给北京政府。中国钱庄在厦门港的良好体系使得物品不再需要经由上海运输，因而省掉了一些费用。

[...]

47 1883，九江[1]

1883年九江贸易报告

[...]

货币

海关货币流动记录：

	两
进口（主要从上海和汉口）	2,848,315
出口	399,932
净进口	2,448,383

[...]

---

[1] 英议会文件，中国14，大使和领事商业报告，1882—1884，爱尔兰大学出版社，香农，爱尔兰，1971，482f页。

48 | 1883，淡水和基隆[①]

1883年淡水和基隆外国船只贸易报告

［...］

上面的数字除了铜钱外忽略了金银的价值。金银的进出口都被海关部门用其他的金银表取代了。下表是过去3年里的资金比较表：

年度		进口（海关两）	出口（海关两）	总计（海关两）
1881年	纹银	587,833	169,002	756,835
	铜钱	17,644	—	17,644
	总计	605,477	169,002	774,479
1882年	纹银	699,927	195,735	895,662
	铜币	8,062	—	8,062
	总计	707,989	195,735	903,724
1883年	纹银	1,112,952	175,022	1,187,974
	铜币	60	3,220	3,280
	总计	1,113,012	175,242	1,191,254

［...］

[①] 英议会文件，中国14，大使和领事商业报告，1882—1884，爱尔兰大学出版社，香农，爱尔兰，1971，482f页。

49 | 1885，宜昌[①]

领事戈高瑞（Gregory）1885年宜昌贸易报告

[...]

8个月前听说成都（四川省会）的银价大幅提升。报信者逗留此地期间，从1883年年中到1886年年初，白银兑铜钱的汇率增长了20%或更多。物品的价格涨了些，但不大。增长的原因是给打仗的士兵发饷。从几天前同一城市收到的信中得知，高汇率一直持续甚至还在上升。1885年12月5日的重庆报告说白银"稀缺"，宜昌当地的银价虽持平，但现在也感到了外部市场的贬值。每年的这个季节银价都会有规律地低迷（也许是由于对铜钱的偏好），但今年银价的微降比平时要大。

[...]

[①] 英议会文件，中国15，大使和领事商业报告，1884—1888，爱尔兰大学出版社，香农，爱尔兰，1971，593f页。

50　1885，北海[①]

1885年北海贸易报告

［...］

汇率

北海和国外没有直接的汇率交易，这儿的汇率取决于香港。货币是墨西哥币，按照香港普遍接受的汇率是72.717（如1中国两是1元72分），一直遭到人们的抵制。进口大于出口，只有出口货币的净值超过100,000*l.*才能达到一定程度的平衡。

［...］

---

① 英议会文件，中国15，大使和领事商业报告，1884—1888，爱尔兰大学出版社，香农，爱尔兰，1971，370f页。

51 | 1886，厦门[①]
1886年厦门贸易报告

[...]

汇率

厦门的银两汇率完全由香港市场决定。没必要列表。8月份最低汇率3*s*. 1*d*.，11月份达到最高，是3*s*. 5又3/8*d*.。以下来自罗斯（E. N. Rose）先生。

"只有中国开始自己铸币，对全国货币标准进行立法，我才能看到目前使用的西班牙币能有所改善。西班牙币只有7钱2分银两（厦门72两等同于100两西班牙币），所有西班牙币都按此称重。

我可以说，这是中国和外国进行交易的唯一货币。中国人之间有更细的交易计量单位，没有一个外国人能全搞得懂。

整个中国南部的纹银计量很不相同。例如：香港的1,000美元在其他地方是717两，而在厦门则是713两，在台湾南部运来的价值730两的1,000美元在这儿则是720两。这也许可以说与我们的计量相同，但香港的银两在重量上又折损很大。"

[...]

[①] 英议会文件，中国15，大使和领事商业报告，1884—1888，爱尔兰大学出版社，香农，爱尔兰，1971，637f页。

52 1886，镇江[①]

1886年镇江商贸报告

[...]

金银

货币出口是 908,990*l*.，进口是 437,668*l*.。银行业务获利颇丰。风靡的高利率使得 1886 年前 8 个月出口到亚洲东南部海峡殖民地和菲律宾的西班牙卡洛斯币高达 6,000,000 枚。海港附近也有大量的交易未能在海关记录。进口了 1,140,000*l*. 购买盐，2,286,000*l*. 用来做内部贸易，进口的 1,671,000*l*.，再加上汽船运往上海的 615,000*l*.，都送往港口进行贸易。10 家大钱庄在这里发行钱贴，他们也使用西班牙卡洛斯币和墨西哥币。另外有 20 家钱贴店，有一半可发行钱贴。这些钱贴只针对此港口汽船的对外贸易。政府不干预钱贴发行。

[①] 英议会文件，中国 15，大使和领事商业报告，1884—1888，爱尔兰大学出版社，香农，爱尔兰，1971，713f 页。

53 | 1886，福州[①]

1886年福州贸易报告

[...]

汇率

虽然汇率在岁尾有一点点的提高，但从全年整体上看很低。8月初，美元的规定汇率跌至最低点 2s. 11 又 7/8d.。11月份又升至这一年的最高点 3s. 4 又 1/2d.，平均勉勉强强是 3s. 3d.。4个月来，最高是 3s. 5 又 1/4d.，最低是 3s. 又 3/4d.。

[①] 英议会文件，中国 15，大使和领事商业报告，1884—1888，爱尔兰大学出版社，香农，爱尔兰，1971，673f 页。

54 | 1886，宁波[①]
1886年宁波贸易报告

[...]

汇率

与中国的货币铜钱相比，墨西哥币贬值了10%，在1月份的交易是11,130美元，12月份则是313,020美元。这不仅是由于银两的贬值，还由于政府采取了阻滞小型货币的政策。

[①] 英议会文件，中国15，大使和领事商业报告，1884—1888，爱尔兰大学出版社，香农，爱尔兰，1971，697f页。

55　1886，北海关[①]

1886 年北海关贸易报告

[...]

尽管这样，而如果按海关值贸易会显示增长更多。我曾按 1 两海关两等同于 1.53 墨西哥元来计算，去年平均是 3$s.$ 2 又 3/4$d.$（据香港期刊的 52 条商业行情报告），海关两因此是 4$s.$ 11 又 2/3$d.$，可以说是 5$s.$，比 1885 年少 1 分。1885 年和 1886 年不同的值都据此汇总。

[①] 英议会文件，中国 15，大使和领事商业报告，1884—1888，爱尔兰大学出版社，香农，爱尔兰，1971，609f 页。

56 1887，广州[①]

1887年广州贸易报告

[...]

铸币

在诸多事宜中我注意到一个提议，那就是根据广义计量标准制造铜币，如可能还可铸美元。这样的制币厂已在英国获利。因为不可能给混上沙子和铁的货币盖戳，人们希望用回以前清朝所使用的质量好的铜钱。但由于白银和铜的价格最近比以前更接近了，对于政府1两铸1000枚的比率，很难确定怎样才是统一的计量标准，于是铸币厂就想干脆把它们全都买下熔化在一起。

银币

铸银币也是计划的一部分，我担心这也可能会失败。中国人和外国人都会对新币持怀疑态度，如果人们不用，就很难让它们流通起来。

需要铸的两

所需的是政府制定的两。因此，如果制造的是海关两和硬币，在中

---

① 英议会文件，中国16，大使和领事商业报告，1888—1890，爱尔兰大学出版社，香农，爱尔兰，1971，207f页。

国的任何港口或内地都能用来交各种税等，并受保护不能被涂改毁值，那么，这种铸币就会受到欢迎，会很方便，并会及时取代现有的货币。但需要的不是制造另一种美元，因为墨西哥和日本提供的已足够多了，新币必定会打折扣。如果和市场上现有的货币一样，而重量不同，只能会造成混乱和麻烦。

[...]

57 | 1887，镇江①
1887年镇江贸易报告

[...]

汇率

汇率一般是从 3*s*. 11*d*.—4*s*. 4*d*. 不等（不包括海关两）。1美元相当于0.67—0.69两纹银，1,020枚铜钱，比这几年来的汇率都低。货币的出口是932,539*l*.，进口是424,076*l*.。这里像欧洲一样，白银贬值了。1两或1盎司白银的汇率是1,520文，而不是以前的1,650文。伴随的则是黄金的溢价，如今是21.20两而不是原来的15.17两。增长的商业交流和生产正造成纹银同样地扩散到清朝的各处。在太平军反叛和对英战争之前的繁荣时期，盎司银则低到1,220文，西班牙卡洛斯币是900文。除了给出的这些数字，因为盐的贸易也有大量的货币流动，可以说至少有一半没有经过国外海关。

总得来说，这儿的生意虽然量大，但对中国人来说没什么利润，对外国人利润更少。商贸及货币贸易总的来说是在上海，只是在镇江转手给外国人时获得中转费。鸦片多是在上海买卖，而不是镇江。镇江的对外贸易也首次出现了相同的低迷态势。

---

① 英议会文件，中国16，大使和领事商业报告，1888—1890，爱尔兰大学出版社，香农，爱尔兰，1971，128f页。

58 | 1887，汉口[①]
1887年汉口贸易报告

[...]

金银

1887年主要以白银（非铸币）形式进口了4,578,118两，大部分来自上海。1,128,900两出口到九江支付茶叶的费用，331,904两以铜币的形式出口到九江和上海。

由于汉口主要依托上海进行商贸活动，所以没有索要这一年的汇率报告。

[...]

[①] 英议会文件，中国16，大使和领事商业报告，1888—1890，爱尔兰大学出版社，香农，爱尔兰，1971，163f页。

59 | 1887，牛庄[①]
1887年牛庄贸易报告

[...]

汇率

与以前价格相比，不能忽略的一个事实是1861年1*l*.英币值3两（6*s*.8*d*.），而现在1*l*.英币差不多值4又1/2两。正如大家知道的那样，货币汇率导致了银本位的国家损失惨重。

当地财务

当地的生意几乎全是物物交换。出口者通过进口铁、鸦片等商品来支付豆类及其制品、油、丝绸、人参等货物，方式就是人们所说的"过账"，即债务转移。最小的店主是庄家，可以发行钱贴。他也许没有任何白银或财富来担保，所以，除非他是个资本家，或信誉很好的贸易商，最小的运行也会让他破产。虽有"先来先到"的原则，但最后来的外国人总是例外。如果他们持有任何破产公司的钱贴，并向某一处当局提出申请，这些钱贴就总会被兑换成具有偿还能力的公司的钱贴。我知道，一般来说，当地的中国人都很可信，很少有赖账的，过度投机的是外地

[①] 英议会文件，中国16，大使和领事商业报告，1888—1890，爱尔兰大学出版社，香农，爱尔兰，1971，143f页。

的中国人。过度投机同样也是外国人交易失败的一个原因。但很少听说过像上个季度广东丝绸商那样的故意敲诈。这个丝绸商接到了外国人的预售款后,就把自己寄往上海收款人的汇票退回了,而收款人此刻已经发了货并离了港。国外银行向信用可疑的发货人打预售款时会在汇票上附上跟单票据,而当地人不会把跟单票据作质押担保。但如果债务没按期支付,就有权按每个月2%的利息进行索赔。这是一种很大的信任。本地人不像外国人那样很小心地受到保护,但信任无疑多是源自人们知道通过外国法庭可以立刻得到公正。出口和大多进口到上海、宁波、福州、厦门、汕头、香港和广东的商铺的代表会在开港期到达,在闭港期离开。少数代理会留下来进行丝绸等买卖。但地方商多是南方商家的客户,进行存货、装船及收取佣金等活动。

如果交易者很明智地选择用进口来购买他的出口,这种用定金的方式就比用纹银要便宜。相比之下,只需进口少量的白银,因为进口值几乎可以抵上出口的值。一年清两次账,这样银行就可通过高利贷款而获利,否则这些借贷者很可能会因没钱而不履行约定。

众所周知,富有的中国人担心别人知道自己的钱财,不开票就向银行存款。这导致存款人死后,后代不知道他曾在某一银行存了100,000两纹银或更多的钱。让人好奇的是,为什么这些人宁可让这笔存款冒着丢失的危险,也不愿意让这笔钱的合法继承人知道。这样的存款没什么利息,除非是开银行的人自己投资。由于这些原因,钱庄当然会富。

[…]

60 | 1887，汉城[①]
1887年朝鲜贸易报告

[...]

黄金

黄金报表没有给出黄金的出口量，但黄金交易是朝鲜的一项重要交易。去年报关的总黄金出口是 231,378$l.$，但实际上出口到国外的黄金要多出一倍。前面提到的数量中，196,329$l.$ 出口到了日本，35,049$l.$ 出口到了中国。

[...]

[①] 英议会文件，中国 16，大使和领事商业报告，1888—1890，爱尔兰大学出版社，香农，爱尔兰，1971，237f 页。

61 | 1887，台湾[1]

1887年台湾贸易报告

[...]

汇率

今年墨西哥币的汇率平均只有 3s. 2d.。

---

[1] 英议会文件，中国16，大使和领事商业报告，1888—1890，爱尔兰大学出版社，香农，爱尔兰，1971，73f页。

62 | 1887，温州[①]

1887年温州贸易报告

[...]

金银

福州茶区流入上海大量的美元，占进口值的一半多。海关官员布雷热（T. R. Brazier）先生解释说这是由于人们热衷于这一南方的经久产业。茶叶交易频繁，俗称"忙碌的美元（The sweating of dollars）"。交易后，硬币按重量进行支付，然后运往上海加工成纯银锭。很难理解为什么人们用银锭。很明显银匠和茶商是受害者，因为他们挣来的"血汗"钱以纯银的方式过手了。这样扣除支付的运费和保险后，仅可赚2又1/2%。一个只使用货币买东西的欧洲人几乎不能意识到，这样方便的标准货币被误导会对贸易潜有多大程度的制约，他也不能意识到如果没有这些货币，货物出门"概不退换"的意思。

[①] 英议会文件，中国15，大使和领事商业报告，1884—1888，爱尔兰大学出版社，香农，爱尔兰，1971，857f页。

63 | 1887，芜湖[①]

1887年芜湖贸易报告

[...]

1887年12月31日上海海关的银价是 4s. 9d.。报告中今年的值是 4s. 10d.。1886年是 3s.。但1887年银两在当地的购买力要比1886年大一点儿。

在内地人们仍喜欢用旧西班牙卡洛斯币，在芜湖通常比其本身价值高出6%—10%，甚至更多。农民们用西班牙卡洛斯币是为了交换他们卖大米所得的银锭。

[①] 英议会文件，中国16，大使和领事商业报告，1888—1890，爱尔兰大学出版社，香农，爱尔兰，1971，31f页。

64 1888，广州[1]

1888 年广州贸易报告

[...]

铸币

怀恩（Wyon）先生经营下的制币厂有了很大的发展。在写这个报告时，他已准备就绪。要不是中国对模具的规定不能够满足掌管广州命运的中国督造官吏的苛刻要求，他们早就能每天生产出 2,000,000 银币。但他们此刻正在等待这位大官员按手印批准新的模具。如何让这些铸币进入市场流通也是一个问题。广东人很特殊，不像内地北方人，不接受任何铁制的或沙制的货币。还需要看看他们是否能接受与其习惯使用的铜币相当的黄铜币。黄铜币确实已在使用，只不过大多是在赌场用作筹码。现在把它们当作无用的金属的看法是有违铸币的初衷的。他们确实也说已有足够的流通货币，所需的只是减值 10% 的银币。这种币目前在香港和日本只有加很高的附加费才可以得到。虽然可以在制币厂制作，但清政府还未行动。制币厂在没得到制造银币所需的白银之前也不能冒险制银币。

---

[1] 英议会文件，中国 16，大使和领事商业报告，1888—1890，爱尔兰大学出版社，香农，爱尔兰，1971，355f 页。

65 | 1888，汉口[①]

1888年汉口贸易报告

[...]

金银

5,049,980两纹银（主要是白银）从上海进口到汉口。其中的1,835,784两主要是出口到其他港口。出口的9,310两金条，很可能最终会到伦敦。

由于汉口主要靠上海与欧洲通商，因此，没有索要相关记录。

[①] 英议会文件，中国16，大使和领事商业报告，1888—1890，爱尔兰大学出版社，香农，爱尔兰，1971，335f页。

66 1888，上海[①]
1888年上海贸易报告

[...]

钱庄

当地钱庄能提供各种服务主要是归因于上海的繁荣，我在1883年的报告中已提及一些。当地钱庄很少有大额的资本，少数几家能有超过10,000$l.$—15,000$l.$的资本。

他们的花费很小，但每一位员工，到最底层的职员每年都能分一些利润。有些钱庄很短命，有一季不顺利就会消失了。但有几家钱庄经济上联系紧密，会相互帮助。年假过后能有几家钱庄新开则是商业昌隆的晴雨表。财神节，在1889年是2月4日，有32家钱庄开张，而前一年是28家。这一数字不包括富有的票号，目前富有的票号是19个，还有难以计数的从事兑钱行业的人。钱庄的交易主要是有息存款，把钱转给信誉好的贸易者。通过有偿的在限期内支付的形式（不能超过10天），或通过所指定的人或借贷人支付支票的形式允许事先谈好的客户透支。汇票也在中国当地的贸易中心得到批准，但不像票号，汇票不是钱庄的主要特征。票号在整个清帝国都有其代理和分支。票号借钱给钱庄，但

[①] 英议会文件，中国16，大使和领事商业报告，1888—1890，爱尔兰大学出版社，香农，爱尔兰，1971，437f页。

不会给普通的商户。它也借钱给预约好的官员以支付必要的费用。主要的钱庄对国外职员都很熟悉，在非常短的时期内会借钱给他们，彼此之间的关系仅限于此了。

当地信誉最好的钱庄和商人众人皆知。在这里很适合引用一个非常受人欢迎的前汇丰银行经理的话。"我明白，"他说："世界上我最信任中国商人和钱庄东家了。当然什么都有例外，我这样说是有充分依据的。在过去的25年里，银行（如汇丰银行）和上海的中国人做生意，可以说在我们做的成千上百两的生意中，从未遇到过一位不履行条款的中国人。"

这些信息当然不是鼓励无限地信任中国商人开的钱庄，但至少说明加点小心丰富一些和当地人经商的经历，会使商业关系变得令人愉快和满意。

货币和汇率

设在上海的国外银行在当地小额交易中流通以美元或以银两发行的钱贴。大宗买卖按银锭、支票或以钱庄授权的形式支付。1888年上海两的平均值是 4*s.* 2 又 5/8*d.*。墨西哥币的均值是 0.731 两。海关税收和各种海关汇款都是用海关两，等同于 4*s.* 8 又 3/8*d.*

67 | 1888，汉城[①]
1888年汉城贸易报告

[...]

黄金

1888年海关报出口量是217,544*l*.，前一年是231,318*l*.。正如前文所讲，这只占此地实际出口值的一半。出国到此的中国人和日本人总是或多或少地随身携带一些黄金，而这些都没有向海关申报。

前文提到的217,544*l*.，日本占162,355*l*.，中国占55,189*l*.。1887年的比例是196,329*l*.：35,049*l*.。

[...]

---

① 英议会文件，中国16，大使和领事商业报告，1888—1890，爱尔兰大学出版社，香农，爱尔兰，1971，479f页。

68 | 1888，温州[①]

1888 年温州贸易报告

[...]

金银

1888 年海关金银统计报表

进口		出口		总计（美元）
品种	金额（美元）	品种	金额（美元）	
铜币	7,566	铜币	1,350	8,916
银币	826	银币	1,073,862	1,074,688
总计	8,392	总计	1,075,212	1,083,604

然而，表中进出口中的铜币应从表中删掉，这样，表就如下：

进口（美元）	出口（美元）	总计（美元）
826	1,073,862	1,074,688

这样一来，海关从出口额中减去进口额，再用各种各样的理论来计算和解释盈余平衡。通过这些对比，1888 年是 42,318*l.*，货币出口盈余。但正如我要详述的，海关的报表是误导人的。1,073,862*l.* 包括铜币在内。在温州可按这样的汇率得到铜币：每 100 两铜币等同于 154 两有戳记的

---

① 英议会文件，中国 16，大使和领事商业报告，1888—1890，爱尔兰大学出版社，香农，爱尔兰，1971，297f 页。

美元。73 两铜币等同于 100 干净美元，112 印戳美元可买 100 干净美元。这样一来，出口中的 1,073,862$l.$ 只是 958,805$l.$ 干净美元，或按 3$s.$ 来换算的话，是 143,820$l.$。1888 年的表就应该是：

进口（英镑）	出口（英镑）	总计（英镑）
124	143,820	143,944

从出口中减去进口值，再加上出口值，出口总数是 166,476$l.$，出口比进口多出 25,059$l.$。但驳船贸易也是出口比进口多，需出口白银来满足多出的出口。这样就容易计算。

人们也许会问，这些金银都来自哪儿？它们大多都是通过邻省福建边界卖到茶区的鸦片钱。虽然这些钱都受到了损毁，外商也用它们来支付茶款。被戳记得近乎面目全非的烂版货币则不再作为流通货币使用，而是根据重量运往上海。从销往中国的鸦片中获得的利润则用来支付给英国国内的制造商。

[...]

69 1889，广州[1]

1889年广州贸易报告

[...]

虽然只有一个欧洲人监管，但制币厂经营稳定，并郑重决定要发行银币，希望能填补在制造黄铜币中的损失。先前1,000文兑1两（4s.）的发行已停止，但在士兵身上发生了连续的困难。发给他们的是这种汇率的货币，但小商贩们不愿意按照高于此汇率的标准1,300—1,400文兑1两（4s.）收士兵们的钱。于是又制造了1,250文兑1两（4s.）新的较轻的货币。但这依旧不能让人们满意。最近决定制造1,350兑1两（4s.）的货币。我个人认为，这比货币本身的值要少。

进行铸币的提议设计换了有六七次，但我认为最终定下来的是值72c.的库平两。标准的政府两（4s.），接近商业中使用的75c.。但由于制币厂没有鉴定者，它真正的值十分可疑。库平两与通常情况下7s.又1.7d.的墨西哥币不同值，作为海关两的一部分，也很尴尬，很让人怀疑人们是否会接受它。也许会需要10分和5分的货币。10分和5分的货币通常被认为是代用币，所以在日本人、中国香港人和中国人之间使用没什么区别，除非人们刻意区分它。

[...]

---

[1] 英议会文件，中国17，大使和领事商业报告，1890—1894，爱尔兰大学出版社，香农，爱尔兰，1972，53f页。

70 | 1889，牛庄[①]
1889 年牛庄贸易报告

[...]

去年牛庄白银的进口达到了 243,979*l.*。这只是海关的统计，没包括政府运来的货币。还进口了一批价值 36,695 海关两的铜钱 157,265*l.*。去年的进口超过了 1888 年 525,520 海关两，而出口大概是 20,000 海关两。需要注意的是一大部分进口的海关两被中外人士用于救济灾荒区。

当地的银值如中国铜币显示的那样，去年下降很多。营子（Ying-tzu）两通常相当于 10,000 文（去年大概是 48.6*d.*）。但在 1889 年秋天是 8,000 文，自此未再飙升。在好多市镇，铜钱相对缺乏。去年冬天，奉天总督发布公告停止当地盛行的物物交换。根据这一公告，钱贴不能取现，只能换物或其他钱贴，从一个商店传到另一个商店，直到最后像通常那样变得一文不值。增加铜钱进口有望改变这一公告。

[...]

[①] 英议会文件，中国 16，大使和领事商业报告，1888—1890，爱尔兰大学出版社，香农，爱尔兰，1971，637f 页。

71 1890，福州[①]
1889 年福州外贸报告

[...]

总的说明

1890 年期间，中国政府从汇丰银行进口了价值 60,000 美元的 10 分和 20 分的硬币，用此来取代以前流通的 100 文和 200 文的钱贴。许多年来，这些分别值 4d. 和 6d. 的钱贴货真价实地在市场流通。但过去的几个月里，发行这些钱贴的几家小钱庄失败了，被吝啬的店主和其他人坑得损失惨重。除了发行这些钱贴的钱庄，店主也发行钱贴。如果贸易昌隆就会一切运行良好，但港口茶贸易的不景气影响到了店铺和一些商人。许多店铺倒闭，无钱兑付钱贴。如果发行钱贴的人延期不能兑换白银，人们就会得了理，常常来砸店铺，有时会把店铺砸个粉碎。

这种事情经常发生，当地政府就得干预，声明所有 100 文和 200 文的钱贴不合法。

为取代这些钱贴，省财务厅发行了 10 分和 20 分的银元，起初的一些是广州铸币局生产的，后来不再流通，改用香港的小币。我听说他们大概想买 17,000*l*。

---

① 英议会文件，中国 17，大使和领事商业报告，1890—1894，爱尔兰大学出版社，香农，爱尔兰，1972，229f 页。

内地的银行据说也急于购买同等数量的小币，如近几个月能买到，此处将会有大概 50,000l 的香港小币在流通。

[...]

72 | 1891，烟台[①]
1891年烟台商贸报告

[...]

汇率和货币

烟台，和中国其他协议港口一样，其贸易取决于汇丰银行的服务设施。烟台的汇率和上海相同，故不再复言。

进口的银币是 117,977*l*.，其中有一半来自天津，有 986*l*. 是来自朝鲜的黄金，有 641*l*. 是来自上海的铜币。

出口的银币是 940,872*l*.，大部分运往上海，5,830*l*. 铜币运往天津，86,511*l*. 黄金运往上海，我希望最后的一批是运往英国。

[...]

[①] 英议会文件，中国17，大使和领事商业报告，1890—1894，爱尔兰大学出版社，香农，爱尔兰，1972，467f 页。

73 | 1891，福州[①]

1891年福州贸易报告

[......]

为了方便和去年对比，海关两汇票按 5s. 计算，虽然它实际的值要低一些。

金银

从香港进口的金银是 249,294*l*. 10*s*.，从中国其他港口进口的是 324,053*l*.，相应的出口是 189,707*l*. 10*s*. 和 315,423*l*. 10*s*.。在 1890 年的报告中我提到，由于钱庄和商行的失败，政府声明香港和广州使用的 100 文和 200 文的钱贴是违法的，并进口了 60,000*l*. 美元。

1891 年，基于当局的决定，汇丰银行的进口如下：

类型	金额（美元）
20 分 / 枚	3,000
10 分 / 枚	87,000
5 分 / 枚	40,000
同一家银行在当地的货币	10,000
当局自己统计的各种面值的广州小币	250,000

[①] 英议会文件，中国 17，大使和领事商业报告，1890—1894，爱尔兰大学出版社，香农，爱尔兰，1972，399f 页。

续表

类型	美元
钱庄自己统计的各种面值的广州小币	30,000
总计	430,000

广州硬币如今要求和上海相同的汇率：10分一枚的是106文。人们起初对广州硬币的歧视已不复存在，现在对它更是信任。而日本的银币则还是像从前那样受到怀疑，因而没有特殊进口。

用钱贴现钞取代白银

本报告在货币一栏已提到小银币用钱贴代替。需要一提的是最小的合法钱贴是400文，根据汇率相当于36—40分。此外，还有500文和600文的钱贴及1,000文及更高的钱贴。

[...]

74 1891，汉口[①]

1891 年汉口贸易报告

[……]

相应地汉口贸易增长了 749,158*l*.。目前的流通货币纹银的价格与 1890 年相同，这两年平均都是 5*s*.。但二者之间还是有点儿不同。1890 年由于美国对白银立法，白银在 1891 年有所升值，随着银市逐步过度充盈又导致白银的价格有所降低。

有关白银贬值

报告的开头我提到 1890 年和 1891 年海关两的平均值是 5*s*.，但二者间仍有不同。1890 年美国对白银立法，这一立法促进了生产，使白银在 1891 年逐渐升值，但银市的逐步过度充盈又导致白银的价格有所降低。

下表显示了 1891 年海关两一年变化的情况：

日期	值	
	s.	*d*.
1月2日	5	3 又 7/8
1月9日	5	3 又 5/8

[①] 英议会文件，中国 17，大使和领事商业报告，1890—1894，爱尔兰大学出版社，香农，爱尔兰，1972，415f 页。

续表

	日期	值	
		s.	d.
	1月16日	5	3又1/2
	1月23日	5	2又3/4
	1月30日	5	2又7/8
	2月6日	5	2又1/8
	2月13日	5	1又1/2
	2月20日	5	0 5/8
	2月27日	4	11又1/2
	3月6日	4	11 3/4
	3月13日	5	0又1/4
	3月20日	5	0又1/4
	3月26日	4	11 3/4
	4月3日	5	0
	4月10日	4	11又7/8
	4月17日	4	11又5/8
	4月24日	4	11
	5月1日	4	11又3/8
	5月8日	5	0又1/8
	5月15日	4	11又1/2
	5月22日	4	11又1/8
	5月29日	4	10又3/4
	6月5日	4	11又1/8
	6月12日	4	11又3/8
	6月19日	4	11又3/4
	6月26日	5	0又3/4
	7月3日	5	1又1/8
	7月10日	5	1又1/8
	7月17日	5	1又1/8
	7月24日	5	1

续表

	日期	值 s.	值 d.
	7月31日	5	1
	8月7日	5	0 又 5/8
	8月14日	5	0 又 6/8
	8月21日	5	0 又 1/8
	8月28日	5	0 又 3/8
	9月4日	5	0 又 1/4
	9月11日	5	0
	9月18日	4	11 又 5/8
	9月25日	4	11 又 3/4
	10月2日	4	11 又 1/2
	10月9日	4	11 又 1/4
	10月16日	4	11 又 1/4
	10月23日	4	11 又 1/8
	10月30日	4	10 又 7/8
	11月6日	4	10 又 1/4
	11月13日	4	10 又 3/8
	11月20日	4	10 又 1/2
	11月27日	4	10 又 1/8
	12月4日	4	10 又 1/2
	12月11日	4	10 又 1/4
	12月18日	4	10 又 1/8
	12月24日	4	10
	12月31日	4	10 又 1/8
最大	1月2日	5	3 又 7/8
最小	12月22日	4	9 又 7/8
	1891年平均	5	0

[...]

75 | 1891，上海[①]
1891年上海贸易报告

[...]

汇率及美国立法引起的贬值

主要原因是银价的动荡。1890年，当国会议员提出每月450万盎司的白银购买立案时，白银交易市场上出现了疯狂的投机。2月，白银从每盎司 3*s.* 7 又 1/2*d.* 飙升到 4*s.* 6*d.*。9月初，不到7个月，又飙升了25又1/2%。此后开始了下降，直到1891年年底，终于回到1890年春的初始值。补充一句，当我写这个报告时，价格又开始降到 3*s.* 3 又 1/4*d.*，比1890年9月份最高点降了28%。就东方汇率而言，美国立法的最终影响是银价不正常地升了25%，高于其正常的市场值。当过分的刺激过后，银价开始回落。

比1890年春季每盎司多出的 3*d.* 可能是银价大升后的反作用，也可能是自然原因。但可以说，如果没有美国的这一立法，就不会出现如此大的动荡。从仍在下滑的生产中可以看出，进一步跌出的6%要找平的话，需要两年多的时间，而不是几个月。

不管如何，东方市场不会稳定，除非采取措施使银相对于金的价格

[①] 英议会文件，中国17，大使和领事商业报告，1890—1894，爱尔兰大学出版社，香农，爱尔兰，1972，517f页。

合理稳定。

只要我们还处在前两年的震动影响中,所有的贸易就是降格为赌博。商人要冒 10%—15% 的贸易风险,而账单又到期的话,就表明业务不能正常开展,做业务就是冒险。

剧烈的震荡,尝试性的立法

银价的持续下跌影响了英国的东方贸易,这是我们必须面对的损失。但只要萧条是缓慢的,渐进的,比如说是按 1% 或 2% 的速度,不出 1 年,我们遭受的损失就不会那么严重。这一过程确实在过去的 18 年里发生过,没有感觉到明显的不便,因为商人可以及时调整自己的资本,从各个方面来看,低的银价都会有利于东方贸易。如果有极少数的人指望白银恢复到相对于黄金的旧值,从贸易商的角度来看,这是不成熟的。商人感兴趣的是二者间汇率稳定,这样计算就比较稳妥。这并不是说生产和需求不成比例,只是说如果按自然规则,而不是尝试性的立法,不会坏到哪儿去。除非立法定下汇率是为了所有国家人一劳永逸,否则最好让市场交易的各方来自然运行。

[...]

76 1891，汉城[①]

1891年朝鲜贸易报告

[...]

大米价格，货币贬值，银币建议

朝鲜盛产大米，大米是该国的主要食物。但由于运输牲口少，米价每升或品脱从1890年的120—130文升到1891年的250文。铜币的贬值又加重了这一问题。由于铜钱是朝鲜的唯一货币，工资等都是以铜钱形式支付。铜钱的贬值对以工资为主要收入的人们，如官员、士兵等来说影响巨大。这一点变得很严重，以至于出现了上层阶级离开汉城的现象。他们愿意在食品和燃料都便宜的乡下种菜，而不愿意在市中心去支付一堆的供暖等费用维持生计。

关于铜币的贬值，可以解释的是朝鲜不像中国那样铜币只是纹银或银两的辅币。这些铜钱按中国的模子铸，做工和质量要好一些。1883年有人建议政府说，如果发行5文的铜币来代替现在的1文铜币会获利很多。这个建议被采纳了。于是，被大家叫做"当五钱"（"tangos"）的5文铜币强行在汉城和邻国流通，较远的地区则成功地拒绝了它的流通。这些铜币虽然在重量和质量上都不如传说的那样（制造的目的也仅是为

[①] 英议会文件，中国17，大使和领事商业报告，1890—1894，爱尔兰大学出版社，香农，爱尔兰，1972，561f页。

赚钱），但质量还过得去，兑 1 美元是 350 文或 70 枚 5 文货币。随着 5 文货币的继续发行，政府发现如果把铸币的特权出租给支付一定版税的私人投机商会获利更多。正如预期的那样，发行的铸币一版比一版的质量次，后来就开始用黄铜而不是紫铜。兑 1 美元所需的铜币从 1883 年 70 枚或 350 文变为 1891 年的 680 枚或 3,400 文。市场的波动加剧了这一情景，上下波动 10%，几小时内值都会发生变化。要不是投机商，对外贸而言情景不可能会这么糟。因为对进口收取的高利率与汇率的降低成比例。外国进口商发现很难在这样动荡的汇率下进行买卖，因此此阶段进口几乎停滞。这一情况当然对朝鲜本身来说最糟糕。只要能吃饱穿暖，朝鲜人就能长期忍受，但饥寒交迫会让他们绝望。政府不得不面对人们的不满。尤其在首都，那儿有 5,000 名士兵，更不需说一批官吏和其下属们，每月都得要一笔固定的钱。

　　有多种补救措施被提出，但呼声最高的是用质量好的货币取代现存货币。但这无疑会增加政府的开支，最终的折中方案是收回现在的一些货币，按其本来的价值出售到外地并熔化。结果是汇率上升，进口恢复了，虽然对于贫穷的阶层来说还是低。虽不太剧烈，但持续的贬值仍表明需要进行货币改革。如前面所言，虽然收回 5 文的货币，重新使用 1 文的货币，能起到一定的修复作用，但这样做的代价是政府不愿意面对问题。这种折中的办法看似经济，但令人担忧的是最终会代价惨重而无实际效果。于是政府决定花大代价使用几年前外国人建的但从未用过的制币厂来引入银币。和日本人达成协议，借贷 250,000 美元购买日本的白银。付给代理工资来制作 500 文一枚的铜币。硬币的恒值是 500，辅币是其所代表的同价值货币的附属物。据说要在协议港口建立货币交易局，向申请者发行货币，这样用文进行的交易会逐步退出。对这种安排的一个反对意见是，这对政府会造成很大的损失。政府不可能以硬币的形式进口白银，再按照比协定招标来的支付海关税收等的日币和墨西哥币更优惠的汇率重新发行。我估计任何脱离纯银标准的决定都是盲目冒险，新币如果具备其应含有的值，很可能会出口到中国熔化成纹银。

[...]

77 | 1891，淡水[①]
1891年淡水贸易报告

[...]

砂金

夏季时淡水出现了黄金热。估计这与修铁路时在基隆河刚刚发现的黄金有关。很快好几百人到此来淘金，后又发展到几千人。他们带着很粗糙的锡箍的筛子来滤掉泥沙等。我听说一天能挣上3—4美元，但事情总有两面性。在淡水这样的气候里，天天暴露在太阳下，早晚喷出的瘴气会引发淡水热这样的恶病。劳保好的外国人偶尔会死去，而没有任何保护措施和缺乏药物的当地人是更大的受害人群。没有人清楚淘金热中死去了多少人，但在国外公司工作，曾在加利福尼亚淘过金的一个中国人有段著名的评论。当问他为什么不利用自己曾有的经验去淡水淘金时，他摇头回答说："那个地方会要人命。"

关于那个地方出口了多少金子也无从弄清。通过海关的数额很小，只有15,883*l.*，也许只是离港量的1/10。原因是几乎每个当地的乘客在动身去大陆时都会在行李中带上一些黄金，不受海关检查。我向海关官员建议，鉴于离开港口的数量这么大，适当收取贸易税既合理又有利。

---

① 英议会文件，中国17，大使和领事商业报告，1890—1894，爱尔兰大学出版社，香农，爱尔兰，1972，487f页。

但他当时说如果针对的是这些淘金者就不该征税,原因是这些人爬山涉水地淘金就应该有权利带走金子。但从那儿以后,他好像意识到自己白丢了一笔钱,因为我听说后来他征了一点儿税。他也许应按金子的数量或按人头征税。因为如果他按槽征税,有心计的当地人就会不用槽而是用其他的工具而暂时逃税。

[...]

78 | 1892,厦门[1]
1892年厦门贸易报告

[...]

英金币贸易值的贬值

从英币在贸易中的值得出的结论是贬值很严重。1892年难以预料地降到6又1/4*d*.，比1891年（这年就够低了）还低。在毛值上低了332,202*l*.，在净值上是低了228,811*l*.。

[...]

英金币在低汇率中的贬值

尽管1891年数量在表面上提升了，但在货物总值上是降低的。最显著的是棉花。除了中国倾向于要展示的土耳其红棉花，其他的都在量上增了但在值上减了。这主要是由于白银的贬值。

[...]

---

[1] 英议会文件，中国17，大使和领事商业报告，1890—1894，爱尔兰大学出版社，香农，爱尔兰，1972，659f页。

79 | 1892，广州[①]
1892年广州贸易报告

[...]

广州的制币厂在继续进行扩大生产。去年达到了 3,500,000（*dol.*）元，主要是辅币。同时，发行了 146,000,000 枚铜币。这些辅币很快在清帝国各阶层盛行。中国又很聪明地造了 10 文和 20 文一枚的辅币，主要在广州和香港使用。

[...]

[①] 英议会文件，中国18，大使和领事商业报告，1893—1895，爱尔兰大学出版社，香农，爱尔兰，1972，271f页。

80　1892，烟台[①]

1892 年烟台贸易报告

[...]

金银

今年进口的金银是 174,199*l*.，其中 5,782*l*. 是从朝鲜进口的黄金。出口达到了 576,689*l*.，其中，118,121*l*. 运往上海。另外有 219*l*. 铜币运往天津。

[...]

[①] 英议会文件，中国 17，大使和领事商业报告，1890—1894，爱尔兰大学出版社，香农，爱尔兰，1972，625f 页。

81　1892，福州[①]

1892 年福州贸易报告

[...]

去年我的前任在报告中提到 1890 年当地宣告小额辅币是非法的。20 文、10 文和 5 文的硬币已在一定程度上有了基础，在过去的几年里供给充足，自然流通自由。有人告诉我根据生产成本，英政府会得到 12% 的好处。汇丰银行的代理瑞克特（Rickett）先生很热心地给了我以下备忘录。

"1890 年银行进口了中国政府在香港的辅币，价值 15,000 美元，1891 年和 1890 年相同。1891 年 8 月份最后一船将到时，我们收到发文说由于金属含量低到现在仍不受欢迎的广东辅币，将与香港币看齐，从那以后，我们没有再进口后者。由于当地对小额辅币的需求大，在 1892 年当地政府进口了价值 350,000 美元的广州小额辅币。这还不够，于是在罗星塔另建了一个新的制币厂。我认为如果政府能提供的话，大量的香港辅币就会在市场流通了。我反复写信和发电报给香港办公室，而答案总是说政府不能提供。我认为香港小额辅币没有一点儿机会能再次面市。"

瑞克特先生还举了几个例子说明他得不到足够的供给。应该责怪谁

[①] 英议会文件，中国 18，大使和领事商业报告，1893—1895，爱尔兰大学出版社，香农，爱尔兰，1972，79f 页。

我不想说。但遗憾的是，由于在此地本来有市场的香港辅币数量不足，当地政府已在罗星塔另建了一个新的制币厂。总督有关是否立刻投入运行的决定今天会有答复。

去年的低利率无疑使茶商获利更多。问题是，在白银升值的情况下，进口的任何货币是否会给早已低迷的贸易毁灭性打击。如果这种低利率持续下去，曼彻斯特货物交易及来自欧洲其他国家的各种各样的交易注定会遭殃。从各个方面来看，福州的贸易都不令人乐观。

82 | 1892，汉口[①]

1892年汉口贸易报告

[...]

砂金

在长江的沙子里发现了金砂。人们开始在宜昌40里外的汉江（Chih-Kang）的各个点儿淘金。

[①] 英议会文件，中国18，大使和领事商业报告，1893—1895，爱尔兰大学出版社，香农，爱尔兰，1972，153f页。

83 1892,九江[①]

1892年九江贸易报告

[...]

货币

据说中国人和我们看待事物的方式截然不同。中国的货币,有很让人好奇的地方。我们的货币标准是黄金,他们的则是铜钱。在整个内地,货物的买卖通过"吊"或串,每一串是1000文,值 2s. 4d. 英币。

白银

白银因为贵重并在任何大的市镇都能买到而作为物物交换的中介。在农业区甚至在港口附近,人们对美元及银币持怀疑态度,只相信铜钱——这一清政府制币厂生产的货币。

[...]

[①] 英议会文件,中国18,大使和领事商业报告,1893—1895,爱尔兰大学出版社,香农,爱尔兰,1972,285f页。

84 | 1892，厦门[①]

1892年厦门贸易报告

[...]

银辅币

广州制币厂最近制造的银辅币如今使用很广。20分的用中英文标识，1钱44毫，1钱是1/10两，前文已述。10分的银币类似地标上72毫，这些货币比仍在流通的、脏兮兮的、粗劣的10—12枚1分的铜币要好得多。在海口还有一种国外的铜辅币。因劳工们时不时地从新加坡、曼谷或大罗城（今河内）等往返，这些铜辅币在英国、英国殖民地及法国殖民地等你可以想象的任何一个地方都可以见到。

[...]

[①] 英议会文件，中国17，大使和领事商业报告，1890—1894，爱尔兰大学出版社，香农，爱尔兰，1972，687f页。

85 | 1892，牛庄[①]

1892年牛庄贸易报告

［...］

高的银价也是阻碍贸易发展的一个原因。上海或香港的商人没想到1892年的银价会高得令人难以置信。九江的情况也是如此。银价高只是对此地交易用的铜币来说高，而与黄金比并不高。1892年比1891年平均涨了几个百分点，所有形式的进口相应地对买者来说也涨了几个百分点。

［...］

---

① 英议会文件，中国18，大使和领事商业报告，1893—1895，爱尔兰大学出版社，香农，爱尔兰，1972，123f页。

86 | 1892，北京[①]
1892年北京贸易报告

[...]

福州

银价的降低

银价的降低使得进口的价格增长了不少于30%，人们的购买力相应地降低了30%。

银行

1891年汇丰银行为中国政府进口了价值150,000美元的银币辅币。但今年8月份报告说，广州制币厂的辅币与香港的银币看齐。1892年当地政府又进口了价值350,000美元的广东辅币，仍供不应求。但广州已不能再供给这样的辅币了。并且，大部分货币已开始流通。在罗星塔另建了一个新的制币厂，香港辅币再也没有机会重新面市，给女王陛下带来12%的利润了。

[...]

[①] 英议会文件，中国18，大使和领事商业报告，1893—1895，爱尔兰大学出版社，香农，爱尔兰，1972，223f页。

汕头

[...]

银价的不稳定与贸易的滑坡

银价的不稳定与贸易的滑坡使得海关两从 4s. 11d. 降到了 4s. 4 又 1/4d.，对外贸的打击是致命的。一家钱庄破产了，另一家由于资本的减少不得不重组。其他的也挣不到红利。提高了贷款利息，减少了信贷，业务开展得很小心，很大地制约了商人。

[...]

上海

长江客运继续上升，预期白银的低价不会长久，因为有大量的金子出口。

[...]

朝鲜

经济危机的原因

朝鲜经济危机的一个原因是货币处于持续贬值的可悲状态，价格的震荡给外商造成了很大的困惑。后来在仁川建立了新的制币厂，发行标准的银币、镍币、铜币和黄铜币，模子已制好。金属来自日本，这个造价不菲的设施所需做的就是盖上印对银币进行机轧。在日本做也不会花费多少。总而言之，新币的制作会给政府造成很大的开支，政府用新币支付给早就欠债很重的官员和军队。人们对这种货币的接受能持续多久很让人怀疑。关税用的是早就在此流通的、能满足朝鲜需求的墨西哥币和日元。只制造了价值 60,000 美元的货币，制币厂就停了。据说是因为反对呼声很高，造出来的货币全被熔化重新制造。

[...]

朝鲜黄金

外国租借地和皇室保持开支合理的情况下，朝鲜的黄金是可以赚钱的。

[...]

总结

中国真正的货币是白银。虽然南方的一些城市使用墨西哥币，但上海和其他地方不使用。人们都热衷使用纹银。这些纹银呈鞋形，纯度不等，价格也不同。北京使用的是私家作坊浇铸制模，由发行它的钱庄印戳。中国政府不监督钱庄。小的买卖都用政府发行的通用的铜币。在太平军暴动期间，运往北京的铜币线路被切断，北京不能发行铜币，出现了严重的货币危机。十进制的纸币打了折扣，而铜币溢价，很少能得到。当时政府制了好多铁钱强迫人们使用。人们暴力抵制，甚至在北京发生了革命。人们把这些赝币鄙夷地扔在地上，堆得足有一尺高。孩子们捡起来当玩具玩。

中国人用铜串子支付日常开销（5 文 =1 分，这样 500 文 =1 美元 = 大概 2s. 10d.）

纹银在北方面值 10 两，在南方和上海是 50 两（目前 1 两 =3s. 8d.）可以被分成小的面值来称重，有时候在商行进行评估。有些地方不常用的墨西哥币也是如此。人们仍大量使用纸汇票。面值从 1 钱（10 分）到 1,000 两不等。银行汇票也不受政府的监督，由任何一家钱庄发行，唯一的保险就是发行者所看重的个人的信誉，不管是公家的，还是私人的。听说有人连 10l. 先令都没有就办起了钱庄，发行了钱贴。

北京有四大钱庄，他们或多或少地进行合作，在很大程度上统治着货币市场。他们存在并昌盛了100多年，他们信誉很高，有无限的钱贴发行权，也获得了很大的利润。

发行和被接受的钱贴经过哪个钱庄，哪个钱庄都会打上戳，或盖上章，表示对钱贴上的数额负责。所有造假的钱贴能很快也很容易地进行追究。

北京的股票交易以极有魅力的原始的方式进行。破晓不久，几个主要的理财者，或其代表到中国城（The Chinese city）碰头，通过共同商议、投标和审议确定交易和货币值的汇率。然后放飞一群信鸽把商业行情在钱庄开门前带给北京城的主要钱庄。

当地钱庄很快就会发现国外的理财者通过电报已早于他们得知了汇率，很快就也采用了这种通信方式。

大量的黄金以金砂的形式通过中国边境阿穆尔河的淘金者进入北京。还有部分黄金是从沙俄边境走私进来的。在北京熔化并做成10两重的金条，形状像松糕手指饼，纯度是98又1/2。

最近的汇率动荡导致此处乃至中国各地出现了黄金赌博。外国开银行的商人购买金条汇到家，而不再用汇票。通过这种"银行立法"体系，好多这种交易都被遮掩了。内地钱庄不能这样做，因此就一直持有到汇率合适时才卖掉，仅靠运气，希望不得不卖时的汇率对自己有利。当地钱庄比他们的外国竞争对手相对有优势，因为后者必须按当时的价格买进，而前者凭自己的全部信用发行纸币，可留着黄金直到溢价。

北京一定有大量囤积的黄金，因为大多情况下，官员都会在任职的地方得到好多钱财，因害怕被自己的上司发现充公，就会买成金条秘藏。同样地，这些官员也做好了支付溢价的准备。而北京的金价总是从1%到2%浮动，比上海的高一些。白银便宜的时候黄金就会贵。持有者就会在高价时卖出，再在低价时买入。

[...]

87 | 1892，上海[①]
1892年上海贸易报告

[...]

汇率的持续动荡导致了变化，白银继续下跌，国际协议是唯一的解决方案。

汇率变化另一方面显示了动荡引起的不良后果。只要黄金和白银还处于这种危险的状态，贸易萎缩就会是安全的应对方法。去年相对于黄金，银价下降了9%，1891年同样下降了12%。下一年也许会有相同或更多的降幅或升幅。不管怎样，总会有损失和获利的一方。人们不只是抱怨银价的偏低，而且抱怨它的不稳定性。汇率很不客观，不合情理，没有国际间的一致协定就不会减缓这种动荡局势。

国外进口总值

1892年总出口值是78,777,000海关两，比1891年多出1,500,000两。[...]

低银价的影响问题

下面我会说一下白银价格的降低是否会促进出口的增加这一有趣

[①] 英议会文件，中国18，大使和领事商业报告，1893—1895，爱尔兰大学出版社，香农，爱尔兰，1972，153f页。

的话题，如果是，在何种程度上促进。我还要说一下价格跌升所显示的中国白银购买，及中国作为白银进出口商对待西方的一贯态度立场。同时，我会附表说明中国出口的扩大。通过观察这些，人们也许可以预知未来汇率很可能会增长。

[...]

银价降低刺激了出口，运费的降低也是出口增长的一个原因 银价的降低也许没有人们所想象的那么严重

白银价格的降低无疑是促进出口增加的主要原因，也是英国金币制造成本降低的原因。便宜的海运费也起到了一定的作用。这两方面使得人们能运往欧美大量的货物，而这些在以前会因高额的代价而不可能实现。白银相对于黄金价格的降低目前还没有显著影响到中国的物价，但却带来了大量的货物，预期在低汇率下能获利。欧洲支付能力有限，使得出口能获利。要不是人们普遍认识的这一事实，即欧洲黄金的购买力与白银的购买力同样降低，白银绝对会比现在出现的那样还要更多地促进出口。比如说汇率降低10%，其他不变的情况下，绝对意味着中国出口会多获利10%。这当然会促进大量的出口。竞争会提高当地的银价，这样白银就会介入来平衡价格。但这至少没有在很大程度上出现。这一运行过程已能让白银运输者获利，而银价的进一步降低无疑会增强这一点。

[...]

20年来生丝对白银的价格未变，而对黄金则降了50%

上文提到银价降低的影响，同样的消息源称，一捆中国标准等级的生丝，现在是430—440两，值3s. 10d.，几乎和20年前没什么差异。当时是超过了6s.。但1870年在伦敦，20s.几乎买不了1捆这样的丝，而

今天几乎能买 1 又 1/2 捆。也就是说,对于生丝,白银的购买力是不变的,而黄金已升了近 50%。否则的话,如果伦敦的金价不变,而汇率下降,在上海的国外购丝商就能出更高的银价,中国则在刺激下就会生产很多很多的丝。

[...]

88　1892，汉城[①]

1892年汉城贸易报告

[...]

货币、现金的贬值、银币、新的制币厂

早期观察到的谷类歉收是贸易降低的主要原因。而朝鲜和中国、日本一样，同样遭受银价持续降低的影响，这是朝鲜经济萧条、货币处于劣境的重要原因。货币价格持续下跌，给国外商人造成了很大的困惑。在上一个报告中我提到要建立新的制币厂。硬币的恒值是500文，辅币是其所代表的同价值货币的附属物，也是500文。去年在仁川花费20,000多美元建立了新的制币厂，准备不久就投入生产。已经出了几个样品：两种银币、一种镍币、一种铜币和一种黄铜币。大的银币是5朝鲜两（riang）或500文，重416克，纯度是900，我认为和日元类似。小的银币是1朝鲜两（riang）或100文，据说一枚值20分。其他的辅币是：

（a）5分或25文的镍币；

（b）1分或5文的铜币；

（c）1文的黄铜币。

[①] 英议会文件，中国18，大使和领事商业报告，1893—1895，爱尔兰大学出版社，香农，爱尔兰，1972，285f页。

制币厂：生产成本

新币：制造造成损失，让人怀疑没有成功。不需要银币。

朝鲜币不让人信任，制造停止。

期待发行新货币　只需求新币　银行钞票

制币厂在很大方面都与汉城旧的制币厂一致，有9个打戳机，6个英国造，3个德国造。在正常情况下，每台机器一天工作8个小时可以生产出30,000枚铸币。一个月的工资和薪酬等需消耗1,700美元，除此之外还需加上燃料、水电等费用。金属来自日本。这个造价不菲的设施所需做的就是盖上印，对银币进行机轧。其实在日本制造就花费不了多少。巨额的成本，再加上不菲的运费，新币的制作只会给政府造成很大的开支，人们也不见得会接受。但可以强制用新币支付政府早就欠债很重的官员和军队。只要关税是用早就在此流通的，能满足中国需求的墨西哥币和日元，就会影响新币在涉外贸易中的流通，使它贬值。完全没有理由建一个制币厂，因为墨西哥币和日元能满足朝鲜的需求。建厂制造新币只是一个国家荣耀问题，但代价惨重。而这种荣耀也会随着朝鲜在其他地方铸币和进口货币而消减。这样的新币需要人们对它有信心，但在这样的一个体制下，当地制造的货币永远也激发不了人们的信心，政府也只是在浪费，注定要失败。造了价值60,000美元的货币后，制币厂停产。据说是铸出来的货币全被熔化重新制造，原因是反对呼声很高。如果朝鲜政府把注意力放在标准不变的货币上，结果也许会好一些。但临时的1文货币注定会失败，因为它们中间没有被穿孔，朝鲜人几个世纪以来都习惯于把钱串起来，如15个一文是1$d.$。很显然，串起来比散放要方便得多。本来政府打算发行新币的同时还发行新钞票，在日本已出样了，但后来不得不改变初衷。人们还希望政府只关注铸币，而不要去管白银。他们将真正服务一次国民，用统一重量和质量的1文的货币取代命名为文的垃圾币。他们也会考虑到自己的账单上又多了一笔，因为他们得为此举买单。

[...]

89 | 1892，汕头[①]

1892 年汕头贸易报告

[...]

金银

一如往常，统计显示汕头贸易顺差，出口达 538,448*l*.美元，而进口是 54,024*l*.。这些数字在某种程度上是误导人的。汕头是移民的大门，每年有 60,000（来自厦门）人移出，有 45,000 人移入。移入的人大多数都带进一些在国外挣来的白银，而这样积聚起来的白银很多，但海关不统计。例如，1891 年海盗袭击了一名乘客，她随身携带的 17,000 美元被抢劫。如果把这批白银计算在内，就会发现 1892 年净值是 225,886*l*.的白银出口到香港，43,051*l*.出口到上海，16,263*l*.到福州，241,134*l*.到厦门和淡水。报表中香港和澳门的大部分白银注定是到广州作为省财库的资金。到厦门的船只相比之下不被认为是港内贸易，但最终会在香港按进口进行。美元先汇到厦门，厦门的汇率对支付香港的账单更有利。

[...]

[①] 英议会文件，中国 18，大使和领事商业报告，1893—1895，爱尔兰大学出版社，香农，爱尔兰，1972，39f 页。

90 | 1893，广州[①]

1893年广州贸易报告

[...]

目前谈论的白银问题涉及其诸多缺陷。请允许我再次说明一个众所周知的事实。在广州及全中国的标准值是足重的白银。在香港国内外商人越来越多地使用纸币，这是一个事实，因为在本地，甚至在墨西哥币合法使用的香港，墨西哥币都不能算是流通货币，由于在经手时，内地的各个钱庄都在纸币上盖上自己的戳记，所以靠这些戳记人们可以断定这些纸币是可信的。香港银行的纸币在香港和广州都是流通货币，往往很珍贵。这表明基于标准货币的纸币，在上世纪初的中国也像在欧洲那样被认可了。

1891年广州制币厂制造的银币个数：

规格	数量（枚）
1美元	14,500
半美元	45,100
20分	13,923,900
10分	14,216,400
5分	127,100

在总的4,249,825美元中，10分的去了福州，有些20分的去了北方省份。

---

① 英议会文件，中国18，大使和领事商业报告，1893—1895，爱尔兰大学出版社，香农，爱尔兰，1972，649f页。

制币厂目前还没有在政府出资的情况下负起向人们提供标准值的责任，它只关心是否盈利。由于制造标准硬币没有利润，除非有人会支付溢价的与墨西哥币等重的广州币。纯度是900—1,000的广州币现在很少见。有理由相信，如果银行愿意支付比如是2%的溢价，那就足以弥补铸币的成本。制币厂也就会愿意制造这样的货币了。没有评估的情况下，省财务局的银两被认为是纯银，而广州银不是那么纯，在伦敦的制币厂，我们发现广州制造的银两纯度是884，而不是900。

至于20分、10分及5分的都按两卖给人们。也就是按5、10、20的票面值卖，或1两的72%卖。制币厂能在这上面赚钱，因为纯度才是820，按伦敦制币厂就只是811—807之间。但由于很便利，对此的需求日增。在流通中货币的内在价值正如瑞卡多（Ricardo）所言，是取决于买卖的需求。目前，1枚10分的能换100文铜币。而10枚10分的能换72/100两。人们都自愿使用这种货币，制币厂也乐得供应。目前还没有什么措施强迫人们使用硬币，人们愿意在交易中保持其目前的价值。

这些银币的获利据说在支付制币厂的成本后会有盈余，但不足以在初始发行时获利。届时整个大清都会需要这种货币。

时年制造的铜币的数量是135,350,187枚。他们只能亏本用欧洲机器来做，但在去年随着铜相对于银的价值上升，铸了很多铜币。银行可按当天的市场汇率来买，目前是1,400文兑1两。但进入流通主要是用来支付军队开支，而银行支付军队开支可以按较好的条款实施。据说，1894年上述数量只铸了一半。

白银相对于金价的贬值目前还没有如想象的那样刺激出口。进口到中国的大量白银大多是由于中国对印度出现贸易顺差。再明确地说，就是对中国鸦片和棉花的出口降低被伦敦的白银弥补了。这些白银去了北方，也有一少部分银条进口到了这里。

［...］

91 1893，烟台[①]

1893年烟台贸易报告

[...]

金银

1893年进口了204,881$l.$的金银，出口是390,650$l.$。进口中，14,300两（2,502$l.$）是来自朝鲜的金条，出口了825,393两（144,444$l.$）黄金，比去年多了26,323两。

白银的低价无疑使所有的黄金都融入了市场，但都是从哪来的是一个谜。中国的黄金全不是硬币形式，虽然全都被做成40$l.$一个的金条。有个中国人告诉我，进入烟台流通的金条主要有3个渠道：(1)阿穆尔河谷；(2)朝鲜；(3)山东省的金矿或淘金者。除此以外，我深信还有一部分来自中国的库存。这些黄金以镯子或装饰品的形式保存多年，如今在低银价的诱惑下拿出来卖了（白银是贸易的标准值，也是交易的媒介）。在很多贫穷的地方使用铜钱，贾米森（Jamieson）领事在305号关于白银问题重要报告里说，每年从中国出口的黄金，已从1888年的1,678,000两升至1892年的7,332,000两。从汕头出口的黄金也是按这一汇率。

[①] 英议会文件，中国18，大使和领事商业报告，1893—1895，爱尔兰大学出版社，香农，爱尔兰，1972，471f页。

在此不必考虑来自阿穆尔河谷和朝鲜的黄金。前者在汕头几乎不值一提,而朝鲜的情况已经在朝鲜黄金贸易报告中谈到。在此我想补充一两句,说说山东的黄金。曾去过加利福尼亚的几个中国人,在白银低价和黄金高价的驱使下,在招远开了个证券公司,合办了个金矿。北方各港口总监李鸿章保证给他们必要的特许权,只要他们负责平度煤矿300,000两的债务。他们尝试性地进行运作后不久就告诉我开采出了重达8磅(1bs)的金块,欧洲的一位商人受托取得公司在矿区的开采权。结论是采矿还在继续,但我认为只是处于试验阶段,成功与否现在下结论为时过早。

另外两个产金地是平度和宁海。平度目前什么也没有进行。宁海金矿是在溪流中发现的。当农业和其他产业都停止的时候,尤其是冬季,农民就去淘金,做些挣钱的事儿,在无穷无尽的资源中收集金砂,每天淘几分钱。出口前金砂被制成金条,海关人员和汽船代理都不知道有黄金以金砂的形式出口。

如我刚才所说,很多贫穷的地方使用铜钱。东北边远的灯塔工作人员不愿意用银币,因此1,000,000枚铜钱重4又1/2吨,用来支付他们120 $l.$ 的工资。银价降低到1银元值960文,比我知道的中国其他任何地方都低,我也没听到银价的降低影响到了贸易。

[...]

92 | 1893，重庆[①]

1893年重庆贸易报告

[...]

黄金的出口

黄金没有出现在清帝国的海运统计中，但主要由于广州商人，黄金的价格增长迅速，在过去的12个月里增长了10%，现在1盎司是71$s.$（每两黄金是26两白银）。

[...]

[①] 英议会文件，中国18，大使和领事商业报告，1893—1895，爱尔兰大学出版社，香农，爱尔兰，1972，361f页。

93　1893，福州①

1893年福州贸易报告

[...]

金银

去年进口的白银报关是 286,660$l.$，总出口是 306,130$l.$；没有黄金进口，但出口值是 1,319$l.$。

小币

一个钱庄买进了广州制币厂制造的价值 360,000 美元的辅币，其中价值 1,500 美元是 5 分的，其他的都是 10 分的。

福州没有制造银币，也没有制造银币的任何港口。

当地的制造厂只造一般的铜钱，一天大概生产 240,000 枚。

[...]

---

① 英议会文件，中国18，大使和领事商业报告，1893—1895，爱尔兰大学出版社，香农，爱尔兰，1972，313f页。

94 1893，宜昌[①]

1893年宜昌贸易报告

[...]

金银

纹银形式的金银进口值是 55,791*l*.，出口值是 127,590*l*.。

金条出口值是 12,888*l*.，铜币值是 824*l*.。

以上都是通过国外海关进行的，不能确定中国通过通用的其他渠道进出口了多少。

[...]

---

① 英议会文件，中国18，大使和领事商业报告，1893—1895，爱尔兰大学出版社，香农，爱尔兰，1972，409f页。

95 1893，牛庄[①]

1893年牛庄贸易报告

[...]

银价的降低

我一直在费力确定今年下半年银价的降低对进口是否会有影响。与过去两三年进行对比发现，1893年下半年没什么大的下降。按规律，任何一季不管收成好坏，在整个这一阶段都不会有什么变化。但同时别忘了，就在银价开始下降时，牛庄的中国商人得知满洲各省豆类会大丰收。这条消息，正如以往那样，对进口有很大的刺激作用。交易商们知道，不管是低价还是高价，人们口袋中都有钱，都要购买。因此，上海对运往牛庄的物品的需求出现了前所未有的场面。

[...]

金银

牛庄贵金属的交易没什么起眼的。出口到上海的价值 279,769*l.* 的金条是来自内部金矿，也许可归入这个地区的商业出口项。这不能代表满洲里的所有产出，因为除了由官员运往北京的，还有很大一部分由商人

[①] 英议会文件，中国18，大使和领事商业报告，1893—1895，爱尔兰大学出版社，香农，爱尔兰，1972，419f 页。

运到了天津。白银的价格接近 400,000$l.$，主要从上海进口到牛庄，而白银的出口是 186,601 两（36,931$l.$）。这儿很少用美元。

［...］

96 | 1893，北京[①]
1893年中国贸易报告

[...]

淡水

[...]

制币厂

时年政府制造了许多 5 分和 10 分的银币。没有任何制币机器，只是用稍稍改装后的弹药筒就解决了所有制造问题。

上海

[...]

银价的降低

在过去的两年里白银的价格跌了 26%。尽管在某些情况下会有利于商人，但这一动荡对各种贸易而言都能让人焦虑，并且在大多数情况下会给人们带来很多的损失。

[...]

[①] 英议会文件，中国 18，大使和领事商业报告，1893—1895，爱尔兰大学出版社，香农，爱尔兰，1972，619f 页。

97　1893，中国白银问题报告①

执行领事贾米森（Jamieson）写给罗斯博瑞（Roseberry）伯爵的信

[...]

上海，1893年8月5日

亲爱的阁下，

很荣幸写信给您，再次汇报一下我以前报告中提到的白银在中国的重要性，旨在说明中国一直是或应该是白银的消费者。同时，还说明一下银价的降低对中国商品的价格及出口量的影响。

我冒昧地认为这一报告在目前会很让您感兴趣。

此致

贾米森（G. Jamieson）

中国和外国贸易差额和白银贬值国货物价格及出口量的影响报告

内容摘要

报告主要内容

（a）中国白银进出口

（b）商品价格变化

（c）银价的降低对中国货物出口的影响

---

① 英议会文件，中国17，大使和领事商业报告，1890—1894，爱尔兰大学出版社，香农，爱尔兰，1972，581f页。

1. 初步观察

    从中国尤能观察到与白银有关的现象

    比其他地方的干扰因素少

    商品的生产方式及费用未变

    国际贸易使各国价格持平

2. 1870 年贸易差额

    可用数据；海关；进出口统计所需的矫正和补充

    1865 年以来每年进出口值表

    相关评论

    1888 年以来的金银进出口表

    总的结果

    通过香港进出中国的金银表

    中国金子产值不显著

3. 1870 年以来中国商品价格

    总的结论；白银的购买力没有下降而是有所上升

    金银的相对购买力

    东方银价保持解释了欧洲价格的降低

    用便宜的金属进行调整

4. 银价的降低对中国出口的刺激

    1872—1892 中国的主要出口对比表

    茶的地位

    使用金币国家总的上升趋势明显

    相应刺激

    印度政府的行为很可能增强了这一趋势

    有限的中国出口；不包括谷类

    因而中国成不了大的白银进口国

在这方面取代不了印度

急需的资金

与中国的辽阔幅员相比白银储存显低

中国人眼中白银和黄金的相对地位

结论

表 A. 中国生产和消费的商品价格

表 B. 中国生产出口到欧洲的商品价格

表 C. 国外生产出口到中国消费的商品价格

表 D. 26 年来海关两与英币的汇率年平均等价比（1868—1893）

下文回顾一下 23 年来中国和外国间的交易，旨在显示：

1. 1870 年以来，中国在何种程度上是贵金属的进口国或出口国？

2. 中国生产和消费的商品价格有何影响？

（a）出口到国外的当地商品

（b）中国自己消费的当地商品

3. 银价降低对中国出口量有何刺激作用？

初步观察

从中国尤能观察到与白银有关的贵金属变化现象。中国黄金和白银的储备都不少。原因不是中国目前产值达到某一程度，而是可自由从国外进出口。

中国没有立法规定哪一种金属应作为流通货币。约定俗成使用白银。然而，白银只是一种有一定标准值的、按重量流通的国家货币形式。同时，也可以进行物物交换。如果买卖双方同意，没有什么能阻挡使用黄金计重支付。黄金和白银的价格每天都相对有变化，与伦敦市场的汇率密切相关。

在国外市场，中国政府不是可观的借方。时不时地会有小额合同，但目前几乎都还清了。因此，有关中国贵金属存储量的突发争论从来都不会干扰到中国。并且，目前的借款即使有微小的影响也会被相应的还款所抵消。

还有，内地商品生产成本和方式都没变。农业、制造和交通等方式不只是20年来未变，而是100年，甚至是几百年来都没有什么变化。不像西方国家，可以使用机器或蒸汽代替人力，或提高交通设施等来降低生产成本。除了海边的汽船服务，交通工具在我的印象中就没变过。通过外国蒸汽船进行港口间商品交易，无疑降低了省与省之间的生产成本。但总的来说，港口的生产成本并没有因此而变化。

中国的外贸已累计达52,000,000*l.*英币。按现在汇率相当于235,000,000海关两，包括去年27,000,000*l.*的进口和25,000,000*l.*的出口。贸易量大得足以自由调整价值，和世界其他国家竞争。

如是对一般物品的需要，比如说羊毛、丝绸或棉花，在中国都比其他地方便宜，于是就会有竞争，所有的买者就会竞相砍价直到恢复平衡。不管相对便宜的价格是因为黄金或白银汇率的不同，还是其他原因，结果将是一样的。比如说1银币能在伦敦任何时候买下1磅的生丝，而同时在中国能兑6美元，那么在上海1磅生丝与6美元是等值的，交通成本和关税就会减少。如果在伦敦丝的下降率是一常量，在上海丝的价格比伦敦的价格1磅低1美元，就会立刻出现竞争状态，上海的价格就会飙升到7美元。再假如在伦敦1磅生丝的价格降到17*s.*，白银相对于黄金的值像以前那样下降，是17*s.*，在中国接近6美元。这样，在中国丝的价格不受影响，而黄金的价格则受到了影响。黄金作为一种商品就比伦敦低了15%，而国外买家就会相互竞争（只要卖家愿意卖），直到平衡的形成。

因此，很明显，通过国际贸易，源于欧洲黄金和白银彼此间相对值的变化，会立刻完全影响世界上金银的购买力，同样也会影响到中国。

但正如前文所言,就生产成本相关的问题来说,在欧洲甚至是印度都复杂的情况,而在中国是没有的。看似中国是一个理想的地儿,可以观察到银价降低对价格的一般影响。

中国对外商务中的贸易差额及金银的进出口

首先我要研究的是外贸对中国贵金属存储的影响。

不巧的是,通过最近的对比数据我们才得到金银交易的统计。唯一收集和提供给我们数据的是皇家海事海关。1863年开始公布商品的进出口值统计。1870年报表开始小心地编纂,可以准确反映海事。不幸的是金银的进出口是一个例外。由于金银不交税,装船和到岸都不需批准,相应地就没有中国准确的金银进出量。中国准确的金银进出量目前仍然未知。但海关当局非常想确定准确性,商人和运行的银行也有同样的愿望,就使得过去4—5年的金银报表相当可信。

过去的20年里中国的金银进出口大体情况只能通过对比进出口的值得到。如果统计确切的话,它们应该平衡,否则必须通过黄金或白银进口或出口来弥补差额。如我所说,中国实际上付清了小额的合同借款,没有国债可以使问题变复杂。这与总计交易中出现的问题是不一样的。

然后我要研究中国海关发表的报表,想确定进出口额偏向了哪一方,程度如何。这些报表需要修正以回答这些问题。如果把近20年的年进出口额加在一起,看似平均每年进口超过了出口 2,000,000$l.$,由此会有同等数额的贵金属在不时地外流。而事实并非如此。下面解释一下修正统计表的必要性。

首先统计表中的值是进港或装船时的统计值,视情况而定。思考一下会看到这不是一种商品对另一种商品的值,即出口对进口的值。例如,来自英国曼彻斯特的货品由当地代理出售,卖到10,000两。但这些钱不能都汇给货主,因为代理在把货物上市之前,已经支付了关税和进港费，也许还有保险费和仓库费。作为卖者，代理期望得到佣金。他记的账是：

细目	数量（两）
税	500
佣金	400
待汇余额	9,100
总计	10,000

如果他的委托人让他用收益去买当地的货物运抵伦敦，而不是汇余额，他需要小心地花这笔钱，除置办货物外，还得够出口关税和自己的佣金。他记的账就会是：

细目	数量（两）
买，比如说500担的茶叶，1担15两	7,500
付关税	1,250
佣金和费用	350
总计	9,100

这笔交易从国际贸易的角度来看就结束了。双方都没有差额需付。但这样做就像海关报表统计的那样，明显是错误的，因为这两笔交易意味着价值10,000两的货物进入了中国，而出口的只剩下7,500两，但实际上进出口的值都是9,100两。

您也许会注意到我没有记录运费。运费虽然通常由出口代理支付和收取，但并不进入交易。因为如果让船公司支付的话，需由船代理支付给船主。所有航海船舶都是国外船主，所以是一回事儿，就像没付过款一样。所以我没加进去进口者的费用，而只加入佣金。从长期来看，这也是外地商人和代理的当地花销。如果代理本人就是委托人，他就会把交易结束后的所有盈余叫做利润。只要利润超过了佣金，最终都会汇款给外商所在的国家。

海关报表必须通过减去每一笔进口交易和出口交易中的税及各种费用进行修正。海关局意识到修正的必要性，从1890年开始在每一个港口的报表中都进行了修正，以分别显示进港和离港时的真正进出口值。我完全同意这些条款和修正的原因，但我认为在修正中有一个错误，那就是向有利于中国的一面过分地夸大了进出口值，使得统计表依然不可信。通过佣金和费用，我要提到出口减去的和进口加上的百分比。

进口是7%，出口是8%。这些数字我认为是过多了。看待中国贸易的真正方式，如国外资本已经做得那样，是只要当地一收费就认为是一场单纯的佣金业务。在这一条款下，需要从进口市场值中减去业务开展中的所有当地开销。而对出口则必须加上从市场购买到装船这一过程中在中国发生的所有费用。这是一个事实，只有通过调查懂行的人和分析目前我能收集到的所有数据才能决定。我认为4%就能支付所有这些花费。这当然不包含上税。根据所知的上税的数我进行了后面的计算。

还需注意的是，1887年前，海关报表没有显示全部对中贸易。香港殖民地与大陆关系密切，民船进行了许多贸易。这么多年来进口了许多国外的货物到沿海城市。同时，也把许多内地的货物运到国外消费。因为香港是自由港，没有这些民船的统计，这些都没有被海关记录。结果是得不到有关这些贸易的确切数额，也无从知道进出口的比例。但有一件事是清楚的，那就是中国南部吸食的印度鸦片几乎全是由这些民船载运的，而不是通过海关。这一点使我们确定进口要比出口大得多。据估计，有15,000—18,000箱的鸦片通过这种方式进入中国，在香港平均一箱是350两，这是中国的一个巨大债务，所欠账单每年是5,000,000—6,000,000两不等。

自从我们开始得知此种贸易的确切数额以后，1887年海关就根据国际公约开始控制香港和大陆之间的贸易。首先最惹人注目的是这么多年来一直是微不足道的蒸汽船进口的印度鸦片，在1888年一下子超过了

6,000,000两，并自此每年都是5,000,000—6,000,000两不等。我发现1888—1892年5年间，民船的值，包括其所载的鸦片，几乎相同。根据民船被统计以来的确切统计量，我的结论是，通过民船的进口超过了出口5,000,000两。这笔钱需要每年加入中国的进口，来补上1887年前的差额。

小额的贸易可以通过民船运到国外其他地方，但会产生很大的影响。因此，这样我们才可以说是中国海上贸易的全部。西部和北部发生的贸易我们没有信息，目前暂不记录。

想得到中外贸易更为确定的情况，还需注意以下几点。在此我只点一下，不再想说哪些差额利于中国，哪些对中国不利。首先是因为我没有可信的数据；其次，大致估算一下，整体考虑的话，某一点彼此间都有相抵消之处。

中国借记：

1. 投资中国的外商的租金和利润。在上海仅租地就是20,000,000两，而地面上的建筑则是上述金额的一半那么多。也就是说总计30,000,000两归租借国，即英国。利息是6%—7%。仅这一项，我们的利润就是1,000,000两。当然其他港口上的利润比这还要肥。

2. 外国船只即只要是与中国可区分的国外船只的收入，及中国政府购买本国和国外新蒸汽船的汇款等。

3. 中国政府购买战船、军火、武器、政府军械库的器械及驻外使馆及领事馆的花费等各方面开销。

4. 最后，还有每年未到期的贷款的利息等小的开支。我没有包括进去本金，因为那只是对销记录。

所有的这些加起来每年都是一笔可观的数目，但都被如下其他考虑完全平衡了。

1. 外国的从事海岸交易的船只在中国港口的开销。在中国不支付运费，但在中国水域船的花销、吨位税及修理费等都需要津贴。

2. 在中国服兵役的外国人的开销和工资。

3. 驻中国国外使馆及领事馆的工资及传教士的工资和消费等各方面开销都不是小的数目。

4. 最后是中国人在国外港口如旧金山、澳大利亚、爪哇、马尼拉等挣的钱和存款都会流回中国。这笔钱很大，并且还有上升的趋势。

以我们目前的信息，还不可能得出这两种不同向消费的差额，因此就一并列出。

鉴于上述各种修正和附加情况，我认为中外贸易差额如下表所示：

1865—1892年每年从中国的进口与出口到中国的差额表

年份	进口值（海关两①）	出口值（海关两）	中国顺差（海关两）	中国逆差（海关两）
1865	55,861,000	60,161,000	4,300,000	—
1866	66,352,000	56,280,000	—	10,072,000
1867	61,930,000	58,167,000	—	3,763,000
1868	62,595,000	68,691,000	6,096,000	
1869	60,091,000	67,114,000	1,023,000	
1870	62,720,000	61,771,000	—	949,000
1871	68,606,000	74,773,000	6,167,000	
1872	66,096,000	84,139,000	18,043,000	
1873	65,320,000	77,207,000	11,887,000	
1874	63,125,000	74,915,000	11,790,000	
1875	66,344,000	77,308,000	10,964,000	
1876	68,558,000	89,856,000	21,2118,000（原文如此，应为21,218,000）	—

---

① 海关两，其在伦敦的汇率从1866—1873年的 6s. 6d. 到1892年的 4s. 4d. 不等。

续表

年份	进口值 （海关两）	出口值 （海关两）	中国顺差 （海关两）	中国逆差 （海关两）
1877	71,296,000	75,845,000	4,549,000	—
1878	68,951,000	75,661,000	6,709,000	—
1879	79,290,000	81,150,000	1,860,000	—
1880	76,689,000	87,694,000	11,005,000	—
1881	88,432,000	81,179,000	7,253,000	—
1882	75,110,000	76,617,000	1,007,000	—
1883	71,400,000	79,163,000	7,763,000	—
1884	70,650,000	76,121,000	5,471,000	—
1885	84,803,000	73,899,000	—	—
1886	84,163,000	87,328,000	3,160,000	—
1887	94,701,000	95,932,000	1,231,000	—
1888	111,662,000	102,596,000	—	9,066,000
1889	99,056,000	107,203,000	8,147,000	—
1890	113,082,000	96,695,000	—	16,387,000
1891	118,733,000	111,499,000	—	7,234,000
1892	120,753,000	113,101,000	—	7,652,000

上表最突出的特征是：

首先，1865—1870 年进出口近乎持平。

第二，1871—1880 年都是中国顺差，表示白银从欧洲流往中国。因此，流入中国的白银是 100,000,000 两，值 30,000,000*l*.。10 年来海关两持续从 1872 年的 6*s*. 8*d*. 降到了 5*s*. 8*d*.。

第三，1881—1887 年，进出口又接近平衡。从 1888 年开始，贸易差额开始不利于中国，累计 32,000,000 两，表明贵金属从中国流失。1879—1884 年，银两的值近乎稳定是 5*s*. 7*d*.。从 1884—1892 年，持续从 5*s*. 7*d*. 下跌到 4*s*. 4*d*.。因此，很难追寻银两的值与进出口间比例的直接关系。

1888年前，没有足够的金银进出口数据可以用来检测这些数据的准确性。但自1888年以后，中国和外国间金银及贵金属的流动统计被海关当局公布，我用下表总结如下：

年份	进口		出口	
	金（海关两）	银（海关两）	金（海关两）	银（海关两）
1888	—	—	1,678,000	1,911,000
1889	—	6,005,000	1,625,000	—
1890	—	—	1,783,000	3,557,000
1891	—	—	3,693,000	3,113,000
1892	—	—	7,332,000	4,825,000

综合1888年的两个表，得出以下结论：

年份	进口		出口	
	金（海关两）	银（海关两）	金（海关两）	银（海关两）
1888	111,662,000	—	102,596,000	3,589,000
1889	99,056,000	6,005,000	107,203,000	1,625,000
1890	113,082,000		96,695,000	5,340,000
1891	118,733,000		111,499,000	6,806,000
1892	120,753,000		113,101,000	12,157,000
总计	563,286,000	6,005,000	531,094,000	29,517,000

描述	数量（海关两）
金银和物品的总进口	569,291,000
金银和物品的总出口	560,611,000

进出口的些许差额我认为可简单归因于某些中国人收入的增长。这些中国人发现在新加坡、马来西亚槟城及马来半岛其他地区工作很挣钱。有关有利于或不利于中国的那些进入统计的次要交易，我认为是平

衡的。也可以说是中国顺差，因为这些虽然不是金银，但都是以物品的形式流入中国。如表所示，中国很可能在过去的5年内得到的要比支付的多1,500,000两。表示中国是以以下这种方式进行的支付，即使用了其臣民在国外的存款。否则的话，这些存款就会以金银的形式进口。

很显然，虽然前面的这些表格没有平衡，但却共同显示出两个事实：

第一，中国有几年没有从欧洲市场拿走白银。

第二，从中国流入到国外的黄金额虽少但在增长。

为进一步说明中外贵金属的流动，我展示一家香港银行给我的非正式统计汇总表，里面是1884—1892年间香港的金银进出口情况。为方便统计，该统计表把香港的进出口归为中国进出口的一部分，统计了1884—1892年间经香港进口或出口到国外的金银。

1884—1892年间经香港进口或出口到大陆以外的金银统计表。

年份	进口		出口	
	金（海关两）	银（海关两）	金（海关两）	银（海关两）
1884	600,000	11,047,000	3,020,000	6,997,000
1885	170,000	8,119,000	5,772,000	10,604,000
1886	695,000	6,912,000	2,620,000	6,100,000
1887	1,285,000	7,659,000	3,870,000	7,742,000
1888	1,176,000	4,653,000	4,289,000	9,915,000
1889	1,045,000	9,305,000	4,099,000	5,236,000
1890	1,323,000	5,385,000	2,927,000	8,212,000
1891	1,027,000	4,814,000	4,075,000	8,775,000
1892	1,583,000	7,960,000	6,140,000	5,483,000
总计	8,853,000	65,854,000	36,812,000	68,064,000

描述	值	
	货币（海关两）	英金币（£）
9年黄金纯出口	27,959,000	—
平均汇率等价于	—	6,989,000
9年白银纯出口	2,210,000	—
等价于	—	552,000

　　此报表仅用于粗略估算中国经由香港进出口的金银，不能用来代表中国（包括香港）对外进出口的所有贵金属。原因是欧美有大量的进口直接到上海，因此也需要1888年以前的统计数字。但就目前的统计而言，基本上能够得出一个结论：中国在过去的10年里不是大的白银进口国。

　　这也许有些让人们吃惊，与白银价格的大幅降低所推出来的情况相反，但事实不容置疑。为什么会这样？我只能解释说中国已准备好并愿意接受我们的产品。参考上表可知中国自己的出口也态势良好，但他们的进口也步步紧追。他们挣的钱都用在了购买外国的产品，并且还用了好多黄金及一定量的白银来支付自己的开销。在过去的10—15年间中国流失的黄金很多，让人感兴趣的是这些黄金来自哪里。一定量的黄金一定是旧金山和澳洲的移民带回国又再次出口的。但大部分是中国自己的黄金出口。目前就我所知中国没有金矿能生产那么多的黄金来出口。还有一小部分来自沙俄—西伯利亚边界及阿穆尔河，但这些也不足够。

　　黄金主要来自富人的家藏。这些黄金是受到出人意料的高价诱惑而出售的代代相传的金镯子、金发卡或其他金饰品，还有些是北方作为商品买卖的金条。据说这些金货如今的一个作用是进贡给高官。众所周知，省地方官任职几年进京时必须按惯例打点。这样，一个看似普通的花盆，在根部藏几根金条进贡过去是最不扎眼的可接受方式。

白银的购买力

下面是我要谈的第二个问题，即确定中国 20 来年的商品价格是否发生了变化。也就是说，中国的白银购买力是否因物价的变化而发生了变化。

我附上 A、B、C 3 个表来说明这一点。

首先是表 A：主要在中国生产和消费的物品。

其次是表 B：在中国生产但在国外消费的物品。

第三是表 C：在国外生产而在中国消费的物品。

表 A 所给价格是整理海关值所得，并且尽可能地是按生产港口的值。表 C 所给价格或是整理海关值所得，或来自商品价格表，或同期的市场报告。我认为 3 个表都尽可能地做到了准确，所有事件都毫无争议地代表了几年来的价格趋势。

我认为根据这 3 个表可以得出以下结论：

1. 主要在中国生产和消费的物品价格有下降趋势，有几种商品价格略有上升，主要是食品，但总体下降了 9%。

2. 在中国生产但在国外消费的物品，其银价没有因汇率的降低而升高，1870—1874 年几乎是在同一水平。

3. 在国外生产而在中国消费的物品，按白银计算平均的价格都有大的降低。

中国如今甚至能用白银按低于 20 年前 20% 的价格来购买商品了。

换句话说，涉及到任何物品，中国的白银购买力都不低，甚至在第一种和第二种中还有所提升。

另一方面，黄金的购买力（这是当地的市场值）随着伦敦汇率的降低而稳步上升。现在，4$s.$ 能买以前 6$s.$ 6$d.$ 的东西，或 60$l.$ 能买以前 100$l.$ 的东西。这一点可通过下表列出的金、银价格看出。

各表中列出的商品数量可如下表 A、B 及 C 所示。

表 A 中的商品可以这样购买：

年份	数	
	货币（海关两）	英金币（£）
1873 年	81.56	26.10
1892 年	74.27	16.12

表 B 中的商品可以这样购买：

年份	数	
	货币（海关两）	英金币（£）
1873 年	375.06	121.17
1892 年	381.21	830[①]

表 C 中的商品可以这样购买：

年份	数	
	货币（海关两）	英金币（£）
1873 年	43.09	140
1892 年	29.96	610

  表 A 显示的结果并不让人吃惊。看上去外贸或外汇市场的波动能影响内部商品价格的唯一方式不是对外贸易需求，而是弃用或引进某一贵金属。如果外贸的结果是使白银流入或流出某一国家，白银的价值或购买力就会随黄金的价值起伏。但正如我们所见，在上述各年统计中，中国的白银存储并没有大的增加，因此我们不能期盼价格会有大的提高。表 A 中所体现出的商品价格浮动确实显示与白银供给的多少有关。1870—1880 年间有持续的对中国有利的差额，表明有白银流向了中国。

  同样发现这一期间价格有所提高，但从 1880 年开始就没有白银流入中国。并且，由于没有这样巨大的供给，中国的白银存储不足以满足其

[①] 这儿明显有错，应该是 £123。

对商品日益增多的需求，商品的价格就会有下降的趋势。

关于从表 B 得出的结论更让人费解。

使用白银与使用黄金的国家在价格平衡的情况下，比如中国和英国，银、金价格相应降低，对于中国的出口一定会造成以下三种结果之一：它或者一定会提高中国生产者的价格，或者一定得降低英国消费者的价格，或者这种差异仍可成为中间商的个人利润。

最后的一个选择当然不能作为永久的结果。银、金价格相应降低的即时影响无疑会使商人意识到可以在倒手中多赚一些，但竞争会很快地平衡这一点。而另两个选项中，人们会选前者，认为扩大的市场会占统治地位，金价会保持稳定，使白银、黄金的价格自调。这样的话，中国的白银一定会增值。

但并非如此。我认为，商业一个众所周知的事实是降低价格比提升价格容易，降低 1/2d. 要比提升 1/2d. 更容易谈妥。一个普遍的规律是降低汇率的调整总是受到较小的阻挠，因此不是中国价格的提升，而是伦敦价格的降低。根据常规运作的商人会发现，要想支付给生产者更多，按旧价格买亚洲产品在伦敦让步出售，要比在国内用旧价格买容易得多。

过去 20 来年的经历告诉我们，银、金价格的每次降低都会引起相应的商品金价的降低。原因各异，可归因于金子的缺乏，也可归因于使用增大而导致的现存紧缺，或降低的生产成本，但也许是由于使用白银的各国间生产的竞争。如果中国和印度的产品，按白银价格计算没有普遍上升，或只有一点点的上升，那么这些产品按黄金价格计算，再进口到英国的话，是一定会随着汇率的降低而降低。

从这一点来看，是白银在统治着这个世界，是较便宜贵金属的购买力在决定着所有的价格。在金银通用的国家，较便宜的贵金属会把较昂贵的贵金属驱赶到使用单一贵金属的邻国那里。正如具有不同标准的国家间一样，使用较便宜贵金属的国家会把价格拉低到自己的标准。根据以前的经验可以放心地得出结论：欧洲商品的价格会随着金银比价的降低而继续降低，只要他们能从使用白银的国家那儿得到较多的供给量。

关于第三个问题，即在多大程度上银价的降低刺激了中国的出口，其实前文已给出答案。有刺激，但不是期待中的那样。这种刺激是由于外商按当地的行情买所有的商品而产生的，而不是由于出了高价。

然而，就是这样，出口也增长了很多，尤其是在后几年。

1872年中国的出口值如下：

商品	值
丝及丝制品	26,000,000
各种茶	38,000,000
杂物	7,000,000

1892年中国的出口值如下：

商品	值
丝及丝制品	38,292,000
各种茶	25,983,000
杂物	38,308,000

下面的表和表B详细显示了中国具体某一产品的出口情况及其价格。

商品	值（海关两）		
	1872年	1880年	1892年
生丝	23,762,000	23,227,000	27,736,000
废丝	293,000	947,000	2,603,000
丝制品	2,138,000	3,422,000	6,900,000
红茶和绿茶	37,304,000	33,493,000	23,467,000
砖茶	785,000	2,132,000	2,503,000
豌豆和蚕豆	246,000	160,000	1,187,000
生棉花（销往日本）	394,000	180,000	5,089,000

续表

商品	值（海关两）		
	1872年	1880年	1892年
兽皮	17,000	253,000	495,000
草编	84,000	1,227,000	2,056,000
羊毛	14,600	30,000	1,545,000
皮和地毯	5,200	152,000	1,315,000
纸	260,000	512,000	1,572,000
席	438,000	533,000	1,202,000
红糖	618,000	2,452,000	1,609,000
烟草	137,000	168,000	1,074,000

茶在中国产品中至关重要，在所有出口中都会提到。但后几年的运作既影响了茶的价格还影响了其出口量。这一现象是什么特殊原因造成的，在此表中不会找到答案。如上表所示，茶的价格及数量都降低很多，分析主要原因应该是印度的竞争。举例来说，表B中如果不计红茶和绿茶这一项，数字就会显示出口值总体有一点儿增长。

显示生丝价格有下降趋势，但后来又有所恢复，如今是1873年的价格。中国制丝的平均价格有一点儿提高，出口已受到不小的影响。

草编和羊毛的价格增长了15%或16%，出口有大的增值。但另一方面原材料棉花的价格增得最多，出口也一直稳定。烟草、纸和红糖的价格都已降低，但出口增加。然而这些也许不是出口到欧洲，而是出口到日本、新加坡等使用白银的国家，所以可以归为内贸。

因此，很难总结出一条价格和出口间关系的基本规律。但总体来说，不把茶计算在内，以银计价的物品销往以金计价的国家价格会有一点儿提高，从这一点上来讲，可以说是刺激了出口。考虑到印度政府把卢比固定为金价，会进一步促进银的贬值，并从欧洲市场得到产品而限制白银的使用范围。似乎有各种理由认为这一趋势在不久的将来会增强。

只要白银相对于卢比低于正常线 1s. 4d.，印度看起来就会不遵守旧条款而与中国进行竞争。廉价的市场区域如此之窄，伦敦的价格很可能不会再跌，或不会跌得那么多，这就意味着中国的价格会增长，出口会增加。

不幸的是，除了茶和丝，中国不生产世界通用的东西。农业是其强势产业，但供自己消费。各种小麦、大米和谷类，除了豌豆和黄豆，都禁止出口。否则的话，中国的出口会大增。但就目前情况而言，我认为中国出口不会有大的增长。

因此，很难指望中国会成为大的白银消费者。

几年前中国成为绝对的白银出口国无疑是不正常的。在正常情况下，中国应该是进口国。当然他得不到白银，除非以这种或那种形式的值来交换。

中国对白银的吸收能力由其进出口值的差额来衡量。并且除非出口大于进口，否则中国什么都得不到。除非情况发生很大的变化，我认为中国不可能取代印度成为一个白银流入国。

但中国尚未开发的能量很大，如果政府给予商人铁路和制造业的自由权，中国的贸易会迅速超过印度。没有一个国家像中国这样如此缺乏资金，而这对借方和贷方都会有很大的好处。

我认为中国的白银少得出奇。上海虽然是商贸大城市，但其白银存储不管是在当地人手中，还是在外国人手中，任何情况下都很少超过 3,000,000 两，甚至更少。

在苏州和杭州及其他大的内地城市，通常都比上海要少。在中国，即使在人口众多的市镇，也很少能见到白银。白银的利息很高，从 5 分到 12 分不等。这么高的利息并不是放贷安不安全的问题，而是借贷者用借出来的钱能够赚更多的钱。

从中国的角度看待这一情况，会认为自己的白银一如既往地贵重，像以前一样可以用同样的钱买同样的东西。对于国外的物品则可以买更多，而卖给外国人还可以挣更多。他同时发现，除了茶，有很多东西外国人很愿意购买。他的工资、租金和税都没有变，正如他把地租出去同样还拥有自己的土地一样。如果有点儿额外资本的话，他还可以得到相同的利息。

唯一改变的是外国人愿意支付的黄金的价格及他们的购买欲望。以前价格是1盎司黄金兑15—16盎司白银，他们对黄金的需求也不大。现在全世界都想要它，1两黄金可以兑换16—30两的白银。

下面返回到我在本文开头提到的问题，可以总结如下：

1. 中国不是现在人们所想的那样是吸银国。1870—1880年中国每年确实吸走3,000,000$l.$白银，但自1880年开始停止，后几年甚至还有一点儿出口。

2.（a）金银比价的降低看起来对中国消费和生产的物品价格没有什么影响。

（b）在中国生产但在国外使用金币的国家消费的物品，总体有点上升，在不久的将来也许会加强。

3. 银价的降低刺激了出口，原因是外国商人能购买和出口许多物品并获利，而先前这些商品根本就不可能盈利。在过去的10年里，这样的商品涨了4倍。茶叶在价格和数量上都下降很多，对此也没找出什么特殊的原因。高质量的生丝生产量增加很多，但价格没有上涨。废丝和乱丝的出口也增长很多，价格有点下降。

中国出口有望继续增长，但就目前情况来看，规模不会很大。中国的白银吸纳量则取决于其进出口差额。没有理由指望中国在几年内在各个方面从欧洲市场拿走许多白银。

附表 A. 1870—1892 年间进入中国内贸的商品价格浮动表

值（海关两）

物品	单位	1870—1874年	1875年	1876年	1877年	1878年	1879年	1880年	1881年	1882年	1883年	1884年	1885年	1886年	1887年	1888年	1889年	1890年	1891年	1892年
原棉	担	10.23	10.20	9.01	9.10	10.10	9.95	9.95	9.95	10.75	10.93	11.35	11.50	10.84	10.00	10.00	10.00	10.00	10.00	10.00
土布裤	担	3.20	4.20	4.20	4.50	4.49	4.51	3.50	3.50	4.00	3.60	4.00	4.00	3.94	4.00	4.00	4.00	4.00	4.00	4.00
千鱼	担	5.31	6.50	6.47	7.00	7.50	7.20	7.20	7.20	7.50	6.50	7.84	7.11	6.65	6.24	6.50	6.42	2.80	4.76	5.00
茉莉花	担	6.66	6.50	6.50	7.00	7.50	7.50	6.00	6.00	7.00	6.00	6.50	5.40	5.00	5.40	5.40	5.40	5.40	4.60	4.50
大米	担	1.22	1.26	1.25	1.40	1.47	1.46	1.20	1.20	1.20	1.20	1.26	1.60	1.80	1.30	1.40	1.40	1.30	1.80	1.50
小麦	担	1.10	1.15	1.75	1.10	1.18	1.18	1.18	1.18	1.20	1.15	1.20	1.20	1.50	1.20	1.20	1.20	1.20	1.45	1.30
挂面	担	3.06	5.00	5.00	5.50	6.00	6.00	6.00	6.00	6.00	4.50	5.02	5.00	4.00	4.85	4.85	4.85	4.85	4.10	4.10
豆类作物及其制品	担	0.67	0.67	0.73	0.90	0.78	0.76	0.67	0.64	0.68	0.69	0.72	0.68	0.81	0.80	0.80	0.89	0.81	0.74	0.76
桐油	担	5.98	5.60	6.17	6.30	5.86	6.27	6.19	6.53	6.53	6.63	6.30	7.04	6.85	5.62	4.96	4.10	4.83	5.42	5.50
大麻	担	6.82	7.48	9.18	9.00	8.95	8.43	8.52	2.60	9.31	9.04	8.09	7.04	7.63	6.58	6.21	6.70	5.76	5.39	5.80
二等炭	担	4.62	4.10	4.92	5.00	5.12	4.86	4.55	5.78	4.85	5.25	5.00	5.87	5.70	5.46	4.66	3.17	3.15	2.63	3.00
烟叶	担	6.65	5.88	6.24	5.98	6.62	7.20	6.61	5.66	6.06	5.64	5.01	7.18	6.26	5.02	5.01	5.86	4.83	5.94	5.90
牛脂	担	8.52	6.67	7.20	8.10	9.54	8.82	7.21	7.29	7.35	7.47	6.62	5.86	5.90	5.92	4.96	6.72	6.54	6.19	6.20
白蜡	1/10担	5.52	4.60	4.70	4.49	4.60	4.90	5.37	5.60	5.40	4.37	5.09	4.98	4.85	4.55	4.82	3.32	3.37	3.26	4.30
苎布	1/10担	2.10	2.26	1.97	2.86	2.86	3.10	3.10	2.84	2.67	2.59	3.16	3.38	2.20	2.28	2.55	2.52	2.50	2.70	2.50
红糖	担	2.33	2.47	2.08	2.60	2.94	3.25	3.12	2.98	3.11	2.98	2.18	2.40	2.48	2.42	2.40	2.38	2.36	2.36	2.38
土豆粉	担	1.76	1.11	1.19	1.25	1.11	1.25	1.40	1.41	1.40	1.35	1.35	1.36	1.30	1.76	1.76	1.77	1.80	1.78	1.78
鲜橙	担	1.36	1.01	0.94	1.18	0.83	0.76	0.79	0.77	0.84	0.80	0.73	0.79	0.89	0.91	0.91	1.14	0.87	0.88	0.90
烧酒（当地酒精）	担	3.47	4.00	8.00	4.00	5.00	4.75	6.06	4.07	3.62	4.00	5.44	5.98	4.00	4.68	3.02	4.70	5.18	4.74	3.64
胶夹	1/10担	0.98	1.65	1.36	1.33	1.22	1.07	0.88	0.85	0.83	0.85	0.81	0.86	0.87	0.91	0.94	1.97	0.92	1.09	1.21
总计		81.56	82.31	95.96	88.59	92.67	93.22	89.49	82.05	90.30	85.54	87.61	89.73	83.47	79.90	77.35	77.61	72.47	74.63	74.27

附表 B. 1870—1892 年间中国生产出口到国外的商品价格浮动表

值（海关两）

物品	单位	1870—1874年	1875年	1876年	1877年	1878年	1879年	1880年	1881年	1882年	1883年	1884年	1885年	1886年	1887年	1888年	1889年	1890年	1891年	1892年
生丝 n°4	1/10 担	39.60	30.15	31.60	35.10	34.80	36.00	31.50	37.80	35.10	36.90	31.05	30.15	36.10	34.75	34.20	37.40	35.00	33.50	38.20
柞蚕丝	1/2 担	34.30	54.00	59.20	60.28	48.92	43.41	47.04	48.90	42.15	43.87	45.81	45.98	51.37	45.01	51.83	54.73	50.86	44.40	45.00
绢丝	担	70.20	78.48	78.76	88.38	58.81	64.35	52.26	65.59	53.94	68.70	45.42	45	65.05	56.39	56.57	55.90	74.00	58.37	64.90
乱丝	担	50.83	40.50	48.80	35.30	36.30	44.40	50.23	57.34	47.36	56.33	49.40	52.60	45.50	54.30	59.35	51.50	56.60	53.77	46.58
绸缎类	1/10 担	47.50	62.20	67.80	68.60	60.60	65.00	64.60	64.18	57.55	52.04	50.30	44.30	62.45	53.32	53.57	53.86	51.80	52.70	52.60
红茶	担	23.03	20.67	21.31	17.49	17.88	18.07	17.64	10.01	16.05	17.01	14.80	16.39	16.74	15.13	15.39	16.30	17.80	20.75	18.68
绿茶	担	32.36	23.61	21.47	21.96	19.00	23.52	22.25	21.45	22.87	20.42	21.75	19.41	18.41	16.49	19.52	19.10	18.60	17.15	18.50
砖茶	担	8.76	11.48	11.82	11.82	6.97	5.05	9.11	5.93	5.95	6.86	6.05	5.40	6.14	6.98	5.95	7.18	7.20	7.08	7.46
桂皮	担	8.02	5.09	5.25	5.91	4.66	5.73	5.82	5.23	4.67	3.88	3.36	2.85	3.13	4.74	4.76	4.61	5.71	5.80	6.48
豌豆和蚕豆	担	0.90	0.87	1.06	1.15	0.90	0.93	0.82	0.81	0.87	0.86	0.89	0.90	1.02	0.90	1.06	1.26	1.26	1.18	1.04
牛皮	担	7.91	8.80	7.76	7.90	7.89	9.17	12.00	11.78	11.70	11.27	11.45	12.63	12.77	11.95	9.87	9.88	8.19	7.81	8.20
没食子	担	6.05	6.13	7.21	7.15	7.24	7.21	9.76	10.00	9.90	9.15	9.49	9.40	9.86	9.93	9.95	10.05	10.05	9.33	11.90
樟脑	担	6.60	5.30	5.80	6.00	6.06	6.51	8.17	8.54	8.22	8.65	7.86	9.35	11.25	9.07	8.64	8.90	15.00	15.08	17.30
大黄	1/4 担	9.11	10.70	10.20	9.74	10.25	9.57	8.63	9.02	6.70	7.03	9.98	9.98	9.85	9.99	9.82	8.56	9.96	9.00	7.91
陶瓷器	担	5.00	6.90	3.74	3.62	4.31	3.76	5.05	4.93	4.79	3.71	2.77	3.05	2.95	4.84	2.58	2.38	2.63	3.32	4.00
草辫	担	18.72	21.80	20.00	23.90	22.00	24.07	25.07	27.00	27.00	25.02	25.00	24.50	25.30	24.75	24.90	23.00	25.00	20.27	23.56
羊毛	担	6.17	6.21	5.51	7.21	7.00	6.56	6.58	6.49	8.75	8.12	7.74	7.63	9.39	8.18	8.00	9.14	8.66	8.22	8.90
白银总值	—	375.06	392.89	410.29	411.9	354.39	373.31	376.53	401.00	358.57	379.83	343.12	339.52	337.28	366.73	375.96	373.68	398.32	367.73	381.21
不同汇率的同等金值	—	£ s. d. 121,190	£ s. d. 12,130	£ s. d. 12,250	£ s. d. 12,390	£ s. d. 105,110	£ s. d. 10,500	£ s. d. 10,900	£ s. d. 11,120	£ s. d. 10,270	£ s. d. 10,690	£ s. d. 95,150	£ s. d. 89,170	£ s. d. 96,160	£ s. d. 88,120	£ s. d. 8,820	£ s. d. 8,860	£ s. d. 10,360	£ s. d. 9,080	£ s. d. 82,120
每海关两伦敦的汇期率		066	062	0511 1/2	060	0511 1/2	062	057 1/2	056 1/2	058 1/2	057 1/4	057	053 1/2	050	0410	048 1/4	048 3/4	052 1/2	0411	044

① 此处所给价格是海关总所给所有等级茶叶的均价。如果只是说功夫茶，会看到价格大大地降低了。

附表 C. 1870—1892 年间外国生产出口到中国消费的商品价格浮动表

值（海关两）

物品	单位	1870—1874年	1875年	1876年	1877年	1878年	1879年	1880年	1881年	1882年	1883年	1884年	1885年	1886年	1887年	1888年	1889年	1890年	1891年	1892年
细布（38 1/2 码, 39 寸, 7 磅, 常衔制。）	块	1.48	1.31	1.28	1.12	1.19	1.16	1.15	1.23	1.17	1.10	1.09	1.11	1.06	1.10	1.16	1.13	1.02	0.98	1.01
美国钻头（40 码, 30 寸, 14—15 磅。）	件	2.50	2.16	1.98	1.75	1.71	1.80	1.95	1.90	1.80	1.76	1.86	1.95	1.83	1.81	1.95	1.92	1.88	1.80	1.86
美布（中, 7 磅）	件	1.36	1.30	1.26	1.17	1.11	1.18	1.14	1.10	1.09	1.08	1.07	1.05	1.07	1.16	1.05	1.19	1.05	1.04	1.01
美国钻头（40 码, 30 寸）	个	3.26	3.01	2.70	2.54	2.48	2.49	2.61	2.70	2.70	2.34	2.21	2.25	2.25	2.34	2.43	2.38	2.43	2.43	2.26
美国棉纱	1/10 件	2.85	2.80	3.00	2.80	2.33	2.40	2.50	2.55	2.56	2.47	2.30	3.20	2.20	2.40	2.30	2.20	2.00	2.07	2.00
厚实斜纹织物（40 码, 31 寸）	件	9.62	10.97	9.36	9.18	8.74	8.15	8.20	8.22	5.52	6.48	6.45	6.75	6.30	7.14	6.30	6.97	6.30	6.45	6.50
铁钉杆（Dawes 最好的）	件	2.82	2.66	2.34	2.21	1.84	1.87	2.04	1.80	1.96	1.95	1.92	1.89	1.84	1.77	2.02	2.18	2.16	1.98	2.00
美国铅, L.B.	件	4.66	5.49	6.10	5.18	4.25	4.40	4.17	3.90	3.67	3.37	3.00	3.48	3.84	3.84	4.46	4.08	3.72	3.55	3.46
锡块	件	5.18	5.50	4.23	4.19	3.60	4.50	4.65	3.60	3.45	3.78	3.97	3.51	3.60	3.43	3.61	3.75	3.70	3.10	3.33
日本铜板	件	4.16	4.17	4.50	4.18	3.56	3.53	3.93	3.76	3.90	3.94	3.73	3.00	2.82	2.79	4.15	3.40	3.34	3.40	3.40
窗玻璃	箱	2.40	2.21	2.35	2.12	1.90	2.01	2.21	2.11	2.36	2.40	2.25	2.46	2.12	2.08	2.16	2.25	2.11	2.08	2.10
煤油（Devoe's）	盒	2.80	1.75	1.60	1.60	1.56	1.45	1.29	1.35	1.24	1.20	1.26	1.21	1.07	1.14	1.35	1.42	1.28	1.09	1.03
总计		43.09	43.33	40.70	38.04	34.27	34.94	35.84	34.22	31.42	31.87	31.11	30.86	30.00	31.00	32.94	32.87	30.99	29.97	29.86

[…]

98 | 1893，上海[①]
1893年上海商贸报告

[...]

汇率的降低导致了银价的上升
外国进口大减

需要进一步说明后文将提到的国外进口的减少，原因是今年白银相对于黄金价格进一步降低了，而许多国外商品都大幅提价。实际上国外进口大减，尤其是曼彻斯特的棉花、印度的纱和鸦片进口。这一点随后会越发能感觉到。

[...]

银价的进一步降低

今年贸易的一个重大特征是金银比价的崩溃，牵涉到欧洲和这儿价格的变化。1892年初上海白银兑伦敦黄金的即期汇率是 4*s*. 3*d*.，1893年1月1日是 3*s*.9*d*.，1894年1月1日是 3*s*. 1 又 3/7*d*.，两年来降了26%。

[...]

---

① 英议会文件，中国18，大使和领事商业报告，1893—1895，爱尔兰大学出版社，香农，爱尔兰，1972，552f页。

99 | 1893，汉城[①]
1893年汉城商贸报告

[…]

铜币的贬值

无需再多说金银比价的贬值对进口的影响，但需一提的是与当地铜币相比白银的贬值。不久前，1美元换700—800文本地货币，现在则是3,000—3,300文。这很大地制约了外国商品贸易，因为消费者是根据当地文预估他的消费和收入。在消费者看来，外国货物在本地的铜钱值不负责任地提升了，因而会放弃国外商品而买当地的等同物。

[…]

[①] 英议会文件，中国18，大使和领事商业报告，1893—1895，爱尔兰大学出版社，香农，爱尔兰，1972，557f页。

100 | 1893，淡水[①]
1893年淡水、基隆商贸报告

[...]

辅币的制造

今年政府制造了很多辅币。但所有的这些都不是用可以称得上制币机器的器械造出的，而是稍稍改装后的弹药筒。压印机不够好制不出20分的，因而发行的只是5分和10分的。我认为这些硬币没有广东的好，但电讯和铁路都对等接受它们，而香港的、日本的及其他的类似货币则不被接受。

[...]

---

① 英议会文件，中国18，大使和领事商业报告，1893—1895，爱尔兰大学出版社，香农，爱尔兰，1972，347f页。

101 | 1894，烟台[①]
1894年烟台商贸报告

[...]

汇率的降低

产丝区所有的汇率都用铜钱进行。普通汇率是 1 美元 1,050 文，而在去年低至 930—950 文。因此美元或银两的购买力降低了 10%—12%。

金银

1894 年金银的进口是 271,244*l*.，出口是 351,696*l*.。其中 602*l*. 的进口来自朝鲜的金条，黄金是 120,589*l*.，大多出口到国外。

今年的淘金和金矿几乎停滞。也许恢复和平时，会采取新的措施开发招远和平度的金矿，而目前中国在忙着其他的事务。

我已经提到美元和铜币间的汇率已降到 930 文兑 1 美元，这对货币的出口有很大的影响。

[...]

[①] 英议会文件，中国 18，大使和领事商业报告，1893—1895，爱尔兰大学出版社，香农，爱尔兰，1972，163f 页。

102 | 1894，牛庄[①]
1894年牛庄商贸报告

[...]

金银

外国船只从牛庄出口的黄金在 1894 年是 196,832*l*.，其中有金条（161,776*l*.）、金砂（8,170*l*.）、金叶（52*l*.）和金元宝（26,834*l*.）。这是牛庄出口黄金的全部。有很多是个人随身带出的，没通过海关。还有一部分运到天津卖掉。从天津、烟台和上海进口了价值 182,559*l*. 的纹银，其中从上海进口的大约是 1,000,000*l*.。包括黄金在内，金银的出口超过进口 29,469*l*.。

[...]

[①] 英议会文件，中国 19，大使和领事商业报告，1895—1897，爱尔兰大学出版社，香农，爱尔兰，1972，229f 页。

103 1894，北海关[1]

1894 年北海关商贸报告

[...]

汇率的降低

1893 年海关两平均是 3*s.* 10*d.*，而 1894 年只是 3*s.* 1*d.*。然而银值显示贸易显著降低，也许主要归因于这一年北海关和香港的瘟疫。北海关 3—5 月都瘟疫肆虐。这个期间，城郊未受影响的生产者不愿意把物品带到这里，害怕受到传染。

[...]

---

[1] 英议会文件，中国 19，大使和领事商业报告，1895—1897，爱尔兰大学出版社，香农，爱尔兰，1972，35f 页。

104 | 1894,北京[①]
1894年北京商贸报告

[...]

虽然出现了银价的波动,但并不剧烈。进口商相对风险不大,出口商相对信心多些,每一项出口都运行良好。这一点在当年的进出口情况也有所显示。

[...]

---

① 英议会文件,中国19,大使和领事商业报告,1895—1897,爱尔兰大学出版社,香农,爱尔兰,1972,278f页。

105 | 1894,上海[①]

1894 年上海商贸报告

[...]

汇率的降低

汇率问题像以前一样,很让人迷惑。银条的价格 1 盎司在年初确实是 2s. 7 又 1/2d.,没有出现所预言的持续下跌,到现在还是一成不变。因此人们普遍认为已降到底了。银价在那种情况下不容易发生波动。而事实是那一年在短短的 6 周内波动了 17%。单纯从商人角度来看,一种汇率和另一种差不多,高汇率和低汇率都一样。商人期望的是稳定,汇率的上升很可能使他遭受损失。哪种波动都会使一方受损、一方得益,取决于环境倾向于哪一方。每一次交易都有赌博的元素在里面,不可能完全避免。这一点不可能改变,除非国际间有协定使两种货币间的关系永久不变。

商人和商人的损失被忽略了,这只是银价降低所造成的部分损失。东西方汇率的整个问题就是价格问题。金银比价的每一次持久升高或降低都会影响到有不同标准值的两个国家中进行交易的商人。暂时的波动会影响到交易商的利益,但升或降的那一刻,持续的价格会立刻随着升

---

① 英议会文件,中国 19,大使和领事商业报告,1895—1897,爱尔兰大学出版社,香农,爱尔兰,1972,179f 页。

降而变动。银价降 10%，一定意味着，金本位制的国家从银本位制的国家进口的商品会立刻降 10%；或意味着银本位制的国家的同类商品会立刻上升相同的汇率；或意味着一部分是上升，另一部分是下降。商人的利润由竞争来制约，汇率的高低对他没什么影响，不管怎样他都能得到按惯例应得到的佣金，剩下的事儿是两国生产者和消费者间的协调。

因此，银值的改变从英国的角度来看，不仅影响使用白银的国家，也影响在这些国家从事商业活动的商人，更影响到英国男女老少的生活质量。只要他们是消费者，银价的下降就会产生有利于他们的影响，而上升就会产生不利于他们的影响。而对于生产者，银价对他们产生的影响则恰恰相反。对英国和法国及其他国家，认定黄金是唯一的法定货币太容易了。不可能脱离这种政策的影响：价格的变化应该随两种金属的相对价格而变化。国际贸易中，价格在全世界都会持平。如果因为银价的降低，印度和南美小麦的价格降低了，英美的小麦价格也必须得降低。

白银使用国贸易记录的一个功能就是，尽可能准确地记录白银相对于金价的降低对商品价格变化的影响。有关这一点随后会有各种表格附上。目前我需要注意的是在中国没有任何物价或工资上涨的迹象。极少数商品的一点点涨价是由于欧洲的大量需求。从欧洲进口的商品也有一点点增长，但总体变化不大。很难明白为什么要变化，因为如果钱的数量在理论是对的，普遍来说价格不可能升，除非中国有大量的白银流入从而增加了货币的流通量。以目前的白银流入量，估计得需要好多年才能产生这样的影响。

[...]

出口

由于白银贬值的影响，从中国的出口继续扩张。早期中国贸易中，茶叶和丝绸的出口是主要的项目。1880 年，这两项的出口占出口总额的80%。茶叶和丝绸促进了其他产品的出口，也促使海洋运费降低和白银汇率降低。在这几个方面的共同作用下，商人能把大量的货物运往欧洲，而在以前运费则会很贵。在个别情况下运费价格会升，但与白银汇率的降低不对等。一般结果是，中国生产者平均会得到较好的价格，而在欧洲价格的降低使得欧洲消费者成为真正的赢家。茶叶、丝绸及船舶等的增长在后表中会体现。它包括中国全部的出口，不单单特指从上海的出口。

[...]

金银

上海和国外金银的流动再次表明，中国有大量的黄金出口和白银进口。在今年的报表中没有体现出战争对白银流动的影响，但在1895年的统计中很明显。中国政府到目前为止，已从伦敦市场借款5,000,000*l*。其中，有一定的借款来自欧洲，中国用来支付武器和弹药。可以肯定的是，未来中国或日本，或中国和日本会进口一大笔白银。

[...]

106 | 1894,汉城[1]
朝鲜领事1894年朝鲜商贸报告

[...]

黄金

黄金的出口有了很大的增长,但这一数字不完整,只是个出口记录。金砂的平均价是每两46美元,相当于580克金衡制。

[...]

---

[1] 英议会文件,中国19,大使和领事商业报告,1895—1897,爱尔兰大学出版社,香农,爱尔兰,1972,289f页。

107 | 1895,烟台[①]
1895年烟台商贸报告

[...]

金银

去年白银的流动不大,不值一提。

从烟台运往南部的金条是 105,775$l.$,他们最终的目的地是欧洲。其中一小部分来自海参崴,很大一部分是来自满洲里或回国的淘金者。

过去几个月的铜币很贵。也就是说,白银能退还的数量要少。这与白银的贬值无关。如果在这儿就感觉到了白银贬值的影响是很奇怪的,原因是,此时银价在整个世界其他地方已稍稍恢复。在中国人们普遍认为汇率的变化是由于货币的缺乏,但为什么缺乏,所给原因各不相同,也不能令人满意。

[...]

[①] 英议会文件,中国 19,大使和领事商业报告,1895—1897,爱尔兰大学出版社,香农,爱尔兰,1972,531f 页。

108 | 1895，重庆[①]
1895年重庆商贸报告

[...]

货币

当地商人热切希望武昌发行的银元和小额硬币能引入到四川，如果不能引入的话，愿意建立当地制币厂。目前使用的烂版银元或印戳的货币太原始和麻烦，因而非常需要方便的货币。铜币常年缺乏造成经济受损。原因有三：首先，成都制币厂的生产量太少。铸造200文铜币需要1斤铜（1又1/3磅），铸造1,000文铜币则需要7斤铜。这样制币厂造一串铜币（1,000文），得损失400文。第二，从重庆出口了很多铜钱，使得在这儿的铜钱很贵。这一点在年末时人们就感觉更明显，因此就禁止了出口。第三，把铜钱再熔化为铜。把1,000文铜币熔化成7斤铜，再制成1,500文铜币。这是非法经营的强诱因，也导致了铜钱缺乏。

[...]

---

① 英议会文件，中国19，大使和领事商业报告，1895—1897，爱尔兰大学出版社，香农，爱尔兰，1972，425f页。

109 | 1895，清帝国的开支[①]
1895年清帝国的贸易及开支报告

[...]

北京供给

第二栏是各省征得的白银以供北京政府使用，叫做"征饷"，或北京供给。几年来，累计达 7,000,000 两。目前主要来自以下几项，每年只有一点变化。以下是各省交的土地税：

税目	地域	值（两）
土地税	江苏	150,000
	江西	350,000
	安徽	290,000
	湖北	450,000
	湖南	250,000
	河南	200,000
	山西	500,000
	山东	400,000
	瓯北江（Obekiang）	400,000

[①] 英议会文件，中国19，大使和领事商业报告，1895—1897，爱尔兰大学出版社，香农，爱尔兰，1972，595f页。

续表

税目	地域	值（两）
土地税	福建	200,000
	广东	100,000
	四川	120,000
	总计	3,410,000
盐税和厘金税	江苏	250,000
	湖北	200,000
	湖南	50,000
	四川	150,000
	直隶	250,000
	浙江	220,000
	山东	210,000
	福建	150,000
	广东	200,000
	合计	1,680,000
边境海关	上海	180,000
	宁波	100,000
	广州	160,000
	福州	200,000
	汉口	150,000
	九江	100,000
	合计	890,000
内地海关	浙江	40,000
	安徽	50,000
	凤阳	30,000
	淮安	20,000
	芜湖	40,000

续表

税目	地域	值（两）
内地海关	太平	50,000
	合计	230,000
厘金	江苏	220,000
	江西	100,000
	浙江	100,000
	安徽	100,000
	湖北	120,000
	湖南	50,000
	广东	100,000
	合计	790,000

[...]

110 1895，汉口[①]

高丽领事区 1895 年商贸报告

[...]

金银

过去 3 年的海关报表显示，白银进口逐步增加，超过了出口值，增长速度也比出口快。

1890—1895 年金银的进口超过了出口，分别是 2,500,000 两、8,00,000 两和 10,000,000 两。1895 年一些中国钱庄统计的数目要比海关统计多出 4,000,000 两。

宜昌和重庆的海关贸易没有显示出有利于中国的差额。推测原因是，海关未能统计其他贸易渠道流入的白银，退税也无法统计。最主要的是食盐贸易没有经过海关监管。由于食盐是从江苏进口，我认为在江苏会有大量的白银流出，而不是流入。因此我认为，报给海关的贵金属进口被不断流出的白银抵消了，也被大量送往北京供给皇室和中央政府的白银抵消了。而这些流出的白银在海关报表中没有出现。

[...]

[①] 英议会文件，中国 19，大使和领事商业报告，1895—1897，爱尔兰大学出版社，香农，爱尔兰，1972，373f 页。

制币厂

银币的制造规模不大。除了矿石被外国人监管外，其他都在中国的管理之下。1元的、50分的、20分的、10分的及5分的最近都生产了出来并已在流通，尽管1元的银币没有墨西哥币受欢迎。每日生产大概价值10,000两，即10,000元，机器是德国马格德堡的甘拿秘（Knape）厂，雇佣人手计50人。

鉴定显示，当地鉴定局所鉴定的鞋状元宝的纯度并不像中国钱庄所承诺的那样，而是86.15多些。缺乏统一性自然给合金的加入增添了麻烦。1元的纯度是90，50分的纯度是86，小一些的硬币的纯度是82。

［...］

111 | 1895，汉口[①]

1895年汉口商贸报告

[...]

银行和汇率

汇丰银行的代理告诉我，要开一家新的中国银行进行大宗买卖，李鸿章将担任主席。目前沙俄不会开分行，福州的沙俄公司在汉口总部主要做英镑融资业务。

钱庄表示他们对广东制币厂制造的辅币（20分的、10分的、5分的）不满意，希望香港的铸币能代替它。

无疑中国制造了大量的赝币运到了英国和荷兰在远东的定居点。恐怕福州需对此负些责任。我已请总督关注此事。总督大人已下命令禁止制造赝币。

汇率比较稳定。人们曾期望战争赔款大幅提升银价，由于大量的赔款是黄金，并没有出现这种预期。

这一年进口值达到 296,074$l.$，出口值是 193,028$l.$。

[...]

[①] 英议会文件，中国19，大使和领事商业报告，1895—1897，爱尔兰大学出版社，香农，爱尔兰，1972，391f页。

112 1895，宁波[1]

1895年宁波商贸报告

[...]

白银的贬值

货币市场的混乱一般认为是始于德国禁止通用白银而造成的黄金与白银间汇率的灾难性改变。它是应归因于升值的黄金，还是贬值的白银，对政治经济学家来说仍是一个未决的问题。在东方，除了那些不巧正好在某地生活需要用本国的黄金交换白银的人们以外，使用黄金或白银看似都没什么不同。哪个都行，没什么差异。黄金带来了比以前更多的白银。而在近几年里，这种情况已不再有了。以前白银只是升值，而黄金也是如此，如今白银贬值是铁一样的事实。在中国使用铜钱，银元是外来币，只是代表成百上千的铜币的一种可携带形式而使用。当地人日常购物都用铜钱，1美元可换1,000枚或更多，如今只能换800枚或更少，同时商品的值相对于货币增加了。这样一来，白银就双倍贬值了，不能换同等多的铜钱了，换的铜钱也不能买到相同数量的商品了。这一刻绝对会到来，届时外国人雇佣的当地人就会要求高的银币工资。不是出于贪婪，而是出于必要。除非能找到解决方案，否则这会成为中国的雇主

---

[1] 英议会文件，中国20，大使和领事商业报告，1897—1898，爱尔兰大学出版社，香农，爱尔兰，1972，137f页。

都必须要面对的问题。因为它迟早会来。铜钱的广泛升值在某种程度上是由于铜钱的短缺，但这不是唯一的原因。解决的途径部分在于政府手中。当局已意识到应该对这一问题负责。比如，在某些地方，在首府，根据人为的汇率通过发行一定限量的铜钱来解决此问题。比如说按1美元1,000枚，而市场只是800枚。这样发行的铜钱质量据说很差，让人不可避免地想到爱尔兰詹姆士一世发行的赝币。在经济上，这样的权宜之计在任何一个国家、任何一个年代都没有成功过。

[...]

113　1895，上海[①]

1895年上海商贸报告

[…]

汇率必不可少的稳定

商人对商业的一个要求是稳定。汇率的大起大落都不是他们想看到的。哪种情况下都会有人赔有人赚，因为两种货币世界里的汇率变化都会影响到价格的变化。

国际价格一定要随银价的变化而变化

黄金和白银间汇率的任何变化都意味着，进入金本位制和银本位制不同国家之间的商品需要不断地调整。比如说白银值下降5%，就意味着中国出口的每一件商品会多挣5%或更多，或从中国进口的每一件商品，英国消费者会少付出5%或更多，或各占一半。

黄金和白银的整个问题不是钱的问题，而是钱值多少钱的问题，或价格的问题。黄金供给的增加会导致白银处于涨价的前夜，这对两个国家价格的相对影响一定会很有趣。如果伦敦价格保持稳定，而银价上升，中国的价格（细布等）会降低。相反，如果伦敦价格相对银价上升（可

[①] 英议会文件，中国19，大使和领事商业报告，1895—1897，爱尔兰大学出版社，香农，爱尔兰，1972，445f页。

能的话），那么白银的价格就不会改变。如果是这样，对那些认为白银比黄金更应作为货币的人来说自是另当别论。

［...］

金银，白银的大量进口，对日赔偿可能产生的影响

上海和外国间金银的流动显示，黄金出口降低，白银进口持续增长。一部分白银用来支付战争期间的借款，但今年中国会得到一些贸易差额。目前中国与日本及其他国家的汇率都处于不稳定阶段。按合约，中国赔付给或正安排赔付给日本的 230,000,000 两或 280,000,000 盎司白银是一笔大账，注定会给白银市场造成一定的影响。我认为这主要取决于日本同样也会问的一个问题"你怎么来赔"的答案。如果选用白银（立刻做），一定会给市场带来大的变动。无疑日本会一如既往地谨慎避免可能存在的极端措施，因为远东很可能会在不久成为大的白银买主，价格会随之上升。除非选择接受黄金作为战争基金存储，否则日本会接受白银。即使日本接受了黄金，也会寻求出路在欧洲换成白银，除非是把黄金作为战时储备。

［...］

114 1895，汉城[1]
朝鲜领事1895年朝鲜商贸报告

[...]

3,000,000元日本贷款

日本1895年贷款给朝鲜3,000,000元，因而朝鲜的白银增加了3,000,000元，其中的2/3已经花掉。

[...]

黄金

1894年宣称黄金的出口已从950,000美元增到了1,360,219美元。主要原因是元山金矿的扩张。金银比价的高涨刺激了元山金矿的开采，现在已到每两45元50分，或接近5*l.*，相当于580克金衡制。考虑到进口对出口的巨大超额，可以绝不夸张地说，真正出口的黄金至少是海关统计的一倍。

[...]

---

[1] 英议会文件，中国19，大使和领事商业报告，1895—1897，爱尔兰大学出版社，香农，爱尔兰，1972，583f页。

金矿

与进口联系在一起的可能让人感兴趣的是平壤附近正在运营的金矿,目前已有美国的辛迪加加盟。

[...]

115 | 1896，中国[1]

中国签署的条约中涉及的港口商贸报告

[...]

国家货币

建立国家制币厂很显然是众望所归，没有反对的理由。大宗买卖中白银按重量进行支付，而小宗买卖则支付铜钱。白银的单位是两。每一个地方都有自己的两，甚至在相同的地方也存在不同的计量。铜钱的不同值也同样让人迷惑。白银和铜钱之间没有固定的汇率。二者间的汇率取决于市场上流通的铜钱的数量。当数量变少时，也取决于无计划地制造这种货币的省政府。流通中的赝币亦增加了这一混乱。人们把铜串中最好的铜钱拣出来熔化，因为按目前的铜价，按金属卖比铜钱还值钱。

广州制币厂和武昌制币厂

在广州和湖北的武昌都有一个制币厂。但它们只能制造银元和不是法定货币的辅币，并只在已熟悉墨西哥币的一些地方使用。由于这些货币只是其本身的价值，没有利润，所以在广州已停产。就此，世界上最大的制币厂，几乎是闲置，只是制造少量的铜钱和小额的银元。铜钱和

---

[1] 英议会文件，中国20，大使和领事商业报告，1897—1898，爱尔兰大学出版社，香农，爱尔兰，1972，279f页。

小额的银元很方便，比本身的价值高些，会在制造中生成一些利润。广州和湖北武昌的铸币都不是法定货币，很难明白为什么要建它们。这些货币不能满足需求，届时都得收回返炉。

　　[...]

116 | 1896，重庆[①]
1896年重庆商贸报告

[...]

货币

明显地感觉到铜钱缺乏。当局不明智地尝试使用了小了25%的硬币，但于事无补。稻米收成也很糟。两者共同造成生活成本的提高，使穷人生活更惨。为减轻危难，政府临时开了粮仓，还启用了白银辅币和钱贴。武昌制币厂制造了价值20,000美元的银币，也印制了每张面值1,000文的政府纸币，并运到重庆流通。不幸的是，这些纸币流通起来并不值1,000文，只能当8钱用，也就是900文多一点儿。涉及钱，不管是出于保守，还是对政府的不信任，人们就是不用这些银币或纸币，货币依旧紧缺。同时，两个制币厂订购了国外公司的机械。一个在重庆制造银元，一个在省府制造铜钱，希望铜钱比现存的要小些便宜些。但只要是通过熔化1,000文的硬币制造出的卖价高于1,000文的硬币，就不会有好的货币。

[...]

[①] 英议会文件，中国20，大使和领事商业报告，1897—1898，爱尔兰大学出版社，香农，爱尔兰，1972，293f页。

117 1896，福州①

1896年福州商贸报告

[...]

金银

这一年进口的金银值是287,473*l.*，出口是194,153*l.*。

福州制币厂

福州领事馆的休斯（Hughes）先生最近访问了福州制币厂。福州制币厂建于去年，地点是沙逊父子洋行（David Sasson and Sons Company）以前的仓库和办公地，目的是制造辅币。他报告说有4台机器，雇了100多个工人。目前只生产了10分和20分的。但从日本进口的机器一到，就会生产5分和50分的，甚至是银元。白银是820—825标准的，每月能生产出40,000—50,000两。

赝币的制造

有生产小额赝币的案例。我的保险箱里就有在国外租界缴获的一些硬模。

[...]

---

① 英议会文件，中国20，大使和领事商业报告，1897—1898，爱尔兰大学出版社，香农，爱尔兰，1972，171f页。

118 | 1896，杭州[①]

1896年杭州商贸报告

[...]

金银

金银进出口总额达 2,500,000 海关两，分列如下：

进口地	纹银（海关两）	墨西哥币（海关两）
上海	335,727	705,287
苏州	13,232	172,977
温州	2,639	—

出口地	纹银（海关两）	墨西哥币（海关两）
上海	542,190	533,943
苏州	126,571	166,449

[...]

[①] 英议会文件，中国20，大使和领事商业报告，1897—1898，爱尔兰大学出版社，香农，爱尔兰，1972，193f页。

119 1896，牛庄[①]

1896年牛庄商贸报告

[...]

金银，黄金出口的降低

牛庄和外国几乎没有金银交易。1,625*l.* 的美元和铜钱来自香港和澳门，581*l.* 的铜钱来自日本。出口是 500*l.* 纹银。价值 1,005,924 海关两（165,654*l.*）出口到上海。其中金条和金元宝是 137,398*l.*，纹银和美元余额是 8,500*l.*。黄金的总出口 158,231*l.*，到烟台的是 833*l.*。1890—1894 过去的 5 年里，牛庄出口的黄金平均值是 1,097,130 海关两。因此，1896 年出口的 949,390 海关两大大地低于平均值。从中国港口（天津、烟台和上海）净进口的纹银和美元值达 1,103,479 海关两或 183,913*l.*。

[...]

吉林和奉天制币厂

在吉林的阿森纳（Arsenal）建立了制币厂，吉林币目前在那儿制造，并已进入流通。在奉天准备再建一个制币厂，设备已买好，不久就会到。

[...]

[①] 英议会文件，中国 20，大使和领事商业报告，1897—1898，爱尔兰大学出版社，香农，爱尔兰，1972，389f 页。

120 | 1896，北京[①]
1896年中国商贸报告

[...]

金银

有记录的中外金银流通中，黄金净出口是 8,114,000 海关两，白银是 1,720,000 海关两，当年白银的出口是 15,932,000 海关两。

[...]

[①] 英议会文件，中国 21，大使和领事商业报告，1898—1899，爱尔兰大学出版社，香农，爱尔兰，1972，43f 页。

121 1896，上海[①]

1896年上海商贸报告

[...]

白银继续贬值

1896年1月上海或市场两[②]相当于 2*s*. 11*d*., 12月底是 2*s*.11 又 1/4*d*., 并自此一直迅速降下去。贾米森（Jamieson）先生去年白银的价格已经降到底的希望也随之破灭了。日本采用金本位制的决心只对白银的金价产生了不利的影响。

[...]

金银

下表显示了这几年上海和外国的金银交易：

年份	进口		出口	
	黄金（海关两）	白银（海关两）	黄金（海关两）	白银（海关两）
1890		7,860,000	1,788,000	8,975,000
1891	32,000	4,481,000	3,665,000	5,462,000
1892	345,000	6,585,000	7,632,000	8,432,000

[①] 英议会文件，中国20，大使和领事商业报告，1897—1898，爱尔兰大学出版社，香农，爱尔兰，1972，293f页。
[②] 谈到伦敦汇率时人们往往指的是上海两，比海关两少10%。

续表

年份	进口		出口	
	黄金（海关两）	白银（海关两）	黄金（海关两）	白银（海关两）
1893	461,000	15,602,000	7,874,000	4,130,000
1894	40,000	30,852,000	12,748,000	4,228,000
1895	216,000	40,550,000	7,066,000	3,947,000
1896	654,000	12,225,000	8,853,000	5,595,000

黄金出口的增长

1896年黄金的净出口是8,199,000海关两，而1895年是6,850,000海关两。其中大多是德国邮政以邮件的形式把金条邮往德国。随着外国监管下金矿的开采，黄金的出口达到了最大程度，这对英国很不利，除非英国邮政也同样采用德国的邮政方式。

白银出口的降低

白银的净进口达到了6,630,000两，而在1895年是3,663,000两，交易量并不大。最显眼的是今年上半年出口到日本的1,700,000两白银。人们本认为战争赔款会促进白银的出口，但由于日本从来就不是自由买家，希望日本成为自由买家只能做到保持汇率稳定，别无他法。另一个值得一提的是今年上半年墨西哥币大量进口，这就是所有的白银净进口量。

[...]

122 | 1896，汉城[①]
1896年汉城商贸报告

[...]

黄金

朝鲜产黄金，也是黄金使得朝鲜弥补了其贸易差额。今年的出口比去年多很多，仅元山一家的出口就达到了1,000,000两。怀疑这种增长是由于生产的增加或是走私船的减少。但海关官员更喜欢前一种推测。朝鲜的进口大于出口，包括黄金在内，只是50,000l.。但众所周知，公布的黄金量只是出口的一部分。因此也可确定朝鲜今年较去年，对外货物的支付能力要大。与外国通商前的朝鲜黄金国梦早已破灭。鉴于每年金砂出口所显示的淘金结果很低，很让人感到奇怪的是，外国资本家对开发朝鲜黄金资源没什么兴趣，可能是朝鲜政府不像其他亚洲国家那么开明，不会批准提供相应设施进行开发。

[...]

[①] 英议会文件，中国20，大使和领事商业报告，1897—1898，爱尔兰大学出版社，香农，爱尔兰，1972，407f页。

123 | 1896，芜湖[①]

1896年芜湖商贸报告

[...]

由于最近的政治事件，中国不得不对外支付很多钱。否则的话，这些钱会用于商业流通。货币市场因而异常紧张。钱庄为了满足货币的需求，不得不把自己贷出去的钱的利息每年提高了20%（这要远远高于欧洲），造成资金少的当地企业很窘迫。据说当年最好做的业务就是钱庄。

我总是提到当地铜币的缺乏，最小的硬币一串1,000枚左右是1美元。旧的卡洛斯币以前值1,400文，最近是1,200文，甚至是1,180文。墨西哥币（2s. 2d.）以前是1,050文，现在只是900文。以墨西哥币方式领工资的中国人感到很困苦。我敢保证用不了多久，他们就会要求涨工资。上海就已经涨了，苦力们现在挣的已经是以前的两倍。

[...]

[①] 英议会文件，中国20，大使和领事商业报告，1897—1898，爱尔兰大学出版社，香农，爱尔兰，1972，147f页。

124 | 1897，重庆[①]
1897年重庆商贸报告

[...]

货币

比厘金（Likin：关卡征收）更为严重的是铜币的情况。我在上一篇报告中已提到此点。1897年更为糟糕。如果官方再不采取行动，很难想象重庆和外地的贸易是否能继续。当地两种金属货币的情况陈述如下：

当地工资和日常花销用铜钱支付。现在质量好的1串政府币1,000文值大约9/10两，重7斤（9又1/3磅）。考虑到四川的困难与运输费用，大量的货币不能从一个地儿运到另一个地儿，不同地域间的大宗买卖就使用白银（纹银）。政府的账户也是用纹银。但白银相对铜钱的值一直在降，在过去的5年里已经降了30%。1斤重（1又1/3磅）的铜钱值0.32两白银，而1,000文会值2.24两白银。如果根据当地的慢方法计算的话，这还不包括客观的辅币的花费。也就是说，当局不能制造符合政府标准的银币，除非付出高额代价。事实上，他们也已不再制造硬币。同时，交易需要越来越多的货币。因而赝币变得越来越多，在有些地方竟占30%。尽管政府出令禁止，但标准的货币还是被再熔化制成赝币。目前，

[①] 英议会文件，中国21，大使和领事商业报告，1898—1899，爱尔兰大学出版社，香农，爱尔兰，1972，113f页。

如果不对货币的数量及质量讨价还价的话，即使是很小的交易也都会受到影响。更混乱的是，同一省的不同地方货币银值的质量和重量也不一样。例如在重庆，铜钱最便宜，比最贵的四川北部的松潘低了近15%—20%。人们的保守及对政府的不信任促使他们想用银币。1896年发行了名义上的钱贴，但只能按固定的汇率换成白银。但也证明是一个失败。1897年这些钱贴被召回，又发行了新的，在特定大的银庄能兑换，因为它们的面值即现金的值。但新的钱贴也没有普遍流通，汉口制币厂引进银币的尝试也没取得什么好的结果。

　　同时越发地不便利。成都的织布机已完全停产。除了高昂的铜钱外，还有几个其他原因。猪鬃和羽毛贸易也因相同的原因而损失惨重。事实上，每一个用铜钱支付工资和小宗买进而以白银出口货物的商人都发现生意很难做。

　　很显然目前的这种状态与其说是归因于高昂的铜价，不如说是由于铜币的缺乏。虽不能保持政府以前的旧标准，但单单一文铜钱本身就有那么多复杂的值，以至于只要做工好、大小合理就容易被接受。如果省政府用足够的合金来制造这样的货币，确保制币厂不遭受损失，就可以避免目前的情况。为证明这一点，我提一下3年前成都制造的少量的赝币，铜里掺进了大量的沙子。这种货币立刻被重庆使用并成为当地的货币，但从来都没有走出过重庆城。如果有国外铸币器械的帮助，无疑目前的货币情况会得到改善。不幸的是，这些器械去年订购了，但由于没有当地船能装它，而陆上运输又是一个问题，还没走出宜昌。对待这一既影响到穷人也影响到富人的问题，总督会出台什么政策我们仍在拭目以待。

　　[...]

125　1897，朝鲜[①]

1897年朝鲜商贸报告

[...]

金砂出口

金砂出口从1896年的1,390,412*l*.升至1897年的2,034,079*l*.，达最高记录。美国观察者最近估计，朝鲜每年得到的黄金是3,000,000美元（300,000*l*.）。完全有理由相信中国的黄金走私至少等同于海关的数额。因此，每年的产值也许是5,000,000美元（或500,000*l*.）。

[...]

货币，基于白银的货币

1894年朝鲜货币基于白银建立。当时发行了一种新的辅币，500个相当于1美元，还有1分的铜币、5分的镍币、20分的银币和1元的银币。实践立刻证明，制造大额的硬币，尤其是1元的硬币会蒙受损失。这种货币制得很少，在市场中发行得也很少。

---

① 英议会文件，中国21，大使和领事商业报告，1898—1899，爱尔兰大学出版社，香农，爱尔兰，1972，365f页。

日本元

中日战争后期，多年来在朝鲜一直自由使用的日元大量地涌入朝鲜，以支付运输及其他相关费用。在1895年春，朝鲜向日合约贷款3,000,000元（300,000*l.*）。这更加剧了日元在朝鲜的流通。

不用墨西哥币

根据朝鲜和外国列强间的协议，海关税可以用日币或墨西哥币支付。但墨西哥币只是在后几年才开始被人们在各种交易中使用，在协议港口还不是流通货币。

日本建立金本位制的影响

在朝鲜，日元是唯一的流通银币，并能充分满足贸易的需求。但在去年10月1日，日本宣布使用金本位制，对朝鲜产生了很大的威胁。从那一天开始，日本实际上已是金本位制，看起来所有的日本银元都应返回日本兑换黄金。人们认为有必要提供一种货币来代替日元。

与日本银行达成协议，进口"有戳记的日元"

为了这一目的，很显然是在日本政府的授意下，日本银行和朝鲜进行了协商。在朝鲜的要求下，日本银行根据协议把已不流通的日本银币兑换成黄金，并标上"白银"字样，表示这些货币已不能再兑换黄金。

在日赎回日元

在过去的3个月里，大约有300,000元这样标上标记的日元进口到朝鲜，其中有一半作为货币进行流通。偶尔会打点儿折扣。

朝鲜货币很可能耗尽

要求日元在朝鲜行使货币的功能看似足以抵制要求其退出的呼声。当时,人们还没有意识到日元消失到一定程度,朝鲜的货币就会耗尽。人们认为在朝鲜仍有 3,000,000 元日本纸币。如果日元的补偿期在日本短一些(就目前来看是有可能的),对朝鲜货币的威胁就会消失,带戳记和未带戳记的日元间的差异也就会不存在。

[...]

126 | 1897，福州[1]

1897 年福州商贸报告

[...]

当地纸币

大量纸币的流通有助于缓解硬币的缺乏所引起的货币紧缺。粗略估计，11 家主要钱庄发行了 60 万或 70 万美元的纸币。除了这些，还有很多的钞票商店发行了几千美元的小数额纸币。福州制币厂制造发行的小额银币也在使用，但目前只是 20 分、10 分和 5 分的。

[...]

---

[1] 英议会文件，中国 21，大使和领事商业报告，1898—1899，爱尔兰大学出版社，香农，爱尔兰，1972，136f 页。

127 | 1897，汉口[①]

1897年汉口商贸报告

[...]

武昌制币厂

最近武昌制币厂很活跃，1个月就生产出了价值60,000*l.*的小硬币。这些硬币运往上海，再运往中国各地。制币厂最近与驻汉口的两家外国银行达成协议，银行负责每月给制币厂提供一定量的银条。但运到武昌的费用及货币的纯度均让中国人接受不起。现在只得又铸成了纹银，纯度比银条少1%，主要由汇丰银行提供。

制币厂生产的硬币价值

武昌银元要比英国银币或墨西哥银元的含银量少1又3/8%，但制币厂对此的价格等同于后两者。汇丰银行也是如此。5分、10分、20分及50分的辅币也少了3%，银行只按其本身的值而不是按面值来算。

[...]

[①] 英议会文件，中国21，大使和领事商业报告，1898—1899，爱尔兰大学出版社，香农，爱尔兰，1972，249f页。

128　1897，九江[①]

1897年九江商贸报告

[...]

铜钱

铜钱兑美元的价格，比我写最后这份报告时要低一点儿，现在是860文，当时是830文。看来不会更便宜。

[...]

[①] 英议会文件，中国21，大使和领事商业报告，1898—1899，爱尔兰大学出版社，香农，爱尔兰，1972，205f页。

129 | 1897，宁波[①]

1897年宁波商贸报告

[...]

铜钱的增值

1896年的报告中我提到了伴随白银贬值而出现的铜钱增值现象。对于用白银支付工资的雇主，我再次想提醒的是，雇员会被迫提出申请要求增加工资以应付随着物价上涨而变化的汇率。美元与铜钱间的比率虽未像1896年底那么低（现已从780文升到900文），但美元的贬值并未引起生活必需品的价格降低。铜的高价导致了公众的不安。宁波政府严阵以待，重新建立了制币厂当场制造铜币。这种制币厂以前也有过，但多少年前就不存在了。也许自由地使用白银辅币能消除铜钱的紧张局势，但尚未看到这方面的效果。实际上，海关、银行（接下来是邮局和电报局）等部门拒绝接受日本甚至香港的5分、10分及20分的辅币就阻止了这些补救措施的实施。

[...]

[①] 英议会文件，中国21，大使和领事商业报告，1898—1899，爱尔兰大学出版社，香农，爱尔兰，1972，151f页。

130　1897，北海[①]

1897年北海商贸报告

[...]

汇率的降低

北海的季度统计观察显示，后半年的出口有所降低。上文提到的3种原因并存。年初海关两是3*s*. 3*d*.，季末时是2*s*. 7 又 13/16*d*.。1月份1美元能兑换1,000文，而在12月只能兑910或920文。这种情况下，节俭的中国人一定不会买英国的棉制品，而是会买本地的产品或买生棉纱自己在家纺织。

[...]

[①] 英议会文件，中国21，大使和领事商业报告，1898—1899，爱尔兰大学出版社，香农，爱尔兰，1972，159f 页。

131 | 1897，上海[①]

1897年上海商贸报告

[...]

汇率

看一眼今年的汇率就会明白今年的国外产品进口为什么那么低。年初每上海两兑即期汇票的汇率是 2*s*. 11*d*.，而到 9 月 3 日迅速降到 2*s*. 3 又 1/4*d*.，8 个月里差出了 22%。稍后一点点回升，年末时是 2*s*. 8 又 1/16*d*.。汇率如此灾难性地下跌，难怪到 8 月份，从金本位制国家的进口仍在降低。9 月份，从金本位制国家的进口几乎完全停止。唯一纳闷的是，这对进口贸易的影响不大。另一方面，这一同样的原因也刺激了对外出口。

[...]

---

① 英议会文件，中国 21，大使和领事商业报告，1898—1899，爱尔兰大学出版社，香农，爱尔兰，1972，307f 页。

132 | 1897，沙市[①]

1897年沙市商贸报告

[……]

铜币和钱贴是此处的流通货币，基本不用银币，美元根本就不用。

这一年铜钱和白银间的汇率是850—880文兑1美元。

白银按沙市两计算。106.95等同于100海关两，或108海口两，或111上海两。

湖北元可换0.71或0.72两海关银或墨西哥币。其他的如日元、卢布、英币及平壤币等都打一定的折扣，盖戳记的、损坏的币种等都没什么价值。

据说此处有130家货币店，几乎都发行纸币，有1,000文、5,000文及10,000文的。2,000文和3,000文的很少。这些都是由声誉很高的山西钱庄和典当行发行。彼此间距离都是方圆30公里开外。但在宜昌是没有用的。市场充满了1,000文的纸币，都是满洲城一些小店发行的，甚至在锦州兑换也极其困难。

[……]

[①] 英议会文件，中国21，大使和领事商业报告，1898—1899，爱尔兰大学出版社，香农，爱尔兰，1972，173f页。

133 | 1897，芜湖[①]

1897年芜湖商贸报告

[...]

汇率问题

铜币依旧缺乏，像白银一样稀缺。铜币缺乏有两个原因：大量的货币运到北方以供中日战争中的军需；熔化掉大的旧铜币并卖了赚钱，这样铜币就变成了铜原料。现在 1 美元能买 880—900 文，而以前能买 1,130—1,140 文，美元降低了近 30%。当地人如每月挣 6 美元，再加上柴米油盐等必需品的升值，比以前铜元便宜时挣 4 美元的人处境还要惨。例如，以前大米 2 美元 20 分或 30 分 1 担，现已升至 3 美元 40 分或 50 分，而后来更甚。菜籽油则比以前涨了 1 倍。

11 月 18 日，省府官员发布公告，通知人们税署已收到皇帝的御批，准予在沿海和长江沿省根据以前广东（广州）和湖北（汉口）的例子制造银币，目的是补充或尽可能地用 1 元（与旧的西班牙币和墨西哥币等价）、1/2 元、20 分、10 分及 5 分的硬币取代文。100 元值 72 财库两。这些新的省元（没有全国性元），目前在流通，但在内地没有市场。内地人固守自己的惯例常规，仍用 100 年前的西班牙币。旧西班牙币比墨西哥币及新的安徽币值钱，人们认为值 8 又 9/10 两（盎司）白银。

[...]

[①] 英议会文件，中国 21，大使和领事商业报告，1898—1899，爱尔兰大学出版社，香农，爱尔兰，1972，429f 页。

134 | 1898,广州[1]
1898年广州商贸报告

[...]

广州制币厂

可以放心地预测制币厂不是为了满足流通的需求,而是为了赚最大的利润。1元硬币的纯度是900,几乎不能支付制造的成本,量也不够。短缺的就用墨西哥币、日元或香港元补上。50分的纯度是860,利润不大,今年就没再生产,也很少见。20分的即最大的硬币,纯度是820,1898年造的枚数价值6,335,000美元。10分的是同样的纯度,但需要更多的劳力,造的枚数价值772,000美元。因为没有制造5分的硬币,所以虽然需要5分的硬币但根本就无法得到。辅币的数量没有合法性与否的限制,大量的小额辅币和元一起流通,没人注意纯度上的8/1000差异。由于在制币厂没有国外测试鉴定人员,即使是820的低纯度也不可能保持。总有一天这些辅币会在使用时打上折扣。

[...]

---

[1] 英议会文件,中国21,大使和领事商业报告,1898—1899,爱尔兰大学出版社,香农,爱尔兰,1972,653f页。

135 | 1898，广州[①]

1898年广州商贸报告

[...]

辅币：安徽制币厂

弗雷泽（Fraser）先生对安徽新省币的评论我不想再加评论。1898年发行了两种元，第三种（日期未定）正在生产。尽管巡抚衙门称这些元和墨西哥币对等，重量相同，可以支付税、厘金等，但不被人们喜欢。与墨西哥币、湖北币或江南（南京）币相比，打了3%的折进行流通。与仍在内地流通的西班牙币（俗称卡洛斯或双柱Carolus or Pillar）比则打折了12%—15%。

也造了50分、20分及10分的辅币。我试着打听那一年所造辅币的数量，但不知它们的值。有人说是200,000美元，也有人说只是100,000美元。制币厂位于省府、南京或安庆府。铜币相对于白银的值，那一年一直偏高，但后来又有下降的趋势。

[...]

[①] 英议会文件，中国21，大使和领事商业报告，1898—1899，爱尔兰大学出版社，香农，爱尔兰，1972，681f页。

136 | 1898，烟台[①]

1898年烟台商贸报告

[...]

货币问题

铜币相对白银的日益升值所带来的沮丧和窘困，需要在报告结束时好好说一说。铜币的升值，及其重量和纯度的不足给方方面面带来了麻烦。1894年，烟台墨西哥币可兑换1,010—1,040枚铜钱，1898年则只能兑换730—800枚。在中国，这一不良现象普遍存在，而在某些地方尤甚。我指的是内地生活必需品价格的上涨。自1894年，这些必需品的价格，如大米、小米、面粉、猪肉、鸡蛋、燃料、蔬菜及食用油等都增长了50%—100%不等。

也许，像许多中国人所想的，这个地区被海参崴、亚瑟港（Port Arthur）、威海卫、青岛等沉重的索求榨干了，高涨的物价就是灾难性的后果。不管什么解释，事实是铜钱的升值（对白银而言）造成相同的钱已买不到一半或3/4的相同物品，或其他5年前能买到的国内产品。

[...]

[①] 英议会文件，中国21，大使和领事商业报告，1898—1899，爱尔兰大学出版社，香农，爱尔兰，1972，605f页。

137 | 1898,重庆[1]

1898年重庆商贸报告

[...]

货币

货币的问题无从解决,贸易依然受到铜币紧缺的严重影响。铜币短缺困扰下的秋天,需要储存白银,但对铜币的需求却缓和了下来。原因是1两白银在重庆能卖上1,200文,而不是1898年初的1,050文。

[...]

---

[1] 英议会文件,中国21,大使和领事商业报告,1898—1899,爱尔兰大学出版社,香农,爱尔兰,1972,537f页。

138 | 1898，朝鲜[①]
1898年朝鲜商贸报告

[...]

货币：安徽制币厂

朝鲜出口黄金，现在人们对此也很感兴趣。如报告统计表所示，海关宣告的出口量逐年递增，去年比前5年增长了一倍多。并且人们认为走私的黄金至少与海关的数额相同。我去年报告中提到总出口估计是600,000*l*.，1898年海关的数是240,047*l*.，这就印证了相关估计是确切的。

[...]

朝鲜制币厂货币

像朝鲜货币此类的字眼几乎就不存在，然而朝鲜自从与外面的世界接触以来，就一直致力于修建自己的制币厂。汉城荒凉的烟囱标志着这些试验的流产。这是德国主办下的产物。后来在仁川附近的沼泽地又建起了一座制币厂，几年来也成功地生产了一些货币，但现在很少在流通。今年这个制币厂又迁回到了汉城，规模庞大，但将重蹈覆辙，目前日本人正在荣山（Riong San）施工，离首都就3公里远。

[...]

[①] 英议会文件，中国21，大使和领事商业报告，1898—1899，爱尔兰大学出版社，香农，爱尔兰，1972，713f页。

日本货币

尽管朝鲜努力确保自己的货币制度，但实际上仍依赖日本的货币。朝鲜最近却发现自己毫无准备地因日本货币立法而遭遇窘境。

1897年10月，日本政府采用了金本位制，同时宣布日本银元5年内可赎黄金。而后来的告示把银元赎黄金的有效期限定为了1898年7月31日，并且很自然地期盼能把日元从朝鲜召回，以实现黄金内在值和交换值之间的差异。为应付这一突发情况，朝鲜与日本第一银行进行了一些协调。根据协议，把日本退出流通的日元印上中国汉字"银"，再运送到朝鲜来取代离开朝鲜的没有印戳的日元。进口了大概300,000多日元的有印戳日元，被国外海关接受并被朝鲜财务局用来付关税及其他税，但在其他商业交易中会打折使用。7月31日以后，有戳记的日元和没戳记的日元之间已无差异，并且都不能赎换黄金了。

这一年白银的出口超过了进口1,000,000日元，很大一部分是运往日本赎换黄金，其他的运往中国支付进口的费用。

也出口了850,000纸质日元，减少了近2,000,000日元的硬币。这造成了货币市场的巨大吃紧并制约了贸易的进行。据估计有800,000印戳的日元和几乎同等数量的纸质日元运出了朝鲜。

[...]

进出口到外国的黄金

出口地	值（日元）1897年	值（日元）1898年
仁川	976,970	1,258,635
釜山	72,064	145,560
禾生（Wosan）	985,045	971,530
总计	2,034,079	2,375,725

进口地	值（日元）	
	1897 年	1898 年
中国	1,086,543	1,183,137
日本	947,536	1,192,588
总计	2,034,079	2,375,725

[...]

139 | 1898，北四川之旅报告①

[...]

铜币的状况

有一个东西比厘金更能影响到松潘，甚至是整个四川的贸易，这就是铜币。不管这是由于官员的无能，还是他们的渎职造成的。在四川，所有的工资都是用这一不方便的货币，甚至大宗买卖如买卖地或道路等都受到铜币的影响。1 串 1,000 文铜币重 6—7 斤，这使得与外地做生意的商人不得不使用白银，因为白银是唯一可以携带运输或具有储存价值的东西。而这些物品在当地生意买卖中一直都是用铜钱，很不方便。另一个不便是铜钱太重，在没有水运的地方，即使是相邻不远的地方价值也不一样，而货币的流通会因运费而受阻。因此每个小小的贸易中心都得对流通到邻近地区的极度缺乏的铜钱精打细算。所幸松潘和各部落之间的贸易是用白银。即使是 20 串的铜钱，也得找遍整个市镇。下表是我两个月旅程中记录下来的铜钱值（包括由于使用不同重量的白银所造成的差异）之间的差异。

---

① 英议会文件，中国 20，大使和领事商业报告，1897—1898，爱尔兰大学出版社，香农，爱尔兰，1972，419f 页。

当地	1两值铜钱	与重庆的不同（每分）
重庆	1,150	
成都	1,040	9又1/2
广元	1,100	5
陇西（Pikon）（甘肃）	1,100	5
三藩	1,020	11又1/2

任何特殊的情况，如大批学生赴成都考试，都会扰乱铜币市场。鸦片商和丝绸商受到铜钱价格变化的影响最大。在成都的一个英国人收到的汇款是黄金，使我确信他因为黄金升值而挣的钱和他因为铜钱升值而亏损的一样多。

流通的货币数量供不上商品贸易需要的数量，使得一些"红币""毛币"等私人投机商所造的赝币充斥在好币之中。在边远地方尤甚，赝币达到了15%—25%。赝币价格变来变去，带来了无尽的麻烦，虽然卖主拒绝它们，政府禁止它们，但在四川省却越来越多。

这一问题的罪魁祸首就是多年以来四川政府铸币很少。4年前成都制币厂制造了大量的光绪（Kuang Hsu）通宝，作为满洲八旗的兵饷来发放。尽管这种货币含25%沙子、25%铅，做工很次，剔除它们也不困难，但事实上成都及其郊区全都接受了。在重庆普遍大量使用这种硬币是始于乾隆年间，一些甚至始于康熙（驾崩于1723年）年间。只有一小部分使用还不到40年。熔化硬币会受到死刑，但我得知，尤其是在宜宾（云南产铜地的枢纽），好的1,000文乾隆年间的铜钱有6斤铜，而现在在宜宾，6斤铜值1.8两白银，而1.8两白银在公开的市场能换1,900—2,000文。显然政府必须付出大的代价才能制造出好的铜币。如果政府没有义务必须买云南的铜，而能在公开的市场上用大量的铁或锡合金就能避免损失。如果做工好，刻字清晰的话，即使重量和密度比乾隆年间的低，人们也会愿意接受，这就会终止现在的窘困。咸丰年间的铜币，我认为短期内在重庆是1两不少于1,000文,这么高的价格从未像现在这样持续这么长的时间。

[...]

140 | 1898，中国中南部贸易[①]

[…]

白银和汇率协定

在货币和贸易协定方面，此处要比长江上游正常得多。这也许是由于广东人的经商能力，他们手上的贸易占很大的部分。银币是按重量计算的烂版墨西哥币，比广州币重1/2%，20天的信用不带折扣。

[…]

[①] 英议会文件，中国20，大使和领事商业报告，1897—1898，爱尔兰大学出版社，香农，爱尔兰，1972，469f页。

美国卷

十九世纪英美涉华货币档案

141 | 1868，9月26日①

威廉姆斯（Williams）先生写给西沃德（Seward）先生

33号，美国公使馆，北京，1868年9月26日

威廉姆斯（Williams）先生写给罗斯福·安洛克（Rutherford Alcock）先生

北京，1868年8月13日

您记录中提到的10条意见很重要，我认为大都有利和实用。然而考虑到中国政府没有根据恰当的货币概念发行货币，我认为第四条不容易实施。我认为任何条款都不能规定纹银的纯度。原因是既然中国能保持黄金本位制和白银本位制，这就说明他们的货币是与之相符的。从这件事的性质来看，我认为所有想规定中国货币供给量、质及汇率的努力都会失败。

---

① 遵第40届大会第3次会议期间众议院吩咐印制的执行文件，1868—1869，20卷，华盛顿，1868，588页。

142　1874，6月3日[①]

亨德森（Henderson）先生写给大卫（David）先生
31号，美国领事馆，厦门，1874年6月3日（7月20日收到）
［附件。报纸节选。（出自《每日新闻（Daily Press）》，香港，1874年6月2日）］

琉球战争（特约记者）
日本营，琉球，1874年5月21日

中国居民看到自己的敌人被杀死是又惊又喜。他们和同样正义和智慧的日本人公平买卖，关系很好。中国居民不太理解大的铜元，但完全认可新的银币。

[①] 与总统的年度咨文一起呈递给国会的美国对外关系文件，1874年12月7日，华盛顿，1874，316页。

143 1876，2月29日①

西沃德（Seward）先生写给费斯（Fish）先生

21号，香港，1876年2月29日（4月4日收到）

我认为制造贸易美元是为了给我们矿厂生产出来的白银提供另一个出路，旨在运往中国来取代墨西哥币，而不会在美国成为流通货币。

在去年的报告中，我提到，很难把它推广到中国北部和中部。福州北部流通的数量还不到500枚，原因很可能是中国南部还没有丢掉墨西哥币，或是贸易美元还未找到较大的市场。我怀疑它能否被普遍接受，甚至怀疑它能否在较大的范围内流通。事实上，20年前引进的墨西哥币也只是在对外开放的港口，而不是在所有的地方使用。

在中国有一种奇怪的现象，即好多生意人缺少货币。铜钱兑1美元是500—1,500文不等，只能做小买卖，对大宗买卖来说铜钱太笨重了。政府和银行都没有发行纸币，所以大宗的买卖不得不用金银或商票。

每个较大的城市用来称金银的秤也不相同，这就又增加了一层难度。

大家都清楚中国的吸银能力。我猜想清政府通过发行硬币来吸收白银的能力是巨大的。金银作为交易媒介很不方便，因而在可能的情况下

---

① 与总统的年度咨文一起呈递给国会的美国对外关系文件，1876年12月4日，华盛顿，1876，45—46页。

用商票代替。能便利地用银币自然需要大量的金属，而中国幅员之广，人口之多，贸易权益之泛，快捷交通工具之少，及人们存储倾向之重，都是中央政府在考虑发行统一的货币时不可忽视的因素。

中国如发行统一的、便捷的、优质的货币，其好处是不可低估的。这会给商业的方方面面注入新的活力，带来利润的快速发展，一定会国富民强，尤其是会为先进的财务体系建立一个基石。但很遗憾的是，这个政府选择从国外商人那里去借可怜的100万或二三百万元，并保证用某一种财政税收来进行抵押，更是让人感到可悲。

中国政界中的洋务派也是谨小慎微，因为他们在采纳西方观点，倡导先进措施时得考虑到个人安危。对许多还未意识到中国正在一点点改变的外国人来说，即将出现的，会使贸易相对容易些的各种方案很可能就是乌托邦。不管怎样，这方面的目标意义重大，即使困难重重我们也应该试一试。

如您同意这一计划，我建议咨询财务大臣建立中等制币厂及运行其所需要的费用，并咨询一下有关制币厂、原料及员工的情况。

政府从制币厂的直接收入是否能足以支撑这个制币厂呢？

此致

乔治佛·F·西沃德（George F. Seward）

144 | 1877，5月8日[1]

西沃德（Seward）先生写给埃瓦茨（Evarts）先生

237号，美国公使馆，北京，1877年5月8日（6月18日收到）

先生：

上海的商会，我以前也提到过，对在他们国家建立制币厂的建议非常感兴趣。商会委员会去年就已开始收集相关信息，研究采纳最方便的硬币问题。但感到政府不愿意听取他们的意见，在确保他们的提议得到赞许之前，他们在犹豫是否提交他们收集到的数据及自己和民众的意见等。3月12日他们也向外事大臣递了折子，咨询他们的意见是否能被采纳。我有一个备份。几个代表给外事办公室也递交了同样的备份，并得到了礼貌的答复。我附上这个折子和回复，也附上外交大使布佐夫（Butzow）先生回复商会的信。

大约10个月前给了南北贸易总监有关方面的参考，我也通知相关部门说他们的回复很积极。建议的尽早实施主要取决于他们中的某一个人，或取决于哈特（Hart）先生能提交详细的方案。方案应包括建制币厂的好处、大概地点及要提交给的官员及委员会等。

外事办公室人员在政府中权力很大，但有关提议的事情费时很多，这让我确信建立制币厂的事儿得需要好几年才能办成。

---
[1] 与总统的年度咨文一起呈递给国会的美国对外关系文件，1877年12月3日，华盛顿，1877，98—100页。

此致

乔治·F·西沃德（George F. Seward）

[237号信件 附件1]

福布斯（Forbes）先生写给奕劻亲王

美国领事馆，北京，1877年4月2日

先生：

在中国的外国商人一直在抱怨，由于中国没有统一的、固定的货币形式而使他们遭受了巨大的不便。

上海商会代表在中国的绝大部分外国商人，再一次请示清政府关注此问题，并希望清政府予以考虑，使问题得到满意的解决。毫无疑问，这一问题需要认真考虑。我毫不怀疑您会认真考虑此事，并愿意找到解决外商所抱怨的问题的方法。正是坚信这一点，我写信给您，望您能认真考虑此事，并告诉我贵政府认为所提到的方法并非权宜之计。建立统一的货币体系是最保险和最简单的解决问题的方式，尤其是在改善当前货币体系的情况之下。希望您能给我贵政府的意见。

此致

福布斯（Forbes）

副主席

[237号信件 附件3]

奕劻亲王写给福布斯（Forbes）先生

北京，1877年4月9日

几天前收到您的来函。来函中提到在中国进行贸易的外商因为中国没有黄金及其他硬币而碰到的困难，并询问我对在中国建制币厂及统一货币体系等方面的答复。

根据中国法律，各省的财务税收及各省向中央交付的税收都是以金库纯银的方式。这是中国法律，不能变更。关于商贸往来中使用的白银的质量与数量，假如不是交给中国政府，所以以方便各省商人为准绳。假如是支付给当地政府，所以就必须和财务的纯银相同。

如前面所提，收到您所言内容，已命令南北贸易总监，不管铸币是否可行，也不管如何确保统一的货币纯度，都考虑一下各省的情况，并进一步汇报。收到进一步汇报后再回复您。

[亲王和大臣们]

[237号信件　附件4]

布佐夫（Butzow）先生写给上海商会

北京，1877年5月1日

先生：

有关您3月12日的信件，德、美、西、法、英代表及我本人都写信给了中国政府，让其关注一下在中国进行贸易的外商。这些外商因为中国没有统一价值的货币遭遇到种种困难。

我们的举措已得到总理衙门令人满意的答复。目前他们已命令南北贸易总监，就制造统一货币问题进行调查汇报。

恳望您代表我和我们全体成员就此与商会沟通。收到进一步消息届时会再拜见您。同时，也很高兴地期待能看到商会对新币的热切说明，及对其他相关问题的阐释。

此致

布佐夫（Butzow）

145 | 1877, 9月22日[①]

西沃德（Seward）先生写给埃瓦茨（Evarts）先生

333号，北京，1877年9月22日（9月9日收到）

先生：

广州领事林肯（Lincoln）先生最近已经写信给坎贝尔（Campbell）先生（38号，8月14日）。建议在全国增加贸易美元的流通。这一提议很有趣，我迫切地关注以下这些建议：

1. 如果在广州，此事能引起当局的关注并能付诸行动，能增加贸易美元的流通，那么为什么不在外国货币流通的其他各省作出同样的努力，以取得同样的结果呢？

2. 如果命令我们亚洲分遣舰队接受贸易美元而不是墨西哥币，那么贸易美元的流通就会大大加强。事实上，亚洲分遣舰队指驻中国的外交官和领事馆人员。

第一个建议我要说的是，墨西哥币在广州、汕头、厦门、福州、宁波和上海等港口使用。而贸易美元除了上海和宁波外都在使用。广州和汕头在两广总督的管辖下，厦门、福州和宁波则在闽浙总督的管辖下。林肯（Lincoln）先生所提到的声明是几年前广州发布的，声明称贸易美

---

① 与总统的年度咨文一起呈递给国会的美国对外关系文件，1878年12月3日，华盛顿，1878，93—94页。

元具有一定的值，可以支付海关关税，但当时遭到福州总督的拒绝。

因此，可以说中国所有的港口，除上海外，现在都可以使用任何货币。并且，各港口发布了贸易美元的值，可以用来支付海关关税。

上海对旧的西班牙币和墨西哥币的需求依然存在。港口附近的丝绸产地都在用，有时候以超过票面以上的价格用，墨西哥币溢价高达5%，西班牙币则是6%—8%，从来就没有在海关以对等的价格支付过，而是以当天的价值递交海关。

我曾希望贸易美元在上海按高于其本身价值的值被接受。正因如此，我没有声明它的值，并且也担心在广州和南方这个值会成为其一般的汇率值。

由于墨西哥币和西班牙币从未在1861年后开发的港口（长江沿岸和上海以北）使用，贸易美元在这些地方看似也不景气。

政府下达文件让海军、使馆和外交等人员都接受贸易美元的建议也不实用。海军工薪出纳也许会纳闷在那么多港口用这些钱有什么用。因为除了上海和宁波以南的港口外，贸易美元对其他任职人员来说都不是"此处的流通货币"。

以前我从未听说过在伯明翰制造"新的墨西哥币"。

我们的美元在广州贬值在前文已述，在此我就只记下来以确保值的正确性。

此致

乔治·F·西沃德（George F. Seward）

146 | 1878，2月7日[①]

西沃德（Seward）先生写给埃瓦茨（Evarts）先生

398号，北京，1878年2月7日（4月19日收到）

先生：

鉴于中国政府不愿采取措施建立制币厂铸币，我认为可借机询问一下领事，我们的贸易美元是否进入流通，是否需通过官方渠道来增加对它的需求。此处附上我写给他们的信。

你会注意到在给广州官员的信中，我提出官方对1873年广州铸币的检测并不准确，询问是否需要再次检测。广州的检测被其他港口的海关接受，在这种情况下，此事显得很重要。事实是进口使用的外币并不是按金银的价值，而是为了流通方便按高于其价值的值进行流通。我明白了为什么有时候贸易美元在广州会溢价2%—3%，但据我所知，在其他地方还没有流通。

上海1876年见证了墨西哥币对当地货币的大幅升值，每两由72.6%升至82.5%，作为银元的白银和作为货币的白银间的浮动是10%。对这一事实的更为确切的评论是，中国在看好一个供给不良的货币体系。

此致

乔治·F·西沃德（George F. Seward）

[①] 与总统的年度咨文一起呈递给国会的美国对外关系文件，1878年12月3日，华盛顿，1878，101—102页。

[398号文件　附件1]

西沃德（Seward）先生写给斯塔赫尔（Stahel）先生

107号，1878年2月5日

先生：

请同时告诉我贸易美元是否在你处港口流通，如是，程度如何？看看是否需要官方采取措施创造或加强它的流通。

此致

乔治·F·西沃德（George F. Seward）

同样寄给厦门、福州、宁波、镇江、汉口、牛庄和天津，已作必要的修正。

[398号文件　附件2]

西沃德（Seward）先生写给林肯（Lincoln）先生

33号，1878年2月5日

先生：

根据1873年你所在港口的鉴定，贸易美元纯度是8961，111.9两等于100两海关纹银（纯银）。而事实是，贸易美元纯度是900（原文如此，应为9,000），那么111.11两等于100两海关纹银（纯银）。同样的鉴定显示100两贸易美元重72两6钱8分。

而海关两是1盎司4载重吨（dwts）3又84/100克，或者说是579.84克。贸易美元是420克，它的重量按海关标准应是72.432两。

麻烦请您告诉我，基于上述事实，对于汇率的行情或任何其他相关事情，您认为值不值得再请人员进行鉴定？

我是否需采用官方行动来提高中国对贸易美元的使用？请指示。

此致

乔治·F·西沃德（George F. Seward）

147 | 1878，6月24日[①]

霍尔库姆（Holcombe）先生写给埃瓦茨（Evarts）先生

11号，美国公使馆，北京，1878年6月24日（9月2日收到）

先生：

3月6日西沃德（Seward）先生在来信中告诉您他已备好了中国货币备忘录，并要求副总领事把6个副本交给有关部门。信中提到德国大臣就相同主题也在准备报告。现在我很荣幸把凡·布朗特（Von Brandt）先生的备忘录交给您。为便于您对照，也交给您西沃德（Seward）先生报告的副本。

还请允许我提醒您审阅附件中上海商会的信件。信中表达了他们对我们大臣对待此问题的感激之情。

此致

切斯特·霍尔库姆（Chester Holcombe）

[①] 与总统的年度咨文一起呈递给国会的美国对外关系文件，1878年12月3日，华盛顿，1878，132页。

［11号信件　附件1］

斯塔赫尔（Stahel）先生写给西沃德（Seward）先生

上海，1878年5月25日

有幸在此附上上海商会回复给我的11号信件，内容涉及阁下有关中国货币的备忘录。

此致

总副领事

［11号信件　附件1　附件］

商会写给斯塔赫尔（Stahel）先生

上海，1878年5月25日

有幸收到您6日的信件。信件里附着驻北京美国大臣有关中国货币的4个备忘录。

商会成员饶有兴趣地研读了文件。这么宝贵的信息和这么清晰的问题都表明西沃德（Seward）阁下他对这个问题的关注，这对我们都是大有裨益的。

最近在引导中国政府把货币体系建在更令人满意的基础上，但这一努力的结果很不理想。委员会不无遗憾地承认此事目前没有任何进展。但这绝不会动摇上海商会对此事的关注，相信中国政府最终会认识到并履行西方国家公认的政府职责。

请求您向西沃德转达我们的谢意，感谢他为我们做出的沟通。

此致

约翰逊（F. B. Johnson）

主席

148 1878，2月，中国货币备忘录[1]

众所周知，中国不发行金币或银币，用的货币称为"钱"，英国则称货币为"英镑（cash）"，法国称为"法郎（Sapeque）"，源自葡萄牙语"sapeca"。钱是由掺杂着不同合金的铜制成，是他们唯一使用的货币。圆形，中间是方孔，用线穿起来。是模铸的，而不是靠冲压金属制造的。

按照清政府要求规定模铸硬币的地点和模式。模式由北京税收委员会定。标准重量是每枚1钱，值根据政府的标准是财务衡量的1两纹银的1/1000［斯汤顿（Staunton）刑法典118条］。货币的模铸是在受命于税收委员会的省官员的控制下进行的。理论上要确保有足够的货币供人们使用，同时也不能制造太多而造成白银贬值。

硬币，如称之为硬币的话，如果是模印的而不是制造的，当然会出现盗版。用廉价的铜制造硬币，往往会掺上更为廉价的金属，一方面很容易被仿造，而另一方面就会很廉价。有关这点，后面威廉姆斯（Williams）博士的商业指南评论得更为确切。

"最近几年来，政府一直在采取强硬措施打击私自铸币但成果甚微。官员的能力从150年前康熙年间的大量货币掺假案就可见一斑。粗略的

---

[1] 美国外交文件：美中，系列Ⅱ，美国，中国和帝国的对手，1861—1893，17卷，经济事务，1979，259f。与总统的年度咨文一起呈递给国会的美国对外关系文件，1878年12月3日，华盛顿，1878，132页。

做工，掺杂上铁灰和沙子，一看表面就一层铁砂。道光年间（1821—1851）硬币次得连仿造者的酬金都不够。咸丰年间（1851—1861）用铁币和纸币取代了铜币。"

北京货币是历史上没有规章制度的典型例子。每一文都很奇怪地叫做"二文"。不能考究其出处，我猜想是在一定时期当使用的货币贬值了一半的时候，就会努力通过发行标准值的货币来修正，并认为一枚新币等同于两枚质量不好的旧币。新币会和旧币混淆在一起贬值，直到人们没有了可依的标准，就不管是什么时候发行的，都统统叫做"二文"。

后来，发行了现在在流通的 10 文和 20 文的铜钱，但这些都不符合标准。1869 年 1 枚 10 文的铜钱值 3 枚不同版本的流通硬币。525 枚能买 1 两白银。由于每一枚是 10 文，而每一枚已按惯例升了 1 倍，1 两是 10,500 文。自此，这些赝币的价值相对又降低了，曾一度 1 两兑 18,000 文。1 吊代表了 1,000 文，而在理论上，1 吊或 1 串应等同于 1 两。

1853—1854 年政府竭力强迫人们使用前面提到的铁币，但失败了。"人们把它扔在墙边，觉得弯腰捡起来都不值。"

看来中国北方和北京的人们确实比南方的人们更加遭受了货币不规则政策的痛苦。据说好多铁币在直隶、山西和陕西流通。每一个比较大的市镇都通过或多或少的等同于 1 吊的货币来努力保持一个标准值。这样，人们就会知道这个地方的惯例，在掏钱买东西前就已清楚了自己需花多少钱。

在对外开放的港口及南方各省，会数铜钱的数，并藉此来算钱，但各个港口之间及几个港口内部的值各不相同。我摘录了一些 1873 年美国领事给公使馆的信中的相关内容，来表示各个港口的铜钱相对于海关两的值。

港口	铜钱相对于海关两的值
牛庄	1 两 = 1,909 文
上海	1 两 = 1,800 文
镇江	1 两 = 1,960 文
宁波	1 两 = 1,868 文
福州	1 两 = 1,605 文
厦门	1 两 = 1,736 文
汕头	1 两 = 1,668 文

假如这些数字近似正确的话，就会显示接近 20% 的相对值范围。

金史密尔（Kingsmill）先生 10 年前在上海提到：

"精心挑拣出 1820 年以前制造的铜钱。这些在市场上被称为汉口铜钱，重量比 1 钱（ch'ine）少一点儿。稍稍低于此的是镇江铜钱，重 0.940—0.943 钱之间。更低的是上海的普通铜钱。"从质量较好的里面而不是质量较差的里面取个样本就会知道上海的普通铜钱质量如何，我们也就会发现其成分如下：

质量	样本数量（枚）
一般到良好（数）	500
日本和国外	300
最后两位皇帝在位期间的贬值铜钱	200
合计	1,000

平均重量大概只有 0.780 钱。

金史密尔（Kingsmill）先生还提到，在汉口有特殊需求的情况下，铜币兑白银不同的值如下：

年份	铜币兑白银的值
1863 年	1,000 文 = 0.750 两
1864 年	1,000 文 = 0.795 两
1865 年	1,000 文 = 0.805 两
1866 年	1,000 文 = 0.785 两
1867 年	1,000 文 = 0.650 两

给出的白银行情显示了这几年的平均值。但在1865年，价格升得太快以至于88又1/2%纯度的1两白银能买1,000文铜币，与1867年相比，升了近33又1/2%。

威利（Wylie）先生说17世纪的铜钱是用铜、锌、铅和锡做的，比例如下：

金属	比例（%）
铜	50
锌	41.5
铅	6.5
锡	2
合计	100

根据这些数字，金史密尔（Kingsmill）先生估计制作1,000文，重1斤的铜钱，花费如下：

铜、锌、铅和锡的价值	需花费白银（银两）
铜按每担15.00两白银计算	0.46875
锌按每担5.20两白银计算	0.12453
铅按每担5两白银计算	0.02250
锡按每担15两白银计算	0.63609

假如6%足以支付掉费用、制造费，大约是0.675两，这是中国政府能发行的铜钱的价值。以1,000文1两的标准，政府的利润会多于30%。

因此会发现如下事实：

1. 铜钱的重量和纯度不一。

2. 与白银相比，价格不稳定。

3. 发行标准的重量和纯度，不超过面值的70%。

作为当时的永久标准值，中国的铜钱是极其令人不满意的。尽管如此，它是人们进行普通交易的货币。劳动者的工资用它发，农夫用它计算自己的棉花产量。小额消费者和生产者的需求和供给累积成大的市场，通过它发现价格的起落。在某些时期,会发现铜币比白银还具有更稳定的购买力。这一点被反复提出并形成结论:铜钱是"实际上的货币单位"。

在流通过程中,货币不稳定所造成的危害在刚开始时感觉不到。据说在宋朝(公元960—1121年),铜钱做得"太小被称作鹅眼,窄得能在水上漂"。马可·波罗描述的公元1280—1368年期间蒙古人发行的纸币,想必大家都知道吧。蒙古人在占领的土地上发行"纸币"。随着占领地不断扩大发行,甚至还在波斯发行过。据说他们滥用自己的权力如此发行货币,引起了公愤,导致王朝被推翻。

暂且不谈铜钱的不尽如人意之处,在白银的使用上,我们也是碰到了巨大的麻烦。

在海关,关税按海关的标准征收,下面各港口根据当地两交的关税按以下汇率收:

港口	汇率
牛庄	100 海关两 = 108.50 当地两
天津	100 海关两 = 105.00 当地两
烟台	100 海关两 = 104.40 当地两
汉口	100 海关两 = 108.75 当地两
九江	100 海关两 = 106.31 当地两
镇江	100 海关两 = 104.21 当地两
上海	100 海关两 = 111.40 当地两
宁波	100 海关两 = 111.40 当地两

在宁波的北部,关税一般用美元交。最近我知道了当地的两相对于海关两计值如下:

港口	汇率
厦门	100 海关两 = 110.00 当地两
淡水	100 海关两 = 110.00 当地两
台湾	100 海关两 = 111.37 当地两
汕头	100 海关两 = 110.00 当地两

在福州使用两种当地两，一种由外商使用，一种是当地商人使用。100 海关两相当于前者 100.50，相当于后者 101.45。

有几个港口还使用海关两和当地两以外的货币，即库平或国库两。从下表可以看出，它们相对于海关两的值不定。

港口	汇率
天津	100 海关两 = 103.40 库平两
汉口	100 海关两 = 101.01 库平两
上海	100 海关两 = 101.65 库平两
福州	100 海关两 = 101.14 库平两

1877 年 4 月 9 日，奕劻亲王在写给北京外事大臣的信中说："各省的收入和支出都是用库平两纯银。"

此表显示海关两比库平两好，各省官员无疑从中牟利了。

这表明中国的货币观念和管理普遍很松懈，同时也表明来自不同国家的外商在海关的交税存在差异，还表明在几个港口当地人和外国人的交税汇率是不同的。

威廉姆斯（Williams）博士在北京发现了称白银的秤，每一两都各有不同，分别是 548 克、541 克、552 克、539 克和 579 克。

虽然存在这么多混乱，但事情并没有看起来那么遭。事实上库平两的重量在过去的 200 年里一直非常恒定。在北京库平两的斤秤如下：

年份	测量人及数值		
1580 年	坎佩特（Compte）	测	596.044 克
1769 年	科勒科（Clerc）	测	596.800 克
1822 年	齐姆克斯齐（Timkowski）	测	595.345 克
1841 年	科夫纳（Kupffner）	测	595.135 克

还报告如下：

在苏州，1779 年，克勒斯（Collas）测 598.976 克。

在上海，1857 年，威利（Wylie）测 596.800 克。

下表可见广州两同样也是如此：

年份	测量人及数值		
1710 年	威廉姆斯（Williams）	测	601.104 克
1779 年	克勒斯（Collas）	测	601.328 克
1710 年	米波恩（Milburn）	测	601.190 克
1828 年	汤普生（Thompson）	测	600.658 克
1845 年	罗德（Rondot）	测	601.112 克
1847 年	凯威豪（Carvalho）	测	596.044 克
1857 年	罗德（Rondot）	测	600.432 克[①]

长时间的测量显示，中国很可能有统一的秤，如库平，并且当地的秤与标准秤间的差异界定明显且可理解。

实际上中国的秤做得不错。经常在商店看到秤，铜梁悬在直立支柱上，左右梁有铜线垂下两个铜盘。不能说它非常精确和标准，因为用同样的方式有更好的秤：横梁用乌木或象牙制作而成，铜盘用丝线挂起。有的秤则像我们的吊秤。所有这些当然都受到欧美官员或制币厂的谴责。

中国对银的检测同样有缺陷。在北京检测过程很简单，根据合金的比例用硼酸钠加铅或不加铅来测。在上海，用硝石和铅加白沙。在熔化的最后过程加上一块氧化砷使金属鲜亮。不清楚灰吹法和酸性物质检测是怎样进行的。

贸易美元在 1873 年检测纯度是 0.896，但这么接近，我怀疑是基于硬币众所周知的标准检测的。用同样的方法，我在上海做了同样的检测却引起了好多困难。香港币的检测纯度是 0.8944，当时按 5/1000 加进铅，声称纯度是 0.900。检测是在香港检测师在场的情况下做的，他也展示了国外的检测方法。据报道，中国人对检测过程的娴熟技巧大为赞叹。

---

① 此处很可能是库平两，但我目前不能证实。

这次检测后，声明香港币 111.11 两等同于海关 100 两，并声明 111.9 外贸美元等同于 100 两，这一比例与硬币真正的纯度及检测声明的纯度都不符。然而我被告知 108 美元常常被认为是等同于 100 两海关两。[1]

中国的检测部门叫做公估，并不是每个城市都有，甚至有些重要的城市也没有。毕利干（Billequin）先生是这个城市皇家学院的化学教授，认为这儿很少加工白银。1870 年美国领事有关牛庄的报告说，"这儿没有公估，任何人只要愿意就能制造银锭，唯一的监管是这些人害怕丢掉诚信的好名声"。

在烟台的海关专员在同一年报告中说："大量劣质纹银的流通使外国商人遭受了不便、拖延及损失。为修正这一点，建立了公估，但中国的买者不认可它，导致了与内地商业的停滞状态。"1865 年，汉口专员写道："早期这个港口突然间需要大量的银两，上海不能供给足量的标准银两。因此，劣质的银两流入汉口。在发现这些赝品等同于标准银两时，这种行为就意外地成为一个规则。这样，一个银元宝贬值了 2 两、3 两，甚至 4 两，还定期生产运抵汉口市场。大约两年前曾试图建立公估，或

---

[1] 海关总督察给了我海关两重量和纯度备忘录。根据此备忘录，海关两重 1 盎司 4 载重吨 3 又 84/100 金衡克（grains Troy），即 589 又 84/100 克（grains），或 37.578 克（grammas）。因此，1 斤海关两是 601.248 克（grammas），比广州和库平要多一些。1873 年在广州对贸易美元进行了检测，检测员宣告 100 贸易美元等同于 72.68 海关两。前一阵的检测显示 100 香港币等同于 71.92 海关两。贸易美元的实际值是 420 克，香港是 416 克。海关两按这个汇率应是 577 又 875/1000 克和 578 又 401/1000 克，1 斤是 599.216 克和 599.766 克。

假定海关两是纯银，外国货币只有根据海关两标准在误差允许范围内才被接受是纯银。不可能用不同的货币来估计白银的值。同样小心地规定及报告了合金的比例。事实上如我们所想，海关两并不是我们所想的那样标准。1876 年 6 月 19 日，据说是海关标准的 35 块广州银锭在 Osaka 进行了检测。其中 13 块纯度是 0.9820，17 块是 0.9855，2 块是 0.9860，3 块是 0.9845。13 日，对 14 枚元宝进行了检测，结果显示：2 枚是 0.9865，8 枚是 0.9860，2 枚是 0.9855，2 枚是 0.9850。因此，海关两实际含 1 又 1/2% 的基础金属，109.5 两重的纯度是 900 的外贸美元应该等同于 100 两海关两。以前和广州海关有联系的一个官员告诉我，这里得到的金银被铸成 10 两的锭子运往京城，这些锭子的纯度是 0.98。

检测局，但失败了，随后是白银的巨大贬值。直到上个月才有了中国人和领事人员认可的公估局。"

在没有检测局的情况下中国人依靠品相。坎贝尔（Le Compte）在1790年描述了当时真实的情况，"他们非常擅长目测白银的纯度，且极少出错，尤其是通过他们的方式熔化后目测。他们通过3种方式判断：颜色、熔化时的小洞、冷却时金属表面形成的气圈。如果颜色白，洞又小又深，很多圈又密又圆，尤其是靠近中间的地方如此，那么就是纯白银。与这3个特征的差异度则显示掺杂了多少合金。

虽然由于不同的标准、不准的秤及不完善的白银质检方式出现了不确定性，给偶尔使用它的人们带来了很大的烦恼，但从某种情况上来说，也能得到准确的结果。当然时不时地北方及河岸港口会汇款白银到上海。我得知这些汇款都是按出船者的意愿支付。

从上述可知，不管白银的检测及秤多么不完善，都能如我们前面所描述的那样达到其作为货币的目的。

中国人很明白白银是真正的价值标准。我们知道1文铜钱是1两白银的1/1000，这是政府声明的。但铜钱在人们手中进行流通是按其本身的价值及方便性进行的。政府意识到难以保证铜钱的标准，就接受了人们的行为，按彼此间进行流通的汇率进行收税。海关收的税是白银，各省上交的汇款也是白银，银行账单也是白银。除法律规定外，士兵和百姓不能使用任何铜质的器件，任何多出的都需按规定的银价交给政府。从云南进口的铜也需按规定的银价计算。

所说的这些都表明了铜和银在中国货币中的地位。还需再说一说黄金。

毋庸置疑，黄金也是货币的一部分。但黄金的数量有限，大多是作为商品在市场上进行买卖。

亚洲黄金的相对值倾向于低于欧美。在中国这很正常，但不是由于立法的原因。在某种意义上，黄金和白银同样是商品，都不是硬币。在日本则不同，黄金和白银很早就作为硬币使用。佩里（Perry）率领舰队打开日本国门后，签订《日美和亲条约》(《神奈川条约》)，根据流通中硬币的面值判断黄金的值只是白银的5倍。人们的理解是政府拥有所有矿产，不允许大量的贵金属进出口，这就能通过法令来建立它们的相对值。

对中、日这些金属的行情得持保守的观点。原因是人们不能确定纯金与纯银间的比值。我认为一个规则是，金的纯度比银的纯度大。

关于不同时期黄金白银兑换比率，罗德（Rondot）给出下表：

年份	城市	黄金（镑）	白银（镑）
1285	—	1	10
1375	—	1	4
1779	北京	1	17 又 1/2
1810	中国	1	10
1821	北京	1	21
1844	广州	1	17
1845	广州	1	16

这些行情表差异很大很不规则，准确性让人怀疑，但说明了大致的情况，这一点已足够了。

坎贝尔（Le Compte）在1690年写道："欧洲人黄金市场做得很好。"在中国1磅黄金能兑10磅白银，即1兑10，而在欧洲是1兑15。一个世纪后，乔治·斯汤顿（George Staunton）作出以下评论："总得来说，中国的白银与黄金的比率比欧洲的大，除非外国商人对黄金的需求能增大黄金的值。"

近年来我致力于收集金属间相对值的统计。总的结果显示，市场对欧洲的要求比较敏感，波动很大。在过去的30年里，最低的行情是

美国卷 | 259

1∶12.8（1855年在上海），最高的是1∶17.5（1876年8月在北京）。

这里黄金买卖的汇率由当天的价格来定。我不知道其他城市是否类似。我猜北京的黄金流通比其他地方要多，原因是蒙古、中亚和西伯利亚的交易都汇集于此，带来了许多黄金。还有，来北京或长或短时间的官宦阶层发现携带黄金更便利。并且，虽然数额不大，也有从北方港口带到上海和南方的商业黄金。

这种或那种的纸币在中国的流通中也占据了重要的位置。据我所知，没有一种是政府批准的。所有发行的纸币都是以流通为目的，如美国人所称的"shinplaster"（纸币）辅币。也许有75%的小额买卖用这种纸币。在一些城市，如上海，从未见到过。福州以使用这种纸币而著称，也许纸币的使用就是从这儿来的。并且在福州还有其他形式的纸币。一位作者曾在其作品中写道："钱庄钱贴，可付钱给持有人，在中国普遍使用。由大的商行发行，主要的城市都接受。"在上海，目前为止，中国从外商买的大宗货物都是由内地的钱庄出票付款。城市间大量使用钱庄汇票。有时候，各地交给北京的税收收入也通过这种方式。

我认为，交易中不同形式的纸质钱贴在很大程度上取代了白银和铜币，原因是携带大量的货币很不方便，而且白银很难得到，不能满足需求。

中国金属铸币失败原因很多。杜赫德（Du Halde）很有趣地说："铜辅币经常被仿造，自然很容易判断出中国会有许多赝币。"威廉姆斯（Williams）博士说："中国在古老的历史上，既用金币也用银币。但在现在或当代王朝都没有发行过。"意识到政府没有能力在这么大的国家保持合金的质量，也明白哪些设备可以仿造硬币，再加上对金币和银币无知，以及想干预硬币的想法等，共同解释了满清为什么不使用银币。发行银币，就得用等同于白银本身的价值或接近白银本身价值的金属来制造。这样一来，政府就会得不到什么利益，而如我们所见，发行铜币则会收益很多。

然而不能说中国人对质量好、做工优的货币的需求和鉴别与其他国家不同。在上海用墨西哥币并往往溢价。由于相对好的做工和银质，两年前，在几个月内墨西哥币从当地两的72.5%升到了82.4%，升了近10%。20年前，1卡洛斯与1两等同。广州币虽然重量尚可，但如我们所见，一般比银币值要低些。在这里也流通但会有点儿折扣。在天津，正如我被告知的，有时货币需要大量从上海进口。事实正如我所想，如果国外货币供给持续不断且数量足够，就会成为所有开放港口的流通货币。

我很清楚这样说就会涉及建议政府建立制币厂并按决定的值来铸币的问题。政府只需要发给人们让他们接受，没有必要说这是法定货币。除了海关税收外，最好别说是法定的。货币刚开始发行无疑会被人们怀疑，政府要做好这个准备，在向人们推荐时，要告诉他们有接受或拒绝的自由，这样会消除人们的疑虑。法定货币的缺乏会阻止人们仿造，因为仿造很快就会被发现并拒绝使用。发行良好的难以被仿造的货币就能避免这方面的危险。事实上，有各种接受这种硬币的理由，也正是这些原因人们才接受外国货币及其他的货币。

建立制币厂是一个伟大设想。外国银行喜欢货币目前这种无规则不确定的状态，是因为他们能获利。而多少内地钱庄、货币交易者、收税人和令人不安的官员们会挣扎在这种货币体系中，真是不用想都明白。

众所周知，中国中央政府和一些主要的省府大臣觉察到现行体系的坏处并有意补救。可以有把握地预测，补救会采取新的货币体系。我没说三年五年，不对时间进行预测。只是感到有这个需求，需要拯救方案。

很显然不建制币厂就不能迅速地改进货币体系。必须制造金币或银币并由政府发行来方便使用，被人们毫不怀疑地接受。要想实现这一目标就得建立制币厂。

然而，也许有方法改正现行的货币，我们有权要求：

第一，政府声明外国人支付的关税及其他税是按哪一种两执行的。从奕劻亲王的来信中可以看出，省官员要求以高于库平两的支付方式与政府既定的公款收入和支出条例不符。

第二，声明确定好的标准两的确切重量是多少金衡克和克。各地的秤不完善，只有这样做才能保证流通金银的确定性。

第三，声明标准两的白银纯度。如白银是1,000足银。中国或其他地方就没有这一点，有必要明确声明。一方面为了流通金银的确定性，另一方面也能决定流通中的国外货币的对等值。

第四，重申和宣布各地两相对于标准两的值。

第五，重申和宣布外国银币的值。

我认为没有必要长篇大论上述步骤的重要性，或解释为什么只提到了白银。所有这些显示，白银确实是中国标准值，在其使用中有许多不确定性。并且还显示，如果不想激进地改进现行体系，这些建议如得到执行，将会提供最好的结果。

也没有必要指出协定的条款来证明努力改进汇率的正确性。当外国与中国对人们进出口货物关税支付达成协议时，他们应该没想到货币单位的量是不可知的，也没想到这一不统一的币值能继续满足其货币功能。

人们渴望中国能进一步完成改革，或在现行体制内以其他的方式推进。也许这些建议的最关键点是其不需要使用任何行政工具。这个政府很有可能指示省级官员采取措施和国外关税机构一道实施上述改革。

并且，采取这些措施无疑会向最终目标前进一步。他们会进一步暴露和打破现行体制的弊端。所有的考虑，如经济的即时利益、对于中国的人们（远不是只对于外国人）和所有人都有利的最终的货币全面改革等，都表明适度对现有体系进行修正改良是明智的。

乔治·F·西沃德（George F. Seward）

北京，1878年2月20日

149 | 1878，2月，中国货币备忘录①

在 1877 年 12 月 19 日写给北京合约列强代表的信中，总理衙门声明，鉴于地方政府对此问题的汇报，中国政府不想采用统一的银币体系。

毋庸置疑，地方政府不喜欢采用固定的、公开的值的主要原因是想维护其既得利益。这些利益源自其所征的关税及土地税，及经其手按此支付给士兵的兵饷。国库两和地方两间的差异及彼此间内在值的不确定性都有助于这样的操作。

云南暴乱协商过程中的态度，及中国政府知情者的一些建议，都给了我们一丝希望，认为中国复杂的货币问题也许可以通过激进的、合理的方式得到解决。但现在这丝希望也破灭了。如今是那些有义务保护自己国家经济利益的人想出办法，在不能完全根除现有货币体系的情况下，尽可能地减缓目前状态带来的恶果。

任何此方面的措施都不得不尊重中国人对推出全国货币的决定权。外国代表的任何赞同先进措施的直接建议都可能会引起中国政府的反应。这一点需要记住。但协议中有关关税支付的约定似乎给了我们一个机会来谴责目前的滥用职权，并为应付中国的进一步举动做好准备。

---

① 美国外交文件：美中，系列Ⅱ，美国，中国和各竞争国，1861—1893，17 卷，经济事务，1979，274f。不包括与总统的年度咨文一起呈递给国会的美国对外关系文件，1878 年 12 月 3 日，华盛顿，1878。

协定统一规定关税可以用纹银或外国货币支付。但支付过程中，必须要接受确定的汇率因条约而各不相同。1858年中英条约规定1843年广州测定的两可以作为评价标准；1858年的中美条约同意外国货币用当天的汇率兑换纹银；1858年中法条约、1861年的中德条约及1865年的中比条约规定，纹银和外国的货币根据各国领事馆和中国海关署间的情况而定。

丹麦、西班牙、意大利及澳大利亚条约在汇率问题上则只保证其统治下的最惠国待遇。

不消说，涉及中国问题的任何对话，任何前文所提到的协定都没有生效。

较近的一些安排和许多港口当天的汇率，都由中国政府独立决定而不是根据条约规定。五花八门的条款和约定所造成的麻烦，海关两已提供了佐证。例如：不同地方敛的税都得移交北京，而在北京根本就没有一个统一规定标准。如财政部统一规定的白银计量单位海关两，与其说是实际交易中的标准，不如说是想象中的标准。原因是各个地方的两不统一，在重量和成色上与海关两标准也各不相同。并且，南方各地在上面印戳等使得它们只是一种货币而不再是什么标准币。

曾采取过几种补救方法，使在中国使用的各种不同两之间及与外国货币之间达成了较大的一致性和确定性。

根据1869年安洛克（Alcock）条约第14条，海关有义务制定标准，规定每个港口钱庄交付关税的白银成色。但该条约未正式生效，使得条约的执行落空。1877年5月30日，经过冗长的讨论，总理衙门同意命令中国地方政府执行中德合约中的22条。但总理衙门的承诺并没有带来实质性成效。大多情况下，地方政府甚至认为没有必要而拒绝相关方面的讨论。在天津，由领事馆个别成员发起，所有的条约领事最后都接受的这些条款也没有什么实施进展。

这些努力无疾而终的原因是多方面的。

首先，不同地方两重量和成色各异，钱庄发行当地两的标准很不标准和不确定，单单通过审量根本就不可能起到积极的效果。并且，事实已证明并将进一步证明合理解决的道路有多难。中国政府托付钱庄办理收税业务，如经由钱庄支付并转交给当地或省级财库，而钱庄不仅没有酬金，还得自己掏钱支付工作人员的酬金。这就是一大笔花销，这还没算上大小官员的压榨、礼金和好处等。这些在与中国官员打交道中起到重要的作用。在这样的情况下，钱庄就会为了自身利益而维持目前海关两与各地两之间的差异，尽可能使彼此间有差异，并且外币间率值越乱越好。这样才能在为政府收支税收的过程中受益。否则的话，他们就会因蒙受损失而放弃这一业务。而这样一来，中国官员就不得不从自己的收入中支付敛税开支。

一个例子可以显示目前的体系运行。

在天津，当地两和海关两实际汇率是 103.5∶100。海关银行会多收外国人 1.5%，则 105 当地两等同于 100 海关两。这一差异会给钱庄一年带来大约 6,000 两的收入。而办这项业务则需 4,000 两。这样钱庄的净利是 2,000 两，部分进入自己的腰包，部分进入当地海关道台的手中。而如果按实际的汇率来做，钱庄不仅无利可图，还得自己掏腰包支付业务费用。问题的另一面是，牵涉其中的外国商人对于钱庄获利来说是最不值得一提的。通过国外海关的中国进口商每 100 海关两需支付 108 两，而在中国海关则需多支付 12% 以上。外国人对合理调整海关两和当地两做出了努力，中国商团也做出了类似的努力。如果当局能向外国代表让步，也就会同样地或至少部分地向中国商团做出让步，钱庄也就不会在敛税上获利，这些花销就会落在道台头上。官员就会不得不把所有国外海关控制的外商交付的所有税款及中国商人交付的定额税款，毫无补偿地全部交给政府。这样一来，官员们就会发现自己与以前相比收入损失惨重。因此，官员们会极力抵制任何有利于纳税人而不利于自己牟利的举措。

在讨论可能会带来更为满意的措施之前，不妨先看看港口实际运行的规则或部分规则，看看官员们对外国人利润的反应。

广州[①]。用美元来支付关税。美元相对于纹银的值是固定的，如每100海关两的税应按美元交付111.11海关两。

这一规则是基于总理衙门宣布的广州海关声明而定的。1872年3月13日，中国当局和H.B.M.领事出面检验的海关两纯度是1000/1000，美元的纯度是900/1000。

根据这一规定，100美元是72.67海关两，相当于152.90墨西哥币。而中国的海关钱庄想当然地臆想出更利于前者的汇率，每108或110墨西哥币相当于100海关两，有时则高达106。

按108.5—100美元等同于72.67两，149.30墨西哥币则等同于100海关两。而这的市场上，很少有或根本就没有干净的墨西哥币。贬值的印戳的墨西哥币不可小看，这样的墨西哥币只值71.70两。因此，不是149.30墨西哥币，而是151.33墨西哥币，以108.5的汇率买100海关两。

美元的汇率低于111.11，外商就会熔化掉美元，而用纹银支付。那么就会是154墨西哥币来支付100海关两。

1876年两个广州两在大阪的鉴定如下：

鉴定前重量	1.22金衡盎司
鉴定后重量	1.07金衡盎司
丢失	0.15
纯度是984.0银	0.8每百万黄金（per mil gold）
纯度是982.0银	0.3每百万黄金（per mil gold）

---

① 1877年7月13日德国领事凡索登男爵（Von Soden）的报告。

附上广州几家外币鉴定结果声明。①（见附录Ⅰ）

厦门②。关税的所有支付不仅在厦门，还会在常州和泉州及私人交易所进行，使用的美元是带戳记的。海关在某些情况下拒绝接受其他银元。银元有不同的币种，有西班牙币、墨西哥币、秘鲁币及美元。

1866年躯靼和各领事馆达成协议，固定汇率以重110海关两的墨西哥币形式支付，相当于100海关两。实际汇率是153—157中等质量的墨西哥币等同于100海关两，即64.516海关两等同于100墨西哥币。

福州③。上述条款同样适用于福州。每1,000海关两等同于1,014.5福州两，即1,009.5福州两等同于1,000广州两。

1,000品相好的墨西哥币视同于720福州两。

根据1877年货币总监写给俾斯麦（Bismar）④领事的信，1墨西哥币的重量是7钱3分。每100海关两海关钱庄需付给国外海关153.84墨西哥币。

台湾港⑤。同厦门。

宁波⑥。105.38宁波两等同于100海关两。

根据当时的汇率，100宁波两等同于138—145墨西哥币。

100宁波两等同于94.50—94.75上海两。

墨西哥币支付根据当日与海关两的汇率。根据上述汇率每100海关两等同于145.42—152.80墨西哥币。

由于当时外币要比其本身的值高，因此在浙江省生产了大量的仿墨西哥币，台州府是这一工厂的主管。浙江工厂生产的仿墨西哥币目前被

---

① 1877年8月11日凡索登男爵（Von Soden）的报告。
② 1877年9月10日德国领事俾斯麦（Bismar）先生的报告。
③ 1877年9月16日俾斯麦（Bismar）先生的报告。
④ 1877年11月13日俾斯麦（Bismar）先生的报告。
⑤ 1877年9月10日俾斯麦（Bismar）先生的报告。
⑥ 1877年9月16日德国副领事梅尔（H. B. Meyer）的报告。

认为是最好的货币，但外国人根据在制造过程中硬膜的缺陷很容易辨出是伪币。收账员按超过其本身值2%—4%的值来收。①

上海。100海关两等同于111.40上海两。

这一汇率是如何定的，无从知晓。原因是中国政府拒绝给出任何解释。

某些学者给出以下解释：

威廉姆斯（Williams）说："上海的汇率是根据白银而不是南部港口的各种货币制定的。汇率当时根据的是1857年白银支付的西班牙币溢价，那时高达49%，使得1墨西哥币要花掉1两多白银的重量。两不作为货币单位很快使货币市场更为合理……上海两只是1元白银的两，因而在纯度上不及海关两及北方港口的银两。"②

罗德·奈特（Nat. Rondot）对这个问题发表了以下评论："卡洛斯币是在上海长期使用的唯一货币，但由于稀缺经常产生很大的价格波动。当这种情况变得难以容忍时，政府决定采用新的几乎和卡洛斯相当的货币。上海两比海关两低11%，100海关两平均相当于111上海两。这相当于说，上海两和国库两的比率是897∶1000。"③

我们所说上海两不同于国库两，后者相对于广东两的比例是：1000∶975=36589金衡克。

从我们的角度来看，可以这样来说：

100广州两=3752.70克=109.4上海两
1上海两=34.302克
100国库两=111.5上海两
111.6上海两=3824.00克
1国库两=38.246克

---

① 1877年2月24日古柏（Wm. M. Cooper）和俾斯麦（Bismar）先生领事的报告，宁波。
②《中国商业指导》，第198页。
③《商业字典》中的北京条目。

根据上述事实,看似我们可以总结如下:

> 上海两 =34.302 克(529.3 金衡克)
> 上海两按国库两 =37.253 克(574 金衡克)
> 上海两按广州两 =38.246 克(590 金衡克)

如是,

> 1 国库两 =1.115 上海两 =1.019 广州两
> 1 广州两 =1.004 上海两 =0.981 国库两
> 1 上海两 =0.9141 上海两 =0.8968 国库两

一般情况下这样的比率相对于广州两可接受,但相对于上海两,就是一种反常现象。尽管如此,这是将墨西哥币兑换为国库两的一种普遍措施。汇率的变化能引起商品价格的变化。

这个系统不是新的,与 1845 年上海的交易体系相同。

根据汇丰银行的声明,111.40 与 100 间的关系如下:[①]

汇丰银行的计算	
100 海关两等同于	102.85 上海两
质量上乘的海关两溢价	
重新熔化及其他开销损失	0.32 上海两
	109.17 上海两
市场两和上海两间的比值是 100/98	2.23 上海两
	111.40 上海两

市场两和上海两间 100/98 的差异在于商业交易中,100 上海两实际只重 98 两,因此上文提到的差异在上海两与其他两进行比较时需要补上。

---

① 1877 年 11 月 10 日及 22 日克劳埃尔(Krauel)博士的报告。

巴黎银行计算	
100 海关两等同于	103.47 上海两
质量上乘的海关两溢价	5.50 上海两
100/98 差异	2.22 上海两
重新熔化及其他开销损失	0.20 上海两
	111.40 上海两

这些计算虽然在细节上有所不同，但结果一样，对于决定上海两的内在价值没有实际意义，也无需证明。

1872—1876 年间从上海零零碎碎运往印度进行熔化的纹银，根据孟买和加尔各答制币厂的鉴定，质地是 978—981 不等。1876 年 6 月大阪制币厂鉴定了 56 枚银锭，发现纯度是 984.5—986.5 不等。1876 年 10 月同一制币厂对两枚银锭的鉴定分别是 979.5 和 979。（见附录 II）

如把上海纹银的纯度定在 978—987 之间，那么在上海重 101.31—102.25 财库两的纹银等值于 100 两财库银。

在上海按 111.40∶100 就有些复杂了。

未制成货币的白银在上海由公估进行检查。公估是对市场上白银的重量和纯度进行标记的专家。溢价指较好成色的银两相对于当前上海两的汇率价。

白银成色是 978—987 不等，因此 983—984 是平均值。为了确定这些纹银相对于上海两的值，需进行以下换算。

一枚鞋形银元宝的重量是 49.9 两，溢价上海两 2.60，加起来乘以 100/98，就是上海两和市场两之间的差异，结果 53.57 代表了目前上海两银元宝的值。基于此，目前早已标准不一、复杂不堪的上海两的成色按以下方式计算：大量上海银元宝的鉴定显示，其上面的戳记通常是 47.5/1000。这个数作为当地的标准单位，是基于平均银两的纯度 983、上海两的纯度 935.5、上海市场两的纯度 911（取整数）共同推断出来的。这一标准值与海关两相比，比值为102.85∶100。海关两100（纯度是1000）等同于上海两112.1（纯度是917）。这样，结果就很近似100∶111.40。

上海的汇率是70—80两等同于100墨西哥币，159.14—139.25墨西哥币才能买100海关两。

烟台[①]。当地两与海关两的关系是：

外国人交付海关的汇率是104.40∶100，

中国人交付海关的汇率是106.40∶100。

外国人按此汇率进行交付的原因是，烟台交付的1860年战争赔款按此汇率。因此，所有外国人交给海关的款项都按此汇率。

关税从来不用墨西哥币支付。墨西哥币在烟台也很少。100墨西哥币平均是71—72海关两。

烟台大多用的是50两一个的元宝，由公估估值和印戳，并对此负责。公估标记上元宝的溢价，最好的纹银是每50两一个的溢价1两2钱。如果纹银不纯就会打折扣。

根据1877年7月10日道台的声明，烟台道平两比库平两少2%。道台进一步观察到，根据1872—1874年总理衙门的指示（其中包含两个奕劻亲王的总督的报告），新墨西哥币的纯度是900，香港鹰币也是900，美国贸易币是896.1，日本币是895.7。100墨西哥币等同于72—73当地银两。海关不接受损毁的货币。

根据天津[②]的经验，5烟台两重3026金衡制克，或每两是605.2金衡制克，每100烟台两是101天津行平两（H'ang-p'ing）。

天津[③]。外国人给银行的所有付款都按105两天津两视同于100海关

[①] 1877年7月11日德国副领事哈根（Hagen）先生的报告。
[②] 1877年8月14日德国执行领事凡默勒道夫（Von Mollendorff）的报告。
[③] 1877年7月6日凡默勒道夫（Von Mollendorff）的报告。

两计算，而实际上的差异没这么大。据有关官员消息，天津两和海关两的汇率是 103.34∶100，当地两的纯度是 992。因此，当地两与海关两的汇率应是 104.17∶100。在多数情况下，海关银行按 103.35∶103.50 这一汇率向外国人支付。

北京钱庄得到的信息证明，汇率还是有利于天津两的。

100 天津两 =100 两 7 钱市平（Sh'ih-p'ing）

100 市平（Sh'ih-p'ing）=102 两 7 钱厂平（Ching-p'ing）

100 库平两（白银）=104 两市平（Sh'ih-p'ing）

100 库平两（白银）=106 两厂平（Ching-p'ing）

100 行平两（H'ang-p'ing）=100.2 两广发平（Kuang-fa-p'ing）

100 行平两（H'ang-p'ing）=100.8 两厂平（Ching-p'ing）

（市场汇率是 100 库平两 =104 市平两，白银的汇率只是 103.734；见财务部规章，最新版，1874，Ⅻ书，第 3、4、5 章）

每 100 墨西哥币相当于当地 68—73 两，100 海关两需付 143.83—154.41 墨西哥币。143.83—154.41 墨西哥币才能买 100 海关两。而在过去的 3 年里汇率从未低于 69。

1876 年 7 月 30 日①，德国领事和道台达成协议，固定汇率为 70。这样 150 墨西哥币等同于 100 海关两。

要是当地两和海关两间的比率固定在 104.17∶100，相对于墨西哥币的比率是 70∶100，148.81 墨西哥币才能买 100 海关两。但直到现在这一结果还未达到。

天津两和上海两之间的比率一般是 4@4 又 1/2%。②

牛庄③。海关两折算成当地两后，外国人交付海关的溢价是 8 又

----

① 1877 年 7 月 5 日俾斯麦（Bismar）先生的报告。
② 原文如此。
③ 1877 年 7 月 15 日德国执行领事巴迪纳（F. Baudinel）先生的报告。

1/2%，中国人根据惯例则需花112当地两购买100海关两。海关钱庄接受墨西哥币。

按当日的比率，交易中的平均值是70∶72，1876年升至74。按70—74当地两等同于100墨西哥币来计算，145.90—155墨西哥币才能买100海关两。

牛庄两[①]重600克（grs.）（比广东两重0.036两），纯度是982.4‰。牛庄银元宝应该重53两（实际重53—53.9两）。与上海两的平均汇率是打折了4@4又1/2%，1000牛庄两相当于982.4上海两，低了近2%。前几年按海关两交税是108.50，海关人员的工资也是按海关两发，比率是103.55∶100，低了4.95%。

据说当地两在开放港口按以下汇率，海关钱庄也按此汇率向国外海关支付：

港口	汇率
宜昌	109.65∶100海关两
汉口	108.75∶100海关两
靖江	106.31∶100海关两
芜湖	108.877∶100海关两
镇江	104.228∶100海关两

上表足以显示：

1. 汇率很混乱，想知道真相很难。

2. 海关两与当地两间比值的随意性往往导致中国海关钱庄和当地官员压榨付税者。

3. 上述这些情况的前提都是因为政府不付款给钱庄办理相关业务。

因此，需根据上述3条来寻求解决方案。中国商会已提出两条建议：其一，按上海商会的建议推出统一的货币体系；其二，按汉口商会给卢

---

① 1870年10月18日德国副领事奈特（Knight）先生的报告。

瑟夫（Rutherford）先生的建议，用海关两取代当地两收税。第一条已被中国政府否定，无疑第二条也会是相同的命运，因为这将大大降低中国的税收。

所以必须采取其他的方法。最简单易行的是恢复到条约最初的规定，按纹银或外国币收税。像中国政府这样本国一个硬币都没有，就可以宣布用具有一定重量和纯度的某一种银两支付关税。可以使用重量是579.84金衡制克（其确切的重量当然是待定）、纯度是1000/1000的海关两，也可以使用金属货币（银元宝和硬币）或外币。

没有比固定计量再容易的解决方法了。根据此计量，纹银比海关两纯度低，这一点在支付关税时必须接受。

海关两的纯度按1000，就需按以下支付：

项目	纯度
对于100 两海关两重100.100	999
对于100 两海关两重100.200	998
对于100 两海关两重100.300	997
对于100 两海关两重100.400	996
对于100 两海关两重100.502	995
对于100 两海关两重100.604	994
对于100 两海关两重100.705	993
对于100 两海关两重100.806	992
对于100 两海关两重100.908	991
对于100 两海关两重101.01	990
对于100 两海关两重102.04	980
对于100 两海关两重103.09	970
对于100 两海关两重104.16	900
对于100 两海关两重105.26	950
对于100 两海关两重106.38	940

续表

项目	纯度
对于 100 两海关两重 107.53	930
对于 100 两海关两重 108.69	920
对于 100 两海关两重 109.89	910
对于 100 两海关两重 111.11	900

每个港口的国外海关官员必须都列出银行收到的关税的当地银两或纹银的纯度。

有充分的理由不遵守安洛克（Alcock）条约第 14 条。

委托每个海关署固定白银的纯度就会把这一权力交付给一些不诚实的人。也正是这些人让我们认为有必要废止以前的体系。这些人会想尽一切办法继续保持现状或至少会阻挠深入追究其既往。如真是这样，想改进目前状态的努力恐会白费。

另外，国外海关长官受雇于中国政府，他们诚实、正直和敢作为，自然会想得到汇率的真相而认为有必要在大阪、加尔各答、孟买或旧金山进行鉴定。

没有必要进一步制定规则，涉及纹银，唯一要做的就是确定其纯度并进行必要的公示。

至于外币，只需对墨西哥币这一在中国广泛流通的货币进行规定。墨西哥币和香港币、美国贸易币、日本币及其他币种同样使用，其在流通中的数量需要制定特殊的规则条款。

条约中有关支付海关税的墨西哥币汇率不太明确，可先不考虑中美条约中制定的根据当天汇率计算的条款。中英条约中的一些规定也过时了，不太先进。因此只剩下中国与法国、德国和比利时签订的条约可以考虑。藉此，外币和纹银之间的关系需经领事和当地官员根据情况共同同意后决定。

很显然，领事和当地政府不愿意根据这些条款来固定时刻在变化的外币值。原因就是他们既没方法也没有权力实施制定的制度。因此，上面提到的规定条款都是白搭。但可根据外币相对于纹银（当地两和/或国库两）的汇率来接受外币支付关税。

许多缺乏货币的国家有类似的规定。因此[①]，欧洲几乎所有的金币和银币在1833年都按固定的汇率，基于不同硬币相对于慕尼黑分析的内在值，制造了drachmes和lepta（小单位的希腊币）这样的希腊法币。当墨西哥币和北美币在爱奥尼亚各岛取代西班牙币时，也就成为了政府关税的接受货币。这一情况一直持续到1876年8月1日或13日。过了这一日期，海关和公共财库就只收拉丁货币联盟的钱。葡萄牙英国金币和半金币分别按照4,500里斯和2,250里斯（葡萄牙及巴西的旧货币单位）折合法定货币。前者重7.981克，后者重3.990克。每1,000纯金含量都是916又2/3。在阿根廷共和国规定用白银支付，最近俄罗斯规定所有的关税都用黄金支付。因此，其中的一些金属币成为法定货币，并根据其本身的值有固定的比率。在东亚（除香港外，根据1864年条约第1条，墨西哥币和其他政府授权的货币是法定货币）的荷属东印度群岛也有类似的体系，总督有权规定公共财库所接受的金属外币的固定值。

中国政府的尊严及其财政利益都不会因采用新的体系而受损，因此中国早就该引入这一体系而受益。如果对中国来说，这些措施及国外领事的参与都是强制性的，而不像其他国家那样是自愿的，这一现状就足以解释中国为什么不采用新的体系了。

在所有的开放港口，如果固定墨西哥币的汇率，事情就会变得更难。

据最新的广州鉴定，100墨西哥币等同于72.3海关两，纯度比为900/1000，100海关两等同于153.67墨西哥币。

根据中国天津相关声明，1美元等同于0.751天津两、0.7267海关两。

---

① 1877年3月22日，蓝皮书，返回东印度（白银）。

按纯度比为900/1000，100海关两等同于152.88墨西哥币。

按海关两是579.84金衡制克，纯度是1000/1000，美元是415.68克，纯度是901[①]，100海关两等同于154.40墨西哥币。

有几个开放港口：打狗（高雄的古地名）、厦门、汕头、琼州关和北海关，按墨西哥币与海关两间152.77/100的汇率给国外海关总署交税。

这一比率与天津的报告很接近，数据来自中国当局，因此可以作为当时墨西哥币与海关两的真实汇率比率。

另一个问题是统一按此汇率或某一汇率是否能促进经济的发展。在许多港口，152.77的汇率比当天的普遍汇率要低，会不利于经济的发展。例如在上海，每100墨西哥币等同于73海关两，100海关两等同于152.60墨西哥币。

另一方面，不要忘记，商人有权根据自己的好恶选择用纹银或墨西哥币进行交易。鉴于美元当日的汇率，如果这样做有利可图，他们有充分的自由进入市场买纹银。

所有开放港口按统一的汇率支付海关税。这样做最大的好处是，能让中国习惯，至少是在某种程度上习惯使用稳定的硬币，因而会利于中国采用统一的货币。

市场上支付溢价的外币确实会确保和加快在宁波附近建立制币厂。上文提到，福建官员（1855或1856年）提出西班牙卡洛斯币溢价很多，并建议朝廷在宁波附近建立制币厂制造西班牙币。[②]这显示，在一定的区域已有采取这种措施的倾向。这或许也表明，现在政府的收益相对于20年前减少了。然而，要是中国私人仿造外币的规模大到一定程度，这种本已混乱的货币就会引起更多的议论，也会给外国商业带来严重的不便。

---

① 1872—1873尊贵的林德曼（H. K. Linderman）的报告（美国）。
②《商业字典》，第1037页。

因此，在任何情况下最安全的方式是，先放弃眼前小小不言的利益，为将来推进中国货币体系的建立打下坚实的基础。

前文很少提到切过的货币（印戳的和切边的货币）。这些货币在南部商业交易中起到重要的作用。固定任何一种汇率都会很困难，因为目前货币如西班牙柱形币、秘鲁币及墨西哥币等已有不同的标记和纯度。这些货币在中国南部的海关钱庄的汇率逆差还算可以。如果汇率逆差再大些，或按照香港商团写给殖民官员的备忘录（1877年5月），制定更严格的规定停止使用这些涂损的货币，也许会更好一些。原因是，也许会因此改革了没有任何前景的不良货币体系，暂时的不便和些许的损失是值得的。

中国政府实施面前的这些建议，并不是其让步了，而是为了履行条约。因此，可以这样来讲：

1. 用纹银或外币支付关税。

2. 外国海关人员需规定好不同港口的纹银及其纯度。

3. 统一汇率，干净的墨西哥币在各个港口根据这一汇率支付。

4. 需明确开销或敛税开销从税本身计出。

5. 规则同时适用于外国人和中国人。后者在支付税务时因汇率所多交的税，不得违反条约规定非法嫁接到外商头上。

穆·凡布朗特（M. Von Brandt）

北京，1878年2月

附录 I

1873年12月24日广州鉴定，格纳（C. T. Gardner）先生，B. H. M. 在广州的副执行领事及中国官员在场。

	T.w.c.（财务比率）
熔化前28日本币	2017
熔化和加工后	1799
失重	218
基于此100日本币重	7203
重100两的日本币相当于纯银	8918
加上银残渣补贴	038
	8956

重100两的日本币相当于8951纯银或1043合金。111.64两日本币可购买100两纹银。

	T.w.c.（财务比率）
熔化前1日本币重量	07203
熔化和加工后	06424
失重	00779
熔化前旧墨西哥币重量	07150
熔化后	06390
失重	00760
熔化前新墨西哥币重量	07230
熔化后	06480
失重	00750
熔化前1美国贸易币重量	07268
熔化后	06485
失重	00783

因此，日本币比旧墨西哥币重出53/1000，比新墨西哥币轻27/1000，

比美国贸易币轻 5653/1000，比旧墨西哥币的纯银含量多 14/1000，比新墨西哥币的纯银含量少 56/1000，比美国贸易币的纯银含量少 5613/1000。

	T.w.c.（财务比率）
100 日本币纯银含量	6424
100 美元纯银含量	6485
100 新墨西哥币纯银含量	6480
100 旧墨西哥币纯银含量	6390

100 日本币值 100.53 旧墨西哥币、99.13 新墨西哥币、99.05 美国贸易币。

因此，日本币比旧墨西哥币优出 1/2%，比新墨西哥币差出近 9/10%，比美国贸易币差出近 1%。

附录 II

根据孟买和加尔各答制币厂的确认，备忘录显示上海纹银的纯度如下：

1872 年 3 月，62 箱纹银运到了加尔各答制币厂。

制币厂确定的重量克	40.780.7c.984（纯度）
	313.304.3c.985
	215.050.2c.986
	14.140.6c.987

***

1872 年 3 月，62 箱纹银运到了孟买制币厂。

15 枚重量报告	1bs.6112.16c.985（纯度）
	444.92c.984
19 枚重量报告	1bs.1797.20c.982（纯度）

续表

	1351.10c.983
	2244.62c.984
	3117.18c.985
8枚重量报告	1bs.3137.16c.985（纯度）
	11.06c.978

***

1874年3月，47箱纹银运到了孟买制币厂。

15枚重量报告	1bs.2188.92c.983（纯度）
	4394.36c.984
17枚重量报告	1bs.2191.56c.985（纯度）
	4444.72c.984
	444.14c.983
废料条（鞋状）	10.76c.981

***

1876年11月，2箱纹银运到了孟买制币厂。

重量报告	1bs.151.58c.984（纯度）
重量报告	1bs.435.56c.983（纯度）

150 | 1878，7月1日[①]

霍尔库姆（Holcombe）先生写给埃瓦茨（Evarts）先生

19号，美国公使馆，北京，1878年7月1日（9月2日收到）

先生：

2月7日西沃德（Seward）先生398号文件附有写给我们几个港口领事的信，咨询美国贸易币是否进入流通，官方行动是否促进了对其的需求。现在我很荣幸地向您转述收到的几个回复。

从这些回复中您能看到货币除了厦门、广州、福州、汕头和台湾外，没有在中国其他地方流通。这些地方都喜欢用溢价较少的墨西哥币。

看起来没有扩大使用美国贸易币的建议，除非它能按固定的汇率成为法定海关税收货币。

迫切地请您关注厦门、福州和宁波的来信。信中提到，如果可能的话，请阻止贸易美元被印戳或切割。最初在中国南方的商会中有相关制度，要求美国公司在美元上印戳，或印上中国公司的名称（通过在美元表面印模完成），以确保其真实性。这已愈演愈烈，严重损毁了美元的辨识度，被印戳的美元面目全非、比比皆是。

在某些情况下，确实有充分的理由相信模子就是被凿槽取代了。美

[①] 与总统的年度咨文一起呈递给国会的美国对外关系文件，1878年12月3日，华盛顿，1878，141—142页。

元就是这样一点点被凿掉了部分金属。

就此事我附上了1877年6月香港主要银行和商人呈递给香港执政官的信，里面陈述了被污损的美元的情况。

很显然，被毁坏或切割的任何货币都不利于其流通。明智的做法是与当地政府协商，遏制这种行为。只要影响到美国，就值得我们有关部门去做。如果要采取行动的话，我要说一下步骤方案。应在中国和伦敦同时进行，因为这一行为在香港尤甚，您也明白，香港是英国的殖民地。

此致

切斯特·霍尔库姆（Chester Holcombe）

[19号信件 附件1]

索登男爵（Von Soden）写给林肯（Lincoln）先生

广州，1877年6月22日

亲爱的先生及您属下：

根据中德条约22条，应以银条或外币的形式支付中国海关税收。基于实际情况，领事和海关官员通过特殊的协定来规定银条或外币相对于纹银的值。

然而德国领事和海关官员之间所协商的这一协定在广州尚未实施。

对此，最近我接到命令，要求海关所征货币与纹银之间的固定汇率根据协定来执行。这样做的原因是：最近在日本大阪制币厂，鉴定了52枚墨西哥币，结果显示其纯度是985.5，黄金含量介于0.20—0.22之间，54.018.34盎司熔化后失重83.03盎司。

根据美国鉴定，旧墨西哥币415.68金衡制克纯度是901，新墨西哥币415.68金衡制克纯度是9025。

1873年12月23日，有英领事和中国官员在场的广州鉴定显示，100旧墨西哥币相当于63.9海关两，新西哥币相当于64.8海关两。也就是说，100海关两合154.32新墨西哥币、156.49旧墨西哥币。

这一不利的比率可以归因于熔化过程中的损失，如果再小心些就不会损失这么多。

100美元合72.67海关两，如果海关两纯度是1000/1000，美元是900/1000，就太有利于前者，而不利于后者，因为买100海关两只需支付90美元。

墨西哥币真正的纯度是901或905，而不是900，海关两的纯度也不是1000，只是985.5。因此，每190海关两就多付出了价值4.06美元的新墨西哥币或5.98美元的旧墨西哥币。

基于上述事实，各国在每个条约中都希望比率建立在更合理的基础之上。我珍视向您和各位陈述的这一机会，要求中国政府对其货币重新进行鉴定。

此事有关各国利益，希望您愿意和我及其他收到类似信件的其他领事一道行动起来。

它关系到将来鉴定方式的公正可信。

早复为盼。

此致

索登（Soden）

[19号信件　附件2]

林肯（Lincoln）先生写给索登男爵（Von Soden）
322号，广州美国领事，1877年7月5日

先生：

有幸收到您有关重新鉴定港口货币的来信。

我深信这样的鉴定没什么好处，不能满足我们的期望。

此前，此港口对美元和墨西哥币的鉴定与美国的鉴定不一致，这里

鉴定的纯度比实际少一些。我也知道，海关税收、银行及商人等都认为纯度还不到 90/100。

虽然大家都想知道海关两的确切值，我担心这事不好确定。因为，根据一些特殊业内人士的计算，海关两就像欧洲或美洲的汇率那样繁杂多样。

此致

林肯（C. P. Lincoln）
美国领事

[19 号信件　附件 3]

丹尼（Denny）先生写给西沃德（Seward）先生
8 号，天津，1878 年 2 月 14 日

先生：

关于您信中的第 5 条，我有幸向您汇报，美元不是此港的流通货币。如您所知，所有的内地买卖都是用纹银或铜元支付，此港口也是如此。因此，许多进口的墨西哥币都化成纹银，只有少量用于流通。

美元与墨西哥币纯度一样好，稍重一些（420 金衡制克）。如果精确统一地轧上花边，能像西方国家那样根据其面值而不是本身的值使用，就会足以取代墨西哥币，被中国人接受。但普遍只按重量流通的风俗使得我怀疑，此地不会有哪种官方行动能扩大我们贸易美元的使用。也许熟悉了美元后，人们能不再偏爱墨西哥币。但由于目前墨西哥币大行其道，美元流通依然受限，只在外国人的少量交易中流通。

此致

丹尼（O. N. Denny）领事

[19号信件　附件4]

罗德（Lord）先生写给西沃德（Seward）先生

88号，宁波，1878年2月23日

先生：

回复您有关贸易美元在宁波港流通的信。我不得不说美元还没有在宁波开始流通。如能流通，实属幸事，因为我们备受不良体系祸害。墨西哥币是唯一（除了中国现金）在此流通的货币，价值很不稳定，也很容易被仿造，最近仿造呈猖獗之势，后患无穷。当地有人试着仿造，逼真程度唯专业人士方能识出。而价格不菲，只是少4%—5%。

我认为美元及其他好币如无官方支持，在这里很难能流通。银行和收账员控制着此处的货币，并极尽其能事欺骗外行，牟取暴利。因此，新墨西哥币也在此打折使用。

我个人认为，如能安排海关官员用外贸美元按固定的汇率支付关税，就可能会流通起来。此外，对熔化、损污及仿造美元的中国人绳之以法，也会有助于提升美元的大量需求。

此港的实际货币是元。两越来越成为面值，过去的计价已迅速地让位于元和分。

此致

爱德华·罗德（Edward C. Lord）

美国领事

[19号信件　附件5]

巴迪纳（Bandinel）先生写给西沃德（Seward）先生

14/482号，牛庄，1878年2月27日

先生：

有关您36号信中第5条，我有幸回复如下：贸易美元已在此港口

流通，但数量有限。很奇怪的是，与内地人交易时折价使用。我认为官方的干预对有成见的中国商人来说于事无补。除非合理地坚持外国海关用美元，而其他税收用墨西哥币。目前美元打折使用，不是出于合理正确，只是出于当地的习惯和偏好。

美元，除上述情况及支付船费和在外国店使用外，很少使用。都是用纹银、铜币及吊。

此致

佛雷德·巴迪纳（Fred'k Bandinel）

副领事

[19号信件　附件6]

德拉诺（Delano）先生写给西沃德（Seward）先生

98号，福州，1878年3月4日

先生：

在此回复您52号信中有关贸易美元在此港的流通。

我不得不说在过去3年里，美元年进口已从10,100,000升到了20,100,000。如没被损毁、不经过中间出售过程而是直接从香港带来的话，还是很受中国人喜欢的，胜过墨西哥币。

初来乍到时，贸易美元与墨西哥币比，打了2%的折扣，但中国官方要求其等同于墨西哥币交付海关税，并禁止人们仿制。这些措施使其引起了人们的关注，并且被看重。

我认为，官方行动难以促进其流通，除非能采取措施，禁止在香港和广州对其印戳。我还认为，在上海贸易美元也可以等同于墨西哥币使用。这样一来，美元在中国的流通就会成4倍增长。

很荣幸能为您效劳。

此致

德拉诺（M. M. Delano）

美国领事

[19号信件　附件7]

谢波德（Shepard）先生写给西沃德（Seward）先生

18号，汉口，1878年3月8日

先生：

有幸回复您41号、42号、43号信。

有关41号信，咨询商人和银行得知，目前尚未看到贸易美元在汉口进行流通。中国人很钟情"墨西哥元"，对"日币"也可以，而"标准"（scale）美元则大打折扣。如您所知，人们认为"墨西哥元"和"标准"美元都是墨西哥币，甚至香港的银行也告诉我看不出美元和这两种货币的值有什么差异。一些明智的买办告诉我，如果想引入美元，必须"熔化切割再切割"。熔化使之贬值。无疑目前的情况就是如此。因此我不建议官方介入，增大对其的需求。内地银行认可美元为标准无疑会促进其流通。我认为只有让人们慢慢熟悉它，渗入到上海和香港这些大城市才是良策。

此致

艾萨克·谢波德（Issac F. Shepard）

副领事

[19号信件　附件8]

林肯（Lincoln）先生写给西沃德（Seward）先生

9号，广州，1878年3月9日

先生：

很荣幸收到您1878年2月5日31号来信。其中第4条有关贸易美元的重量及在此港的流通。

鉴于美元在此的真正纯度是900，我认为重新鉴定无利可图。

几个月前，德国领事就有关货币鉴定一事写信给我，请见1号附件。

通过和同事们商量咨询，我给他的回信附在3号附件中。

我确信美元会越来越在此地流通。较墨西哥币，人们会更喜欢美元。我发现，当地人存积货币时，无疑会选择美元。

相信便条2和3已充分表达了我的意思。

很荣幸能为您效劳。

此致

林肯（C. P. Lincoln）
领事

[19号信件　附件9]

科尔比（Colby）先生写给西沃德（Seward）先生
69号，靖江，1878年3月12日

先生：

回复您27号来信中有关此港的贸易美元流通问题。很遗憾地告诉您此港美元没有流通。据我了解到的最可靠消息，凡是推出美元的举措都蒙受损失。原因是，除非与当地流行的墨西哥币相比打5%的折扣使用，人们才会接受美元。

很荣幸能为您效劳。

此致

科尔比（J. C. S. Colby）
领事

[19号信件　附件10]

斯塔赫尔（Stahel）先生写给西沃德（Seward）先生

619号，上海，1878年4月3日

先生：

回复您107号来信。我有幸附上上海商会副主席的来信。鉴于我本人对中国的这一事情不知情，我以此信为准。

此致

斯塔赫尔（J. Stahel）

副总领事

[19号信件　附件10　附件]

商会写给斯塔赫尔（Stahel）先生

上海，1878年3月30日

同月23日收到了您2月21日有关引入贸易美元的信件。委员会因此采集了信息。信息显示，让当地人接受美元尚无前景，让官方介入促进其作为法定货币亦是如此。

少量的美元运至此处，但失败了，没有人认可。虽然道台努力帮忙但无济于事，不是道台无能，而是此处只使用纹银进行贸易。

此处收到的美元又被重新运到比较容易流通的南方。

此致

福布斯（F.B.Forbes）

副主席

[19号信件　附件11]

亨德森（Henderson）先生写给西沃德（Seward）先生

77号，厦门，1878年5月2日

先生：

很有幸回复您46号来信。

虽然不像墨西哥币那么流行，但贸易美元已在此地使用两年多了。

目前在厦门是折1.5%使用。交易者都很乐意使用。1000贸易美元是1.23又6/10，超过了纯度是72的厦门货币。

要不是人们普遍无限制地使用最糟糕的货币，美元也许会如我所察，成为唯一的货币。美元比日本币好，而标准"两"或"西班牙币"都实际上不存在。

任何官方阻止人们使用损币、污币的举措都会有利于美元的流通。但任何此方面的举措都会碰到银行、账务和买办及担心自己国家的钱会受到影响的人士的反对。如果中国政府把美元定为合法货币会从中获利，但此并非易事。多年来，我一直要求领事馆的费用用干净的货币支付，但收上来的都是切削过的，没有取得什么有利的效果。

此致

亨德森（J. A. Henderson）

领事

151 | 1879，11月21日[①]

西沃德（Seward）先生写给埃瓦茨（Evarts）先生

510号，美国公使馆，北京，1879年12月21日（1880年1月7日收到）

先生：

关于我482号和499号信件，有幸附上以下附件。信件显示了北京外国代表在商业上的不幸遭遇。

[510号信件　附件1]

德国领事的口述翻译

[...]

16. 外币与当地两间的汇率有违条约规定，很随意，不是根据其真实的价值。因此每100美元的货物，会多交近12%的各种关税。

[...]

[510号信件　附件8]

有关烟台协议，伦敦委员会写给德比（Derby）男爵的信。伦敦时

[①] 与总统的年度咨文一起呈递给国会的美国对外关系文件，1880年12月6日，华盛顿，1880，167—185页。

间，1877年12月12日。[删减]

上海总商会

写给尊贵的德比（Derby，P. C.）男爵

外事总秘书长等人

[...]

46.货币在中国不尽如人意的状态也许会导致外国人比中国人要交更多的贸易税，比不固定的赋税还要多。这将是督促中国政府建立制币厂，确保标准汇率的大好机会。

[...]

152 | 1880，4月24日[①]

西沃德（Seward）先生写给埃瓦茨（Evarts）先生

666号，美国公使馆，北京，1880年4月24日（6月14日收到）

先生：

665号信第22条，我提到外国代表与总理衙门达成一致，继续商讨外国商人的损失。我还提到，在同事们的要求下，给总理衙门提交了外贸关税和税收改革声明。这些声明都是基于我们的事实调查。在此有幸提交给您我的备忘录。

[...]

审阅几份备忘录后您会发现中国没有发行过金币或银币。白银作为主要的货币使用。白银的计量及纯度在各地各不相同，即使在开放港口也各不相同。有一种称为海关两的标准两，但其重量和纯度并未经过国外检验程序。海关署有一种很随意的有利于海关的秤，但不是用来计量货币。您还会发现，也没有外币相对于海关两的固定值，因为这一固定值根本就不可能固定。

您也许会进一步说，应该声明标准海关两是征收海关税的标准，应该确定海关两和当地两的重量和纯度，同时也应该确定外币两的重量和

[①] 与总统的年度咨文一起呈递给国会的美国对外关系文件，1880年12月6日，华盛顿，1880，256—258页。

纯度。

我自己认为既然海关两要比国库两更受欢迎,既然关税一直按海关两标准,就不容易保证采用国库两的标准。鉴于此,在备忘录里我建议,用国库银进行的各种税收、检验及货币熔化等,海关应按一定百分比收取费用。因此,这些费用都可一直从中央和地方官员国库两折合海关两后的溢价中支付。

我的同行们不愿意向中国人说明这一点,但我认为如果我们不说明这一点,很可能会很难执行这些提议。

当然,我会在我的报告中谈到这样做的步骤。

此致

乔治·F·西沃德(George F. Seward)

[666号信件　附件]

备忘录

会上,同僚请示美国部长西沃德(Seward)先生,要求针对中国货币制度的不确定性,准备声明改革关税货币支付制度。呈递如下:

第一,这一主题已经研究过,德国部长穆·凡布朗特(M. Von Brandt)和西沃德(Seward)先生已得出一定的结论。结论及结论日期已包含在凡布朗特(Von Brandt)先生1878年2月准备的印刷件里,题目是"中国货币备忘录"。西沃德(Seward)先生的结论及日期也包含在其1878年2月准备的印刷件里,题目是"中国货币备忘录"。这里是附件。

检查这两份备忘录发现它们惊人的相似。

第二,他们提出如下事实:

a. 中国的标准值及政府的收入和开支都是库平或藩财库两白银。

b. 没有确切制定这一标准两的重量和纯度。

c. 关税和其他税收根据此标准征收。

d. 海关两的标准很随意，关税的征收是按臆想的值来进行的。

e. 没有确切制定海关两这一标准两的重量和纯度。

f. 关税都按当地各港口的两征收。

g. 当地两相对于海关两或库平两的重量及纯度没有明确规定。

h. 支付关税的外币相对于海关两或库平两的重量及纯度没有明确规定。

i. 当地两和外币相对于标准海关两的值即使在同一港口也不是常量。

j. 同一个港口，当地两与海关两的汇率至少与外国海关的检测是不同的，对商人是因国而异。

第三，很显然，迫切需要采取步骤制定统一的对外贸易关税评估标准。在征收税时，要达到此最终目的，西沃德（Seward）先生建议要与中国政府进行谈判。

k. 应宣布库平两兑海关税的标准。

l. 应确定和宣布库平两的格令克（grains）、克拉（troy）及公克（grammes）。

m. 应确定和宣布库平两的银纯度。

n. 应确定和宣布当地两的银纯度。

o. 应确定和宣布外币的值。

p. 根据条约，外贸关税征收制度应同样适用于外国人和当地人。

西沃德（Seward）先生进一步补充：

q. 为了使外国人的建议容易提交给中国政府，根据条约，所有的税收应多收一定的百分比，以支付货币的征收、检验及计量等费用。百分比可能是所有征税的1%的1/2，甚至是1%。并确保外国人比现在支付的要少。国家及省政府所征的税在这种情况下也不会比现在少。原因是，内地银行实际收取的税款是两兑两（库平两兑海关两）的库平两，而不是溢价后的两。银行获利就是基于这种商人们抱怨不已的库平两与海关两值差。

西沃德（Seward）先生认为，谈到的这些改革可通过政府命令根据合约执行，既合情合理，又有利于政府，不会遭到反对，当然那些从不同的利率中非法牟利的人除外。

西沃德（Seward）先生没有提到建立制币厂。他认为外国代表没有权力要求建立制币厂。并且，以前要求清政府考虑此事的建议已经遭拒。看来这些改革得需要很长的准备时间。

但西沃德（Seward）先生也认为，由于在中国钱币存在这么多的不便之处和不确定性，鉴定体系又如此不完善，因此决不能放弃这样一个改革的机会。应趁机呼吁中国政府认清事实：想要满足公共需求，应建立政府监控下的贵金属制币厂，除此之外，别无他法。

北京，1880 年 4 月 22 日

153 | **1880，5月6日**①

西沃德（Seward）先生写给埃瓦茨（Evarts）先生

681号，美国公使馆，北京，1880年5月6日（6月30日收到）

先生：

很荣幸在此交付您我写给外交首席大臣的信。信中表达了我和我的同僚们所关心的货币问题及外交首席大臣的回复。

同时附上我写给亲王的信。

此致

乔治·F·西沃德（George F. Seward）

[681号信件　附件1]

西沃德（Seward）先生写给韦德（T. Wade）先生

1880年4月30日

亲爱的先生和贵同僚：

请允许我在此呈上备忘录。里面是在您和我的同僚的要求下，面呈给总理衙门的中国货币情况分析。旨在使总理衙门意识到货币现状已影

---

① 与总统的年度咨文一起呈递给国会的美国对外关系文件，1880年12月6日，华盛顿，1880，256—258页。

响到海关关税的支付，我们有权引起他们的注意。

备忘录会翻译成汉语，和凡布朗特（Von Brandt）阁下及我自己的那份一起交给衙门，以备您和贵同僚确认这和我们的观点和协定一致。

此致

乔治·F·西沃德（George F. Seward）

[681号信件　附件2]

西沃德（Seward）先生写给奕劻亲王

北京，1880年5月11日

亲王：

作为外交部长，很荣幸29日能立刻把有关中国货币的现状呈递给衙门官员。我们认为目前的情况不利于贸易。为了确保改革，使我们国民交付的关税确定和准确，现在交给亲王您我所准备的备忘录，简单说明相关情况及大臣们的回复。

这一备忘录已提交给我的同僚并得到了他们的同意。

请允许我交给您英文版的有关货币体系的备忘录，分别是由凡布朗特（Von Brandt）阁下、德国大臣和我准备的。我的同僚们和我认为它们能帮大臣们认识到我们对这一重要问题的看法。我还要说明，这些备忘录不是为衙门准备的，而是为了我们阐明当前问题。

顺颂

乔治·F·西沃德（George F. Seward）

[681号信件　附件3]

1880年4月29日美国大臣西沃德（Seward）和总理衙门有关货币问题面谈备忘录。

出席者：大臣 Tung，Hwang 和 Chung-lin

西沃德（Seward）先生说，他曾因外交部首席大臣托马斯·韦德（Thomas Wade）先生的建议代表外交部，到衙门面陈与中国特殊货币相关的税收等问题。他说，为此拜见到各位大臣，倍感荣幸。无疑，各位大臣也都熟悉这一现状。因为其中一位大臣还是税务局的主席，另几位的职务都和海口及广州的海关相关。

西沃德（Seward）先生接着说：

第一，诸公都知道西方各国建有制币厂制造统一标准的货币。

第二，中国似乎不能制造贵重金属币，金属货币都是计量流通。

第三，由于不熟悉中国的货币体系，还由于中国货币在各地都有不同的值，在同一个地方的值也不相同，外国人做生意很困难。

第四，这一问题很重要，成为中国和各列强的重要谈判条款：1844年中美条约第十二条、1858年中美条约第二十二条、1844年中法条约第十四条、1858年中法条约第三十一条、1858年中英条约第三十四条、1861年中德条约第二十二条及1863年中国—丹麦条约附件第九条。

第五，从这些条款可以看出：

a. 标准计量是税务部发给广州的海关两（中英条约）。

b. 外币的值可根据几个港口的惯例来定（中德条约）。

c. 宣布当天的汇率（中美条约）。

d. 一个体系适用于各个港口（中国—丹麦条约）。

第六，外国代表都迫切希望各个港口的货币体系一致。

第七，为了这一目的，衙门应说明中国的标准两，并逐步采取措施明确说明其与外币的汇率，并由专业人士来鉴定其纯度。

第八，每个港口使用的标准两及外币对标准两的值也以同样的方式确定。

第九，所有的关税及其他收税都根据上述结果交付。

第十，库平应成为海关税收和赋税的标准两。这不仅出现在1858年中英条约第三十九条，还出现在1877年4月9日和1880年1月19日衙门的信里。在前者中写着"省里所有的赋税都按库平纯银交付"，在后者中写着"应命令海关监管人员把库平纯银作为收税的标准"。

第十一，目前为止，对这些声明很满意的外国代表迫切地想说，他们的目的不是提出这个两或那个两的值的问题，也不是减轻赋税的问题，而是希望只交该交的税，并希望交税有规则性、确定性和准确性。

第十二，研究以下事实就会明白阐释这一问题的重要性。

a. 虽然衙门宣布按库平两支付关税，事实上是按海关两征税。

b. 海关两比库平两重1又1/2%。

c. 从下表可见海关两和库平两不一致：

海关	汇率
天津	100海关两等同于103.40库平两
汉口	100海关两等同于101.01库平两
上海	100海关两等同于101.65库平两
福州	100海关两等同于101.14库平两

d. 对比地方两和海关两及外国币与海关两可推断，海关两和库平两都应是纯银，而实际流通的纯度是890。人们认为，最好的是含1%—2%合金的两。

e. 检测并未给出外币的实际纯度。广州检测师声明美国贸易货币的纯度是881.1，天津两是894.1，日本币是895.7，而事实上纯度都是900。

f. 可得到的最好消息显示海关两值103.40天津行平两，最近沙俄就是根据这一汇率交关税的。外国人现在按105，中国人交给外国海关的按108，交给内地海关的按118。

g. 在牛庄外国人交税的汇率是108又1/2，当地人在当地海关支付的汇率是112。

h. 在烟台，外国人按104.40的汇率交税，当地人在外国海关的汇率按106.40。烟台的道台在1877年7月10日声明，烟台两只比库平两少2%。据此，烟台两要比库平两少大约3又1/2%。

i. 不用深察就会发现，这些事实表明，需要改革支付海关关税及赋税的流通货币。

第十三，外国代表无权干预中国的内部行政，但他们有理由相信自己高于库平两交的赋税没有到政府手中，而是到了海关银行手中。并且，包括熔化在内的不合理的货币检验收费就占了多收费用的一半。

第十四，提交这一声明，迫切地希望这一点能引起重视。不要求清政府立即答复，西沃德（Seward）先生可以再等候几周以进一步交涉。

第十五，西沃德（Seward）先生曾问为什么用海关两，答复是长久以来都是如此。但为什么这样做，并未得到确切答复。

第十六，西沃德（Seward）先生曾问海关两是否长期以来是一常量，海关两是否由税收委员会发给各省，各省是否也都清楚其重量。他得知海关两几百年以来是一常量，海关两是由税收委员会发给各省，各省也都清楚。

第十七，西沃德（Seward）先生问各位大臣们是否认为所谓的纯银库平两绝对不含合金，他得知中国所说的库平两不是纯银，但符合一定的纯度可以称为纯银。

第十八，西沃德（Seward）先生还问到熔化纯银的费用。他从大臣那得知每100两费用是20分。

第十九，西沃德（Seward）先生然后提到目前标准的混乱，并希望中国能制定并遵循统一的标准来代替海关两。

最后，西沃德（Seward）先生对大臣们的礼貌和关注表示了感谢并告退。

乔治·F·西沃德（George F. Seward）
北京，1880年4月30日

154 1886，3月24日①

登比（Denby）先生写给巴亚德（Bayard）先生

115号，美国公使馆，北京，1886年3月24日（5月5日收到）

先生：

收到制币厂主管最近的信时我注意到，里面没有谈及中国货币。于是我们吩咐公使馆秘书就此专题准备一下。他尽心尽责且很干练地进行了准备。在此我附上他的备忘录。[...]中国的私人钱庄和交易所数量众多，普通货币的值每天都在变。几周以来到现在，墨西哥币在北京已降低了85—90分。普通贸易中的些许贬值可不考虑，但贬值达到10%时，所有交易就都得需要支付这一亏空。期望春季贸易的复苏所引起的白银需求能提升和恢复墨西哥币值。

此致

查尔斯·登比（Charles Denby）

[115号信件　附件1]

早期（大约公元前1000），中国使用铜币，基本不用金币和银币。尽管后两种在不同时期也使用过，但像丝绸一样，只是以原材料形式使

---

① 与总统的年度咨文一起呈递给国会的美国对外关系文件，1886年12月6日，华盛顿，1886，78—79页。

用。根据政府要求，铜币是中国的货币单位。铜钱的值不是根据其相对于其他金属的值而定，而是根据其在谷物、布匹等货物中的购买值而定。起初和现在交给政府的一般是谷物，钱的使用是很有限的。针对多年的饥荒，政府增加了钱的数量，认为在市场上投入一定的钱能减轻人们的痛苦。

公元前六世纪时，大块的铜钱变成了小块的铜钱，其值固定，是50文。

公元前三世纪时，出现了一个麻烦。政府企图把小块铜钱的值等同于大块铜钱。

汉文帝（Han Wendi）统治期间（公元前179年），铸造业已具规模，很容易伪造货币。为了禁止当时在中国业已猖獗的伪币制造，政府采用"使民放铸"的办法，让人们自己铸币。但这一措施被证明是于事无补，于是这一法令很快就取消了。事实上，仿币猖獗到人们不使用铜钱，而是进行物物交换的地步。文帝时，在首都建立了国家制币厂，回收和重铸所有以前的铜钱。并且，作为防止伪币产生的措施，政府雇佣会铸币的能工巧匠为政府铸币。

从那个时期到公元开始已经制造了280,000,000,000文铜钱。

在六世纪，听说有人建议用铁钱代替铜钱，但由于重量太沉，使用10年后停止了。同时，北魏王朝商品的值近乎全国统一，北魏皇帝规定2000枚铜钱等同于一件丝。这就大大解决了多方烦恼的一个问题，引起了周边其他各国掌管政治经济官员的注意。

九世纪上半叶，以存款的形式发行了纸币。但由于国家的信用不足以吸引人们去存款，这一计划未能成功。

十世纪时尝试了双重标准。后梁皇帝发行了铁质辅币，是铜钱值的1/10—1/5。但这些辅币的金属性质很快成了问题和困难之源。原因是彼此间很难建立任何合法的比率。仿造者针对变化不定的汇率投机制出了赝币来交换较贵重的硬币。通常汇率是100%—200%不等。作为补救措施，政府规定在某些地方铜钱是法定货币，而规定在其他地方铁钱则是法定货币。通过这种方式，投机行为大大降低，但货币体系仍远非标准和成功。

此时中国货币出口很多，已远远不能满足国家流通。于是降低了标准，纸币又重新进入流通。最初是以国债的名义发行，3年内可偿还并且有财库保值。这种纸币的发行逐步增多，不断贬值以致破产。

后来的几个世纪，元朝和明朝使用了相同的方法，但结果都很惨。我们来观察一下目前清朝的货币。大清法令规定了铸币的模子及制币厂的数量。制币厂在省官员的监控下，根据户部的命令铸造需在市场上流通的货币。这样，就可以"根据金、银及谷物等日常用品和消费品的市场价成功地发行货币"。（第四册，118部分）

清朝所使用的铜钱，作为唯一的流通货币，也未能逃脱历朝历代的命运。在清朝，这些铜钱同样也遭仿制和一再贬值，在道光统治时期（1821—1851年），仿造者曾一度多得难以计数。

咸丰统治期间（1851—1861年），由于铜币来源（主要来自中国中部和西南部）被太平军切断，中央政府就发行了等同于10枚铜钱的大铜币。也发行了大量的铁钱和锌钱。1854年在北方发行的大额铜钱有50、100、500和1000的。赝币使这些大额铜钱迅速贬值，到最后没有人愿意以任何价格买它们。面额是10文的还在使用，是当前北京货币的组成部分。而它的值也降到了2.1盎司（两）抵700枚这样面值的小币。

1853年纸币也很多。有两种，一种是大清宝钞，一种是户部官票，都由户部发行，并强制进行流通。这种货币也迅速贬值，在1861年已经折扣到97%。

在北京及其他许多城市，纸币由钱庄发行——只在发行地流通。由于这些银行不受政府控制，能发行远远大于其本身资本的纸币，所以其破产也是频繁难免的。但其中一些老字号基础好，信誉高，作为国家银行做了大量的生意，也和私人做交易，存款量很大。

1000枚北京铜钱（1吊）的面值在理论上等同于1盎司（或1两）银。1枚10面值铜钱的真正值只是2文，50文北京铜钱是1吊。根据每日变化的汇率，1两纹银相当于12或14吊。

北京20里以外已不流通大额的铜币。小额的是1吊1,000枚，3,000—3,500枚相当于1两白银。铜钱的值和形式无穷无尽。英国顾问Colborne Baber先生说：

"一离开四川泸州，我们就发现在使用小额的贬值的货币，1400枚抵1000枚正常的。当人们发现有必要［...］在离开时抛掉这些此处流通的小币时，却发现1500枚抵1000枚正常的［...］在四川，体可洛（Tike）货币贬值到难以形容的地步。当地的铜钱是40,000枚1两。换句话说，150枚等同于1枚英国发新（farthing）即1/4便士。"[①]

如果我们观察一下目前的银元使用，就会发现1盎司（两）白银的重量、值及标准每年都和铜币一样在变化。这一事实在西沃德（Seward）先生和凡布朗特（Von Brandt）先生的中国货币备忘录里都已显示得淋漓尽致，在此无需多谈。

下表地方两与海关两和库平两的汇率就可见一斑。

地方	100海关两等同于	100库平两等同于
牛庄	108.5.0	
天津	105.0.0	103.4.0
烟台	104.0.0	
上海	111.4.0	101.6.5
靖江	104.2.2	
汉口	108.7.5	101.6.5

---

① 《四川西部探索》，第104页。

续表

地方	100 海关两等同于	100 库平两等同于
九江	106.3.1	
宁波	105.3.8	
福州	101.4.5	101.1.4
厦门	110.0.0	
汕头	110.0.0	
广州	111.1.1	

不能忽略省官员及官银号随意提高汇率这一情况。与海关两及库平两相比，交易的货币比率都比他们应交给户部的汇率要高。实际上省官员们得到的这些利润是他们的主要所得之一，没有这些他们说就生活不下去。担心统一货币后断了这条财路是他们一致反对货币体系改革的主要原因。

1877年，在云南事件协商期间，英国批准了谈判的烟台条约。在中国的外国代表一致询问中国政府能否采取措施，建立制币厂制造统一货币。1877年12月19日，总理衙门发来此问题的简要答复。答复说："如果中国追随国外建立制币厂［…］所铸货币的流通也会是一个很大的难题。因此，建厂是不实用的。"

无疑，总理衙门的这一决定前文已经提到。官员们对现行货币体系（其实中国就没有货币体系）极其热衷，以至于德国大臣凡布朗特（Von Brandt）在1878年2月写道：

"对解决中国货币问题的一丝希冀也熄灭了。如今是那些有义务保护自己国家经济利益的人想出办法来，尽可能地减缓目前状态带来的后果，尽管难以完全消除这一后果。"①

西沃德（Seward）先生没那么沮丧，他同时写道："可以预测在近期

---

① 中国货币备忘录，第1页。

会采纳一种货币制度，或期望有那么一天会采纳一种货币制度。只要感到有这种需求，这些需求会生出解决方案。"①

8年已经过去了，中国政府方面没有任何认真思考建立制币厂的意思，都不比当年的成吉思汗。

洛克黑尔（W. W. Rockhill）

公使馆秘书

---

① 中国货币备忘录，第10页。

155 | 1887，1月28日[①]

洛克黑尔（Rockhill）先生写给巴亚德（Bayard）先生

54号，美国公使馆，汉城，1887年1月28日（3月31日收到）

先生：

朝鲜国王和政府的所有谋士中，没有一个比中国代表袁世凯的作用更积极。在此我有幸向您附上中国代表去年9月份呈递给国王的部分来信翻译件。在信中，袁世凯请国王关注目前王国混乱状态及其结果，并建议了10条紧急措施。[...] 除了谴责建立制币厂外，还谴责建医院、建现代农场和购买蒸汽机等。他建议国王开发本国资源，但没有对如何达到这一目标提出建议。他进一步督促国王主要依靠中国的帮助，认为这样就足以抵制外辱。

最后，他建议国王要对各国友好信任，要关注用政务大臣来掌控所有问题的好处。

自从呈递以上建议后，袁世凯又对朝鲜政府提了几条改革建议。我得知，其中最重要的是改革驻扎在汉城的6支军队中的3支。

[...]

此致

洛克黑尔（W. W. Rockhill）

[①] 与总统的年度咨文一起呈递给国会的美国对外关系文件，1888年6月26日，华盛顿，1888，256—258页。

[54号文件　附件]

中国驻朝鲜大臣袁世凯写给国王大臣的信。

1886年9月

我，袁世凯，满怀敬意，恳请您允许我呈给您备忘录。[...]

我逐条向您呈递以下4项主张和10条建议供您选择。[...]

（6）经济。经济的原则是量入为出，古今一也。

钱花在了本可以推迟而如今却正在进行的事情上。而这些事情都是由于您的臣仆们思想狭隘、贪图私利而造成的。这些工程，如建立制币厂、医院、模范农场和购买蒸汽机等，虽无疑本身都有用，但就国家当前的状况而言并非急需。

156　1887，11月11日[①]

登比（Denby）先生写给巴亚德（Bayard）先生

509号，美国公使馆，北京，1887年11月11日（1888年1月4日收到）

先生：

有幸呈递给您中国货币和银行体系的几条观察。

陌生人来到中国会被其明显不便利的货币体系所震惊，但小住时日就会感到这一体系很体恤民意，至少在某些方面是。

对外贸易随其偏好可用墨西哥币或银两，伦敦的汇票则用英镑、先令，银行账户也随心所欲用墨西哥币或银两。上海店铺的普通账户用美元。商业交易主要用两。由于银价每天都在变，美元兑换成英镑，英镑兑换成两，银两兑换成墨西哥币，都非常烦琐。在墨西哥通常1银两值1.4美元。

中国一直抵制西方国家建立制币厂的倡议。而在公元前2600年前，黄帝（Huang Ti）统治期间就已经开始铸造铁币。

铁币后来被叫做钱的铜币代替，因为它最初重是1钱（1/10两）。铜钱和银块是这种产品值的唯一公共象征，也是普通货物的唯一交换工具。它的流行名字是"文"。

[①] 与总统的年度咨文一起呈递给国会的美国对外关系文件，1888年12月3日，华盛顿，1889，227—231页。

银本位的货币体系是基于重量的，是十进制，并各有其名称：两、钱、毫和文。每一文如威廉姆斯（Williams）所说重58克金衡制，或3.78克。但在不同的地方都有小币在流通，汇率1银元500—1,800文也各不相同。也有大额的钞票，北京就流通过5枚1银分的和500枚1美元的。

考虑到中国人口之多，民众之贫，有充足的理由来支撑制造"现金"的立法者。如果中国要铸造一种硬币的话，那就应是最小额的硬币。

沉的重量使得铜钱不常到处运送，而人们又急于抛掉大量的小额铜钱。

远距离的交易铜钱要兑换成银两。但在小额交易中它流通得很快。因此，银元和硬币恰恰满足了政府的目的。

在开放港口欧洲立足的地方，墨西哥币在流通。在北京与穷困阶层打交道的传教士们只使用纹银和铜钱。但在京的外国商人和公使馆账户则用墨西哥币。

在不同的中心，两的重量不同。

海关两最沉，是政府的税收两。按目前的汇率值1.22美元。

由于是政府制造，铜钱纯度不变。不管铜价如何铜钱的值不变。威廉姆斯（Williams）给出铜币的成分：铜合金50，锌6又1/2，锡2，或锡与铜及锌含量均等。

必须得承认，中国很成功地合理保持了铜和银之间的平衡，及这两种金属之间商业的需求。

有关这一点，西蒙（Simon）先生的文件很有价值，解释了外企支付大额利息的白银，尤其是中国法律允许按30%利息支付的严重后果。清朝的这一法律的存在使得任何国家都不能与中国竞争白银市场。

有关白银的贬值，原因很多。很明显白银不方便，尤其对工资收入赶不上白银贬值的穷苦阶层来说更是这样。

政府试图通过发行新的硬币来避免白银贬值,由于外币会造成中国银元贬值,反对对外通商的呼声强烈。

可以说白银的贬值是外商在中国从事商业活动遇到的最糟糕的事情之一。他们想把挣得的一部分钱汇回家,却发现白银每天的值都不一样。白银越贬值,就会兑换越少的英先令,其损失也就越大。

伦敦的汇率及需求决定了对中贸易的利润标准。因此很显然,伦敦汇率低时,比如说1886年8月上海两是 $4s.$ 7 又 $3/4d.$,而不是1885年1月份的 $4s.$ 11 又 $1/2d.$,在中国的商人就不能按以前的先令值卖,而市场上货物的值又没提高,他就不得不自己承受汇率降低的损失。

中国利息法规与钱庄的运作关系密切,可以追溯到1250年前。几位大臣拥护巨大的利息,认为这除了有助于维持经济秩序,确保借款人能还款外,还会催生更多的产业、阻止人们借贷、降低土地的租赁、增加土地的所有者及促使新企业谨慎经营。这几位大臣进一步说,对新开的商业,这30%只是基于白银可能变动的最大值。需要知道的是,贸易利润通常不会超过20%或22%,钱的利息则是12%,虽然有时会超过30%。

白银制成10两一枚的鞋状元宝,中间隆起,两头翘起。50两的就像一只鞋子,纯度是97%—99%。黄金铸成印度墨糕状,1枚大约重10两。早期就像我们国家西部各州那样,墨西哥币被剁成几块使用。墨西哥币上面都有戳记,难以辨认出曾是货币。在中国南部我见过几百枚这样的,失去了用途,只能熔化重铸。中国南部有给墨西哥币印戳的习惯,这样的货币叫做烂版银元。

威廉姆斯没有讲过中国的银行体系,但他认为总的来说还行。中国的银行体系要比他所记录的更让人关注,且日益重要。贸易的发展、国家的需求及外国人寻求银行特权让步的重要性,使得中国钱庄引起了全世界的关注。

中国不存在所谓的国家银行。纸币的发行可追溯到很久之前。读者已厌倦了马可·波罗对所游历国家一成不变的描述。其中他喋喋不休地重复说："他们发行纸币，埋葬死去的人。""库布拉·可汗用纸币买其臣民的宝贝。"这种体系被马可·波罗评论为不用任何代价就能得到无穷无尽的珍宝。这种货币体系的后果往往是人们起义推翻这个王朝。

500年前，元朝政府强制流通一文不值的政府债券。据威廉姆斯所言，1455年这种钞票停止使用，后来只有1858年太平军起义时在北京短暂使用过。钱庄有特权发行纸币，而政府除了因钱庄发行纸币能获利外，在钱庄的其他任何业务上都不会赢利，对钱庄也没什么约束。各省的钱庄都承办政府的税收业务和货币业务。用来收税的纹银纯度比当地银两的纯度高，因此会有2%的溢价来抵偿产生的业务费用。这些钱庄和其他私人钱庄一样也承办其他各种业务。

也有其他钱庄发行的钱贴，但为数不多，主要在北京。有的发行面值低至10分，除北京外在其他地方都不流通。这些钱贴比铜钱要值钱，在商业中大量使用。

政府容忍但并不喜欢发行的这些钱贴。遇到钱庄止付时，政府会为了账单持有人而掌管这些钱庄。失败破产后，钱庄除了一些名义资产，几乎少有什么真正的财产。通常灾难来临时，开钱庄的会携款逃跑，客户损失会很惨重。

真正的中国钱庄是贴现存款钱庄。这些钱庄信誉高，政府也不会给他们什么利益。

一如这个国家一样，钱庄也历史古老。公元前2600年就有对纸币和钱庄的记载，这表示钱庄很早就已经存在了。

中国房宅的不安全及火灾使人们有必要存钱。中国每个阶层的人都有钱庄账户。钱庄业务就是对票据贴现、计算汇率、对土地和私人财产贷款及买卖贵重金属等。政府不限制钱庄的建立。钱庄在中国各个地方都卖短期汇票。汇丰银行及国外其他银行都参与外币及长期汇票业务。

钱庄一般给存款人利息（北京除外），有时按日息算，并协议合作方方便借贷。规矩是存款人可以借贷形式贷几天双倍于自己存款的钱。

存款随时可取，利息截至取钱当天（北京除外）。外国银行也给利息，但需存够一定的时间。汇丰银行给定期存款5%的利息。

在北京有一种清算制度，相比之下要好于纽约。每位存款人都有一个银行账本，分为两栏，一栏记录存钱，一栏是记录存款人可能的支付款借记。存款人然后把其所有的信贷送与银行支付，到晚上时存款人把自己的账本送给银行。第二天上午，不同银行的职员碰头在自己的账本上说明应从客户收取及支付的不同数额。年终时会以现金的形式支付差额或留存生利息。

据说钱庄之间在困难时期会相互帮扶，有延期付款要求且有清还债务能力的银行会接受延期付款。

要求账单持有人立即付款的体系导致美国出现了多次经济危机。而中国没有这种体系。中国钱庄给10—15天的期限，其间借方钱庄可从家里或外省等筹钱。这儿的钱庄同样会有失败，但能靠其雄厚的基础确保在期限时间筹到基金而自救，否则的话也可能被突然的压力击垮。

这些经济困难通常情况下只发生在年底，届时所有的债务必须得付清。在中国新年及其他两个5月和八月十五中秋节，每个人都得把账结清，否则的话是不体面的。这一规则在年底尤甚。按我们的日历是2月份。与其他国家不同，这些结账的时期能阻止经济危机的发生。

预见到危险时，政府会把钱存在最好的钱庄。

因此，在年终时，政府官员会在钱庄存入大笔的钱以应急支付市场前所未有的不寻常的紧缺现象。

出现大灾难时，政府同样会以有利息的形式或其他形式把谷物贷给农夫播种以及把钱贷给贫穷的人们。少有假冒的钱庄账单。存款人往往会等着看到单子上填上自己的存款额。我来讲这么一个事儿：我的一个非常富的朋友在上午得到了张 100 两的存单,可没等到晚上该钱庄就倒闭了。他来找我,我向总理衙门说了此事。衙门推卸一切责任但许诺会好好处理这笔钱。后来一位政府官员接管了这个钱庄,掌柜的逃跑了,但那 100 两纹银,我朋友连 1 分都没有拿到。

钱庄也发行流通信用证,在有代理的中国钱庄很受用。像我们国家一样,钱以账单的形式从一个地方回到另一个地方,但汇率很高,因为是私人传递很昂贵。

据我所知,公开数据没有与钱庄相关的。钱庄都很谨慎。钱庄和国外银行间竞争很大,有关商业的信息都很保守。北京的汇丰银行支行在 20 个左右的钱庄有大量的存款,但不收利息。

钱庄可以"熔化"收到的白银,汇丰银行收到的所有存款都这样做。北京一般 1 个月的利息率是 1%。

白银装在小木棍里从各省运往北京。木棍中间空,白银放里面后用铁条箍起来,用马车运到财库。

在中国的外商普遍希望能有统一的货币和银行。各个国家间的竞争也很激烈,某一个国家所独有的方案都会遭到所有其他国家的攻击。众所周知,费城辛迪加财团试图在天津得到特权时就遭到了反对。

尽管中国钱庄众多,像其他国家那样到处都有,但这些钱庄还是常常会出现财经困难。有些困难源自他们不能完成当地政府交给的任务。在西北部陕西最近就发生了这样的事,由于民族暴乱丢掉了好几百万的白银。中国没有国家银行,除了我已经提到的几家外,钱庄在最需要帮助的时候都得不到政府解救。

考虑整个问题的时候,不能忘了,人们对政府官员的信誉毫无信心。由于中国分成 21 个地方政府,并且地方政府都有绝对的管制权,财务上的不信任导致结果很遭。而国家银行能恢复信心和增强财经运作。中国的领衔报纸《中国北方每日新闻》(North-China Daily News)建议,通过各个通商国主要公司建立统一组织，来扭转人们对建立全国统一银行的反对。它建议说这一组织的股份给中国预留一大部分后，在各国间平分。藉此来消除各国间的嫉恨，达到诚信经营。

我的判断是中国不会同意这样的计划。很显然，中国统治者想保持自己对公共机构如铁路、汽船航线、电报及银行的特权。这一政策逻辑上是对的。我们主要反对的是中国政府办事拖延。反对拖延对教育和指导人们来说很重要。而教育和指导人们为进步而努力奋斗也很迫切。

看似也没有什么原因能解释为什么我们的银行体系在中国行不通。如果中国能把银行体系建设这事交给美国的大银行家们，我敢肯定罗伯特·哈特（Robert Hart）先生领导下的英国海关运行体制也就一定能在中国的银行和货币领域成功实现。

没有比中国政府的财经运行更混乱的了。所有观察者都明显看到，良好的赋税收集和分配体系能为政府带来巨大好处。中国的财经主管值得任何有志之士登攀。无需说，无可挑剔的名声和常人难抵的能力是必要条件。

应该说这一计划需要个人的努力来实现。领事馆只能在礼节上和领事个人影响力上助点儿力。即使领事有权力劝说清政府采纳所有的这些经济方案，他这样做也不是明智之举。何况领事也根本就没这个权力。

我很明白，我的同胞在中国所做出的任何出色成就都会增强国家荣耀，而我会不遗余力地尽心尽职推动这一工作。

此致

查尔斯·登比（Charles Denby）

157 | 1888，3月28日[①]

登比（Denby）先生写给巴亚德（Bayard）先生

604号，美国公使馆，北京，1888年3月28日（5月5日收到）

先生：

中国的货币变化无常，处于过渡期，注定会建立制币厂。

货币价值和形式的统一是急应矫正的弊病。政府非常清楚混乱的程度，但保守和害怕人们的反对使之不敢采取补救方法。

前一阵建议说发行"标准"货币来发部分工资。这并不是要取代北京的大钱。这些货币最初是在咸丰统治时期，云南暴乱铜很缺乏时发行的，只在北京流通。

发行标准货币的目的是统一北京和各省间的货币。但这一变化扰乱了北京的货币。人们认为北京大钱应停止流通。北京大钱以前值10个标准货币，现在只值2个多一点儿。钱庄已经在流通中撤掉了这些大钱，担心它们会按标准货币来支付。钱庄也取消了可用北京大钱支付的票据。这对商业的影响很大。

在此附上3月12日颁布的命令；北京大钱继续流通，但只作为标准币的辅币。

查尔斯·登比（Charles Denby）

[①] 与总统的年度咨文一起呈递给国会的美国对外关系文件，1888年12月3日，华盛顿，1889，283—284页。

[604号信件　附件]

北京的货币问题
法令

1888年3月12日

我们收到顺天府官员的备忘录。信里说由于根据建议发行了标准货币来支付部分工资，北京大钱在流通中受到限制。最初引进标准币时，是为了辅助北京大钱，在商业交易和政府交易中按2:1来使用，从来就没有考虑过取代北京大钱。虽然在接下来的法令中根据户部有关法律进行了确定，但仍未改变商业圈内的不安情绪。人们依然选择用大的、沉的北京大钱而拒绝小而轻的标准币。结果是人们不能用北京大钱来换取生活必需品。交易由奸商操纵，严重影响了其他人群的利益。因此，我们命令顺天府的官员和北京协巡营长官重新发表声明，继续流通北京制币厂制造的北京大钱，重量上2钱多一点。任何企图终止北京大钱流通而限制北京大钱的企图或哄抬物价的行为都将依法严惩。

158 | 1888，7月14日①

登比（Denby）先生写给巴亚德（Bayard）先生

667号，美国公使馆，北京，1888年7月14日（8月29日收到）

先生：

有幸在此呈上1887年中国外贸报告。

[...]

汇率：1887年的汇率是有史以来最低的。

1887年海关两的平均值是4s.10又1/2d.，而1886年是5s.0又1/2d.。为了确保理解这一问题，可以简单比如某一个人在汇丰银行存上1两白银，看看他在伦敦会得到多少即可。当答案是4s.10又1/2d.，而不是1882年的5s.8又1/2d.，便可知道贸易如何受到影响，在中国经商并把钱汇回自己国家的外商有多悲伤。他们每日的工资在一天天减少，收入在降低。而如果所有挣的钱在中国花，白银的贬值对他们的影响就会是遥远的事。白银的贬值基本上影响不到中国的劳动力价格和产品价格，只是国外的值贬值了。

值得一提的是，白银与黄金之间的高汇率或低银价会促进国外贸易。由于在伦敦白银兑换黄金损失很大，外商在伦敦会讨价还价用黄金

---

① 与总统的年度咨文一起呈递给国会的美国对外关系文件，1888年12月3日，华盛顿，1889，283—284页。

支付而增大商品的出口。这很可能会刺激进口，因为商人会被引导着把商品带到中国来交换当地的产品。因此，低汇率是一点好处都没有。1887年海关报告显示，尽管价格昂贵或如他们说的汇率低了，尽管各阶层商人尤其是茶商怨声载道，业务量却增长了。今年茶市开市比前几年都高，奇怪的是，这与去年关于今年的预测很不相同。

此致

查尔斯·登比（Charles Denby）

159 | 1889，1月11日[①]

登比（Denby）先生写给巴亚德（Bayard）先生

793号，美国公使馆，北京，1889年1月11日（3月12日收到）

[...]

尽管如此，年轻皇帝即将到来的统治将会是中国历史上最难以忘记的时代。铁路、电灯、物理科学、新海军、提高的军队、统一的银行体系、制币厂都含苞待放。这些进步不管是被谁推进的，都加强了整个世界的经济。

此致

查尔斯·登比（Charles Denby）

[①] 与总统的年度咨文一起呈递给国会的美国对外关系文件，1889年12月3日，华盛顿，1890，93—95页。

160 | 1890，9月11日[①]

登比（Denby）先生写给布雷恩（Blaine）先生

1161号，美国公使馆，北京，1890年9月11日（11月4日收到）

先生：

值得一提的是广州制造的新币开始在中国流通。这是第一次开始认真地尝试在中国铸币。除墨西哥币这一在各个港口和外国人居住地自由流通的货币外，如今金条、银元宝和铜钱一道，开始装饰起中国的金属货币。银元的引入和议会由于白银升值而通过"白银法案"几乎是同步的。这显示了中国对白银以前价值的喜欢及法律的共同作用。

《中国北方每日新闻》的一位作者写道，1368年4盎司白银等同于1盎司黄金。1574年，几乎是发现新大陆80年后，7或8盎司白银等同于1盎司黄金。1635年黄金则是白银的10倍。1737年白银则更便宜。1840年，20盎司甚至更多的白银才等同于1盎司黄金。黄金和白银间的比值1860年是14:1，1882年是18:1。

这些数字准确的话，银值与对外贸易的增长是成反比的。白银引进越多就越便宜。

中国本质上是银本位国。工资、赋税和关税都用白银支付。学界认

[①] 与总统的年度咨文一起呈递给国会的美国对外关系文件，1890年12月1日，华盛顿，1891，204—206页。

为外贸剥夺了中国的白银，是一个悲剧。但另一方面，很显然白银也是通过外贸来中国的。确凿的证据就是"白银法案"对中国银值的巨大影响。根据本领事馆上一次得到的正式银行报表，1金币等同于1.0557墨西哥币；1墨西哥币值94.72分金币；1金币值78.75两白银（上海银）；1两等同于1.27金币。当前的金银汇率在东方是75.8，而去年是73.8，在前几年更低，这样就会明白白银突然间增值巨大。

我周游中国时在不同的港口都听到人们在纷纷议论白银立法的作用。总的来说好似人们都愿意白银便宜些。在中国重新调整价格前，商人买货支付的比此前要多。在伦敦见票付款时，会收到少得很多的银两或墨西哥币。不像此前，72或73枚金币能收到100墨西哥币，按现在的汇率100墨西哥币需95枚金币。以墨西哥币为例可说明，各个港口的纹银两不一而足。银币兑金币的值也是多样不等。

中国的工资本身就低得可怜，因此不能再低了。一个苦力一个月才挣6元（墨西哥币），多年来的收入都加起来才是4.50个金币，因此他会仍然坚持挣6元，不能再少。很显然，居住在中国的人如果工资或薪酬是金币，那么他在中国花钱消费就一定会蒙受损失。但我发现按伦敦草案发工资的香港官员都热衷于新率。这些官员得到的是金币，汇一大部分给美国的家人时则会升值。传教士们则将损失惨重，因为他们得到的金币会由于黄金和白银两种贵金属间的差异遭受损失。海军、外交官及领事都会同样受损，因为其消费也大都在中国。而如果他们把钱攒起来寄回家则会赚好多。

据我所知，以白银为基础的汇丰银行就因白银的升值而赚了很多。它的资本在本质上变成了黄金。

帝国海关的职员及其他政府雇员都是按白银支付，根本就不会受损，除非有人想把钱寄到国外。他们将一如既往地得到以前得到的，而如果由于白银的升值而花费降低了，他们就又赚了。

我有兴趣谈一谈白银升值对一度是中国的唯一货币——铜钱的影响。据前文提到的作者所写，中国还没有把纹银作为其主要流通货币之前，铜钱的值就在有规律地下跌。11世纪在河南的郑州（Kuangchou in Honan），40文能买1斤茶（1又1/3常衡盎司磅）。在其他地方，价格是74—48文。目前的汇率使得1担茶是16两，1两是1,500文，1斤是240文。800年来铜钱已贬值到现在5文只能买当时1文的东西。所引作者继续说，在纸币年代中国也许很满足于自己在用铜币吧。当时的人们只需要花现在的1/50就能得到他们想得到的。而大家知道，那个时候每一笔交易都有便利的钞票体系。

白银造成了铜钱的贬值。工资和债务都用白银支付。铜钱的贬值与其使用是成正比的，由于其重量大而使用降低。但穷人要想花费铜钱是必不可少的。越来越多的人口必须得有能满足日常普通开支的小额货币。因此，铜钱一直是一种重要的货币。张之洞在广州建立的制币厂所制造的新币据说成色很好，实际等同于其他国家的货币。这些货币分别与1墨西哥银元、50分、20分、10分和5分等同。它们的值按分两计算。

中国银元的面值7钱2厘，其他的分别是3钱6厘、1钱4又3/4厘、7.3厘和3.63厘。3枚小面值的对应香港发行的5分、10分和20分。

也许可以方便地说自此中国的钱完全能代表白银的重量了（两、钱、毫）。真正流通的两是1.351盎司；1文等同于1便士的1/20；1毫等同于半个便士；1钱等同于6$d.$；1两等同于5$s.$。

迄今为止，白银常见于银块或元宝，或有时称为"纹银"或碎银中。铜钱是铜币，不同于英国的发新（farthing），即1/4便士，中间有方孔可穿起来。银值的动荡起伏也很大程度是讨价还价的事儿。因此大约1,200枚铜钱兑1枚墨西哥币是平均行情。

尚需观察中国人是否会接受新币代替墨西哥币流通。奇怪的是，香港没有发行1元的银币。中国人很保守，怀疑所有的革新。但新币在清朝好多大人物的支持下很可能会被普遍接受。

　　此致

查尔斯·登比（Charles Denby）

161 | 1890，9月26日①

登比（Denby）先生写给布雷恩（Blaine）先生

1164号，美国公使馆，北京，1890年9月11日（11月8日收到）

先生：

很荣幸向您禀告天津和河间道台及天津海关道台的声明。声明称广州币和一些美元根据总督张之洞最近的命令，已成为中国各地的法定货币。

有关这些新币的值已在我第12封信中编号1161的急件中予以说明。

新币得到全中国的支持。根据北洋大臣兼直隶总督的命令发布的声明，所有的商人都按标准值接受这些货币。

几乎不用怀疑，引入的新币如果被普遍接受，且不被篡改成为带戳记的货币，将会成为中国财经上的一场革命。从这可以看出，建立全国统一的银行发行纸币的希冀也别指望会有什么好的结果。

此致

查尔斯·登比（Charles Denby）

---

① 与总统的年度咨文一起呈递给国会的美国对外关系文件，1890年12月1日，华盛顿，1891，206页。

162 | 1894，8月17日①

希尔（Sill）先生写给格雷汉姆（Gresham）先生

45号，美国公使馆，汉城，朝鲜 1894年8月17日（9月14日收到）

先生：

有幸呈递给您我昨天从朝鲜总理外国事务衙门收到的快件复印件。快件称经日本提议，朝鲜已废除所有中国与之签订的条约规定。

我还从同一个地方得到了一个快件，称日本两年前为朝鲜建的制币厂将会在朝鲜所有的商业交易中使用。

[…]

此致

约翰·希尔（John M. B. Sill）

---

① 美国对外关系，1894，附录 I，华盛顿，1895，55 页。

163 | 1897，6月19日①

进口到中国用来制造仿币的机器。

登比（Denby）先生写给舍尔曼（Sherman）先生

2765号，美国公使馆，北京，1897年6月19日（7月30日收到）

先生：

有幸附上与总理衙门进行交流的翻译件。内容有关阻止制造赝币及进口机器来制造仿币的问题。

在此信附上答复。

此致

查尔斯·登比（Charles Denby）

[2765号信件 附件1]

总理衙门写给登比（Denby）先生

北京，7月10日，1897

阁下：

亲王和大臣们有幸在1897年5月28日告知美国大臣，他们收到了福州提督的意见，是总理外国事务衙门有关伪造辅币的报告。总理外国事务衙门发现，最近在厦门和铸币区逮捕了几个人。这些奸人传播谣言说福州政府制造的银币不适合流通。如果不采取果断措施制止这一恶行，

---

① 与总统的年度咨文一起呈递给国会的美国对外关系文件，1897年12月6日，华盛顿，1898，107—108页。

目前实施的好方法就会因民众的怀疑心态而付诸东流。

只有严惩肇事者，才能让合法货币流通良好，人们才会满意。

要铸币必须得有机器，需发布命令说明，中国制造的铸币机不能卖给人们。对于国外制造的制币机，总理衙门应该联系驻北京的各国大使，要求他们通知各国的秘书或外事总理，将来所有进口到中国的制币机必须得到海关道台或海关官员的批准。更进一步，机器不能卖给个人，违者严惩不贷。进一步建议说，把相关规定和命令发布给北方和南方贸易总监及各个港口的海关官员、海事官员等，并采取行动搜查所有往来船只。岸上如发现未经允许的机器，进口者逮捕严惩，机器没收。

衙门应看到伪造银币对中国人和外国人都有害。

去年有些外国官员非常关心从中国出口的辅币，因为走私对贸易极其有害，他们要求衙门积极采取行动逮捕和严惩违反者。

福州总管（Tartar）请求禁止进口制币机，是为了保证银币的纯度，希望您能理解和同意。

已给南北贸易总监发布了命令，采取了相应行动。并已致信给美国大臣，希望他们也以同样的态度采取相应的行动。

[2765号信件　附件2]

登比（Denby）先生写给总理衙门

北京，6月19日，1897

尊贵的阁下：

很荣幸收到您10日的快件，内容是阻止以伪造辅币为目的的机器进口事宜。

已把翻译件呈递给了国务院（Department of State）。遵您所言，已在去年给国务院发布了严令，采取一切措施，严禁任何人以伪造辅币为目的进口机器，或伪造银币。国务院业已确保了其合作态度。

164 1897，6月31日[①]

艾迪（Adee）先生写给登比（Denby）先生

1474号，国务院，华盛顿，1897年7月31日

先生：

已收到您第19封2765号快件。内容附有总理衙门要求您合作阻止以伪造银币为目的的机器进口。

禀告您，您的指示显然很符合中国港口的情况。

关于防止从美国港口出口用来伪造辅币的冲压机事宜，一个问题是，如果我们的法律允许对出口货物如此监察，是否就能发现从美国港口出口冲压机是企图伪造辅币。1891年2月10日批准的法案第二部分规定，惩处以伪造辅币为目的的硬模、轮轴及模子私藏。附上这一法案的附件。您的指示副本会送给财务秘书来实施。

此致

敬礼

安维·艾迪（Alvey A. Adee）

[①] 与总统的年度咨文一起呈递给国会的美国对外关系文件，1897年12月6日，华盛顿，1898，108—109页。

165 | 1897，8月6日①

艾迪（Adee）先生写给登比（Denby）先生

1476号，国务院，华盛顿，1897年8月6日

先生：

来信有关您19日2765号及31日1474号信件。信中，中国政府要求您合作阻止进口机器伪造辅币事宜。向您汇报，财务秘书4日的来信中也提到了这些。已把相关情况汇报给了财务部秘书处，并已指示彻底调查有关情况。

此致

敬礼

安维·艾迪（Alvey A. Adee）

---

① 与总统的年度咨文一起呈递给国会的美国对外关系文件，1897年12月6日，华盛顿，1898，108—109页。

166 | 1897，9月14日[①]

艾迪（Adee）先生写给舍尔曼（Sherman）先生

2799号，领事馆，北京，1897年9月14日（10月25日收到）

先生：

有关国务院7月31日和8月6日1474和1476号来信，很荣幸地向您汇报，我已和中国政府进行了沟通，说明了美国有关拥有制币机器的相关法律，并声明已交由财务部秘书处着手调查相关事宜。

此致

查尔斯·登比（Charles Denby）

[①] 与总统的年度咨文一起呈递给国会的美国对外关系文件，1897年12月6日，华盛顿，1898，109页。

涉及香港的英国卷

十九世纪英美涉华货币档案

167 | 1864，2月26日，香港殖民地建立制币厂法令①

在立法委员会的建议下，香港执政官颁布条例如下：

I. 在香港殖民地执政官/总督批准的地方建立制币厂。任命首要大臣来负责铸币。铸币的形状、纯度和重量应处处得到女王陛下的批准。铸币应根据皇家制币厂主管所修饰的模子，遵循财政部大臣的相关规定进行。

II. 香港执政官依法按照执行委员会的建议制定条例，根据条例获得金银和硬币，并通过铸币收费或授权货币制造税保证制造的货币比例一致（不考虑任何金属提纯过程中的消费等变化）。货币制造税应能足以支付相关花费，并在必要的情况下，不断改变或修正这些规定。

III. 主管有权在殖民地执政官的批准下，在合约中加入或建立必要的条例以保证有序、便利地执行制币厂的职责。

IV. 任命制币厂的其他4名主要官员：

第一，财务主管。负责：制币厂总管金银的收取及银币的发行；监管和羁押货币收取和发行；忠实执行和准确记录与公众及检测、熔化及制造部门的每次交易，包括存储、兑现、金银等其他账目；总管文件安全存档、合理注册、热心忠实履职所需的任何行为。

---

① 香港法令，伦敦，1866年，290—292页。

第二，检测官。负责：正确检测运到制币厂的所有白银；正确检测所铸金条及硬币；精确精心地收存检测；总管为达到热心忠实地履行其职责所需的任何行为。

第三，铸币及机器主管。负责：所有财务主管送到的金银；负责金银制币具有合法重量并正确铸上授权模子；安全羁押和合法使用模子；铸币的适当和经济操作；精确精心地记录；总管为达到热心忠实地履行其职责所需的任何行为。

第四，熔化部总管。负责：指导和进行熟练、经济的熔化和提炼；精确精心地记录；总管为达到热心忠实地履行其职责所需的任何行为。

V. 制币厂所有官员及工作人员，在殖民地国务卿的授权和批准下，在必要情况下由政府执政官随时任命。

VI. 总管在每一季度结束的时候，负责忠实及时地（必要情况下可延迟）上传给总督以下统计表信息：

（1）金银司从人们那儿收到的白银重量。

（2）检测前熔化后的重量。

（3）检测后重量、估价后重量及估价本身的标准值。

（4）提炼后的重量。

（5）再次发行的未制成硬币的白银的重量和值，熔化费、检测费及提炼费。

（6）每一版铸币的纯度。

（7）发行给公众的一定纯度银币的重量及硬币发行费（如有的话）。

（8）硬币检测报告附件。

（9）每季度收到或完成的模子的数量及值；模子损耗及污损的数量及值；手头可用模子的数量及值。

（10）显示一季度的损耗回扣，有别于熔化、提炼、制造及检测中的损耗。

并要提供给殖民地执政官所要求的任何其他统计表。

VII. 为确保硬币的标准,殖民地执政官应注意每一季度不定期地在制币厂向公众发行铸币期间进行巡视,巡视应包括铸币筛选和样品,并时时遵照英国财政大臣命令向伦敦的制币厂主管进行汇报。

VIII. 殖民地执政官应指命不少于3人的政府官员委员会,在每季末开会审查制币厂的金银贮存和制造情况,并汇报其所确认的每一种货币的差额。

IX. 下面的工资数将加入王室年俸中。

职务	每年
制币厂总管	6,720美元
金银署主管	3,840美元
检测官	3,840美元
铸币主管	3,840美元
熔化主管	3,840美元

X. 制币厂的其他官员及工作人员工作由殖民地执政官在殖民地国务卿的授权和批准下制定。

168 | 1864，7月26日，香港制币厂[①]

赫休斯·罗宾森（Hercules Robinson）执政官写给科威尔·爱德华（Edward Cardwell M. P.）阁下的信

110号，香港，1864年7月26日

铸币和辅币

［…］

像欧洲和其他地方那样引进邮戳，和制造辅币及建立制币厂一样，都是铸币进程中的巨大进步。鉴于当年的情况，后两者更堪称巨大的进步。

［…］

此致

梅瑟（W. T. Mercer）

殖民地秘书

[①] 香港年度行政管理，1，报告1841—1941，卷1：1841—1886，查门（R. L. Jarmen）整理，档案版，1996，332页。

169 | 1870，9月10日，香港制币厂倒闭①

405号，殖民地秘书处，香港，1870年9月10号

先生：

[...]

花费

3. 花费只是192, 309$l.$ 1$s.$ 7$d.$，比去年低很多。从税收来看，这些都源自一些特殊的情况：1868年有一笔汇款和军事逾期拖欠款及1869年制币厂倒闭了。

[...]

制币厂

5. 制币厂倒闭了，设备以60,000美元的价格卖给了日本政府。建筑等也以65,000美元的价格卖掉了，因而总售额是125,000美元。而3年前关闭的话，则是500,000美元。看到这一结果，很让人感伤。这些钱本可以用来建立医院和改善污物处理系统。而将来这些公共设施的建立

---

① 香港年度行政管理，1，报告1841—1941，卷1：1841—1886，查门（R. L. Jarmen）整理，档案版，1996，289页。

一定会花费不少钱。

［...］

此致

梅瑟（W. T. Mercer）

殖民地秘书

殖民部和外交部接收的有关中国市场白银供应问题的通信（1853—1858年）

十九世纪英美涉华货币档案

导　言

1854年日本建国后，列强试图在日本建立新的货币制度，同时也试图在中国这样做。他们的动机相同，都是为了给商人打开他国国门，为商品交易创造规范的货币环境。

货币问题与贸易紧密相联，同时也涉及驻华外国代表的薪水和补偿。

此问题与中国繁杂的货币形式及中国欧洲货币缺乏有关。墨西哥币和卢比虽然存量很大，但西班牙币是中国占主导地位的货币[1]。

驻华外国代表明确要求用西班牙币来支付其薪酬，以避免货币兑换造成的损失（高达16%）[2]。他们也希望利用东方银行、邓特洋行（Dent & Co.）[3]或怡和洋行等公司来办理。这些银行是对中贸易的公司中少数几家在日本大阪建立机构的公司。

驻华代表们还抱怨说，流通中货币和纹银存在巨大差异。正式货币包括银元（被中国商人盖戳的银元）和纹银（中国的纹银），其重量和纯度因地域不同而不同，多出口到印度用于购买鸦片。1851年12月，2000英镑的工资可支付"4800墨西哥币，4000卢比，4000半卢比和450个英国金币"，但通过兑换造成的损失估计高达10%。在各大城市之间也有差异：同一年，100墨西哥币在上海可兑换88西班牙币，在香港则可兑换92.50西班牙币。

1852年英国金币的官方汇率是4元80分，而实际汇率是3元78

---

[1] 1号信件中的附件1，1851年1月。
[2] 2号信件中的附件2，1851年12月。
[3] 同上。

分[1]。因此，兑换货币会造成重大损失。东方银行金币兑换银元会折扣 2%[2]。

1852 年至 1853 年的信件内容主要与这个问题有关，并且强调了西班牙币是主要货币这一事实。

由于中国一个非法制币厂[3]用含 0.90% 纯银的合金来仿造西班牙卡洛斯币[4]，这种情况变得更加复杂。

1854 年，墨西哥币对西班牙币的贬值率为 25%[5]。不管怎样，西班牙币的稀缺赋予了它较其他货币更大的价值。

不久之后，提出了在香港开设制币厂来铸造银元的方案[6]，计划在某些情况下与加尔各答制币厂合作。方案研究了为中国生产货币及从加尔各答向中国运送机器的可能性，估计所需的货币数量为 1 亿银元[7]。

最后决定在香港铸造银元，而不是在加尔各答、马尼拉[8]或其他地方。但这个香港制币厂建立后很快关闭，最终卖给了日本[9]。

中国的这一状况直到本世纪末才得到解决[10]。

---

[1] 3 号信件中的附件 3，1852 年 4 号信件。
[2] 1852 年 5 号信件中的附件。
[3] 1854 到 1855 年的信件。
[4] 12 号信件中的附件，1854 年 12 号信件。
[5] 1854 年 18 号信件中的附件。
[6] 1857 年 29 号信件。
[7] 1857 年 30 号信件及附件。
[8] 1857 年 30 号信件及附件。
[9] 19 世纪日本货币史研究，帝国制币厂（大阪）的报告，（明治三到十六年）（1870—1883 年），马瑞娜·科瓦卡（M. Kovalchuk），乔治·德培罗（G. Depeyrot），韦特伦，2012 年。
[10] 19 世纪货币史研究，中国，中国香港，选自英国文献（1857—1898 年），马瑞娜·科瓦卡（M. Kovalchuk），乔治·德培罗（G. Depeyrot），韦特伦，2012 年。

本书收集的信件来自殖民地办事处和外交部，内容有关中国市场的白银供应、上海和广州卡洛斯币溢价过高对驻上海领事馆官员造成困难的补救建议，及财政部相关备忘录。

1号信件

安丁顿先生写给议员莱维斯先生信函副本。

先生：

受格兰维尔（Granville）伯爵之命，随函寄去英国财政部委员们的资料及审议意见，以及博纳姆先生信件副本及附件。内容有关领事馆官员因薪酬支付方式而遭受的损失。兹请求格兰维尔伯爵对信件内容做出回复。

（签字）安丁顿

外交部 1852 年 1 月 24 日

1号信件附件

（138 号）

维多利亚，香港，1852 年 11 月 26 日

阁下：

恭呈阁下相关资料及安洛克先生发给我的信件副本。副本有关我必须向领事馆转付英国金币、墨西哥币及卢比而造成英国政府和驻中领事馆人员遭受损失事宜。

安洛克先生的信件充分解释了这种质地的货币送往上海产生的损失和不便。我不会占用阁下过多时间，重复他这些在我看来非常强硬但又合理的说法。基于上周在上海时对英国金币和一些贸易公司卢比的价值

调查，我可以肯定地说，有充分的资料证明安洛克先生的这种薪酬支付形式，注定会使他遭受重大损失。

汇款以英国金币和公司卢比支付，对此我早就意识到领事馆可能会出现一些不便之处。我曾就这个问题向总委员长助理致电，因为是他向我提供的这些货币。附件是我的来信和他的答复副本。从史密斯先生的信中，阁下会发现，我只能按那位官员认为合适的方式向领事馆提供货币。

正如阁下所看到的，史密斯先生说，他是按照英国财政部委员们的指示行事的，他当然要遵守他们的命令。

英国银币或金币在中国的任何一个地区都不是以欧洲标准流通的。事实上，西班牙银元是唯一的通用货币。因此，无论以下建议是否能够促使英国财政部委员们命令议会投票决定，我都要谨此尊敬地建议阁下，英国驻中领事馆及其监管部门的所有款项不要以西班牙银元结算。因为正如安洛克先生所言，按照这个安排，所有这一切（除了领事官员的薪水）必须使用西班牙银元，或与其同等面值的货币，英国政府将是领事馆所有付款的获利者，而收款方如信中所说会遭受6%到8%的损失。看到这一解释后，英国政府如认为还应像现在一样继续向领馆官员支付工资，我还会一如既往地迫切建议您命令总委员长以西班牙银元提供给议会一年一度的资助金额，以便领事们获得各殖民地港口司库的货币，并藉此避免因汇率产生货运费和保险费等其他计划外费用。

在当前制度下，由于不同港口的商人不会为这里的国库提供货币（dollars），领事们无法就监管权问题进行谈判。因为他们知道，无论是用金币还是用卢比，均将导致他们在殖民地的几个港口之间承担更多的运费和保险费用。

帕默斯顿子爵
（签字）乔治·博纳姆爵士

(108号)

英国领事馆，上海，1851年11月9日

先生：

阁下莅临上海我得以借机请阁下您注意到财政部面临的困难和损失。这一损失源于最近的规定，要求把在香港殖民地合法流通的货币全部收缴上来。若收受到的货币仅是英国金币、墨西哥币、卢比、半卢比及四分之一卢比，领事金库中的这些货币会毫无用途。原因是所有的这些货币在港口无法流通。最终结果是要么把它们卖给中国人，因为这么多的金块可以熔化获利，要么卖给那些可以把这些货币带回香港的买家。目前，1墨西哥币在与该地区唯一的货币——西班牙银元交易时最多可兑换88分。240个卢比只能兑换100西班牙银元，一个英国金币则相当于3银元84分，因此溢价率达到了7%—20%。据此汇率推算的话，明年用于建筑支出的5000英镑，用于官员薪酬和应急费用的1000英镑，可能会花费600英镑到1000英镑。如果要求官员的薪酬以这些货币支付，则相当于扣除了其名义薪金至少10%的所得税。这不是英国政府想要的结果。所以我进一步恳请阁下，无论损失全部是由英国财政部承担，还是其和领事机构共同承担，都不要在汇率上浪费资金。西班牙币作为北方港口的唯一货币，其常规值则能更好地实现英国政府的目的。就上海而言，要么以5%的溢价运送西班牙币，要么以更经济一些的方式节省运费，如可将经费以墨西哥币的形式存入东方银行、邓特公司或怡和洋行，这些银行会以非常低的汇率交易成西班牙币。通过这种方式领事官员会获得巨大收益，同时也不会超过英国政府，因为一切与非预算支出相关的费用只能以墨西哥币支付，并由市场决定其汇率，如果账单必须用墨西哥币支付，则账单上的金额必须等于折扣的金额。

请您考察证明我的这些陈述属实。我迫切地请求您为了政府，同时也为了为政府效力的工作人员的利益采纳我的建议。如您本人不能做主采取措施的话，请汇报这些情况，尤其是告知外事部秘书。

此致

博纳姆

（签字）卢瑟福·安洛克

（173号）

殖民地秘书长办公室

维多利亚，香港，1851年12月14日

先生：

前几天您与总督阁下交谈了五个港口英国领事的薪酬支付形式等问题。阁下深思熟虑后委派我通知您，阁下毫不犹豫地表示不赞同目前的支付方式，同时也认为向领事馆提供英国金币和其他货币是一个难题。

毋庸置言，北方港口的中国人绝对不知道英国金币，如果人们收到了一定数量的这些货币（阁下非常怀疑这种可能性），相比之前的墨西哥币支付形式，会遭受严重损失。这对官员们来说，无异于雪上加霜。因为，与中国的通用货币西班牙币相比，墨西哥币在港口的折扣率为6%、7%和8%。

除了官员的薪水问题，公共服务等计划外费用也必须得到解决。这些开销必须始终以该地区的货币形式支付，不管英国政府需要付出什么样的代价。为了支持这一点，阁下可以告知您，目前在上海进行的总额约为5万银元的公共工程合同已经达成以港口流通的货币计算。所以，如果提供英国金币和英国货币（阁下已经表示不会收到）给上海的领事馆，该官员将无法履行他的职责，因此不可避免地会给公共服务带来巨大的不便，损害我们在港口的利益。

最后我要说，您曾遵照英政府的指示给各使馆发先令。这使得阁下被迫命令各使馆依赖殖民地财务官的资助，来支付运营开支及支付与香港政府进行谈判签约等产生的各种损失。

此致

（签字）凯恩

史密斯，总委员长助理

中国军需部

香港，1851年10月15日

先生：

昨天收悉您第173号信件。我只能查阅到财政部1845年6月10日和1846年3月13日的备忘录，尊呈副件供阁下您细读。

1845年6月10日备忘录的后半部分命令军需部负责人"从殖民地和领事馆那里，以最优的汇率尽可能多地购买目前合法的货币，以利于殖民地领事馆将来的发展。

按照这一指示，根据皇家公告的当地货币管理规定，我只能把大量的英国金币作为我的汇票收入存入军需部金库；过去一年，私人投机者进口这一货币就是因此而来的。

与北方各港口一样，这些英国金币在这里同样是要折价出售。并且，向部队和船员支付英国金币极其不便。不过，我认为有必要以大约各二分之一的比例发行，以与我负责的货币相均衡。根据阁下1846年3月13日领事官员备忘录中所提供的信息，除非接受与票面价值相等的短期国库钱贴，否则殖民地领事馆除了接受损失外，别无选择。

至于您信的后半部分，我斗胆建议，如果他们拒绝接受部分英金币，或对等地接受国库钱贴的话，任何因领事馆官员工资协商草案产生的损失可向当事方收费。6000墨西哥币或68,000卢布至少目前已足以支付所提到的各种费用。尤其是卢布，在上海需求很大，已与当地的西班牙币对等使用。

此致

(签字) 史密斯

2 号信件
安丁顿致财政部秘书长的信函的副本

外交部，1852 年 3 月 1 日

先生：

来函有关我 1 月 24 日的信件。受马姆斯伯里 (Malmesbury) 伯爵之命，随函寄去英国财政部委员们的资料及审议意见和从博纳姆先生那里得到的信件副本及其附件。内容有关驻中领事馆英国官员由于薪酬支付方式而蒙受损失事宜。

(签字) 安丁顿

2 号信件附件

(153 号)

维多利亚，香港，1851 年 12 月 26 日

阁下：

上个月 26 日第 138 号急件中，我尊呈阁下您安洛克先生的来信。信的内容有关我受命不得不向领馆支付英国金币、墨西哥币和卢比而导致英国政府和其驻中领事馆蒙受损失事宜。我最近还收到了来自厦门和图同福 (Toochowfoo) 的投诉，与上述问题类似。所以，我认为有必要向您提交沙利文 (Sullivan) 领事寄给我的关于同样问题的两份急件。

我将沙利文先生上一次的急件（附件 2）提交给了殖民地司库，他

表示愿意提供任何措施进行解决。我同样寄去了他的答复副本。里面提到，驻外的所有政府官员，无论是领事馆还是殖民地，都是此种货币支付形式的重大受害者。因此殖民地官员考虑向英国政府提议推选一个代表协议此事。

对于这个问题，非常抱歉我无法提供太多的信息，只能说明我完全相信领事陈述的真实性。为便于此问题相关部门能够充分理解此事，我附上了一份备忘录，通过对比墨西哥币、卢比及英国金币说明100西班牙币在香港和上海市场的价值。从这份备忘录来看，似乎每一个墨西哥币以4先令2便士支付给每一个政府官员，并且现在以4先令8便士的比率购买英国的汇票。这一情况对于那些有薪酬足以允许其汇出一部分的人来说无可抱怨，但不幸的是，领事馆工作人员中最多只有三四个人薪酬足以汇出，绝大多数人认为目前的支付方式很糟糕。实际上正如我认为的那样，根据英国的声明，西班牙币和墨西哥币具有同等的价值，但领事馆工作人员反对以墨西哥币形式支付，因为在上海和香港墨西哥币分别有8%和12%的折扣率。墨西哥币的市场值低于西班牙币，而后者实质上是中国贸易中的货币度量标准。

我认为有必要补充一下领事馆沙利文先生在1851年7月28日的急件（附件1）。他在信件中提到"国库向厦门汇款很不公正，因为总是基于当地最大的折扣"。这一说法没有任何根据。无论沙利文先生得知了什么消息，他反对的这一货币正在香港和厦门折价流通。我感到满意的是，殖民地有司从军需部金库收到的所有货币总是分配公平。

帕默斯顿子爵

（签字）乔治·博纳姆爵士

（49号）

英国领事馆，厦门，1851年7月28日

先生：

禀告阁下，由于我们的工资由殖民地财政部拨付墨西哥币和卢比，我和领事馆其他成员遭受了不便和损失。

厦门的折扣率很高，阁下可以在上个季度账目的2号凭证（D）中得到证明。因此，该领事馆的成员们收到的薪水会亏损8%。此外，除授权扣除额外，养老基金和所得税等使得实际收入减少了16%。

今年年初，墨西哥币、卢比和纹银的价值都受到汇率增长的不利影响。忽略这段特殊时期，我可以禀告说，与中国广东等南部地区相比，墨西哥币在厦门一直受到高汇率的影响。总体来说，大约因当地货币溢价而折损5%。我曾在厦门居住过，现在也住在厦门。这一切都是我亲身经历过的，并为此付出了惨痛代价。中间这段不在厦门居住的时期，汇率也没有多大变化，当时莱顿（Layton）先生任职期间的官员可以证实这一点。

阁下知道，出口需求使厦门成为中国最大的白银出口城市之一。合法进口的鸦片几乎全部按切削过的银元和纹银支付（按重量计算）。如阁下您所知，厦门使用的银两要比广州和香港的略重一些。一般来说，这里的银元以7钱2分称重银币计算，而在之前提到的地区，即广州和香港，则相当于7钱1分7厘，有时在一些交易中是7钱1分5厘。这就是为什么英国商人仅愿意收取西班牙卡洛斯币，按重量付款总是漏损，无法获利。并且，还抑制了墨西哥币和卢比的流通，以至于每当得知领事馆拥有相当数量的墨西哥币或卢比时，折扣率就总是会提高2%。1845年5月1日的告示，在很大程度上推动了商业交易中不同种类货币间的平衡，特别是在香港殖民地的英国家庭和市场支出中这些货币间的平衡。然而在厦门我们没有优势，因为对外贸易是唯一需要金属货的，折扣率的任何改变会立即体现在1墨西哥币可兑现的铜钱数量上。

也许就是这一原因给驻中领事馆人员或多或少造成了一定的损失。商业变化具有不可控性，给领事馆等特殊机构带来了不变和损失，如果因此给与补偿等有些不太合理。但是，如果没有任何整治，就会严重限制我们的政策，当前情况下我说服阁下提供特殊补救办法消除弊端的希望也就微乎其微了。

基于以上原因，我相信阁下会愿意考虑此问题，以缓解领事馆人员的持续损失。我希望阁下能够指派殖民地司库资助以后的薪酬，或允许领事馆人员从政府有司那里领取西班牙币薪酬。由于告示说明所有货币在香港是等值的，因此无需考虑向厦门转寄哪种货币。并且，司库可支配多种货币，所以可以总是按当地的最高汇率拨款给领事馆。

领事馆承受的巨大经济压力，特别是领事馆初级人员所面临的压力，导致了对该问题的讨论。给阁下造成打扰我深感抱歉。

（签字）苏利文

乔治·博纳姆爵士

(73号)

厦门英国领事馆，1851年12月9日

先生：

向您禀告，已收到阁下"火蜥蜴"号轮船10月27日寄送的第59号紧急邮件，也收到了薪酬。总共2000英镑，包括各种货币：4800个墨西哥币；4000个卢比；4000个半卢比；450个英国金币。

冒昧地写信给阁下。对我负责的事务提出与阁下相反的意见，不胜惶恐！但使用上述各种货币来支付领事馆官员的薪水只能造成前所未有的损失。这促使我重新提起这个话题。

我在7月8日第49号的信中已经阐述了墨西哥币和卢比的

适用性问题。现在我再次禀告阁下，在厦门半卢比的价值是 19.5 便士，一个英国金币等于四个西班牙币，与使用西班牙币支付工资相比，损失分别为 10% 和 20%。

再次向您禀报，只适合于香港殖民地特殊情况的公告，强迫几百里之外的厦门人们遵守，后果会很严重。在厦门这里公告没有什么效果，厦门的店主怀疑这些不常见的货币，不会把我们的话和告示作为这些货币价值的保证。后果只能是领事官员的薪水会减少十分之一或五分之一（视货币情况而定）。

即使阁下觉得自己无权直接补偿这一损失，我相信阁下也定会谅解我对此事的建议，会考虑之前寄给外交部的信件，就这一问题征求帕默斯顿爵士的意见。

乔治·博纳姆先生

（签字）苏利文

（131 号）

殖民地财政部，维多利亚，香港

1851 年 12 月 19 日

先生：

驻上海和厦门的两位领事托我转交您两封信函。写信向阁下您汇报女王陛下全权代表的这一信息，以便我向您报告。

领事们诉说货币支付形式造成他们的薪水损失了 10%，这件事情是确凿无疑的。但领事们似乎并不知道，驻中的每一位职员，无论是属于港口的领馆机构，还是在香港殖民地部门，或是在这里的海军和军事服务处，都遭受了和领事们同样的重大损失。这种损失非常惨重，政府职员已经决定将自己的情况汇报给本国政府。考虑到高的折损率，我相信这可能是从该殖民地取消使用高折损货币的一个有效方法。

同时，除了承受损失之外，我看不到任何补救办法。军需处只是为了一部分政府职员的收入而购买西班牙币，其余的则像以前一样遭受损失，这显然是不公平的。

领事馆沙利文先生来信提到公告以英币作为法定标准，而据说这只适用于香港殖民地。

以上提及信息（我希望这份邮件能够及时转交给总督阁下）依然会表明这一货币永远在此处无法实现其货币目的。

约翰逊
（签字）默瑟

（原件）

根据英国1845年5月1日公告，政府的汇率为：20英镑16先令8便士等同于100墨西哥币、227.25公司卢比。在过去三年里，没有西班牙币存入财政部。

上海的汇率（西班牙卡洛斯币是其唯一流通货币）：100墨西哥币等于88西班牙币；227公司卢比等于94.68西班牙币；20英镑16先令8便士等于80西班牙币。

香港当前汇率：100墨西哥币等于92.50西班牙币；227.75公司卢比等于95西班牙币；20英镑16先令8便士等于89西班牙币。

当前中英两国之间货币的汇率是极高，西班牙币的汇率为5先令，墨西哥币为4先令7便士到8便士。

（签字）约翰逊
中国贸易监管
1851年12月26日

3号信件

安丁顿致汉密尔顿信函副本

外交部，1852年3月20日

先生：

　　来函有关我上个月24日以及本月1日信件。受马姆斯伯里伯爵之命，随函寄去英国财政部委员们的信息及从博纳姆先生那里得到的加急信件副本及其附件。领事安洛克先生认为有必要将841个英国金币转换为卡洛斯币，这些英国金币汇自香港以供上海领事馆使用。

（签字）安丁顿

3号信件附件

维多利亚，香港，1852年1月24日

（10号）

阁下：

　　来函有关我11月26日发来的138号急件。谨向阁下您随函寄去安洛克先生加急信件的副本及其附件。安洛克先生按照4.80元汇率汇出841英镑供其领事馆使用，并已按3.78元的汇率将其兑换成了卡洛斯币。这已经是英镑的最高汇率，所以要求我授权将总计857.52元的差额记在政府账上。

　　我对安洛克先生不得不采取这一措施感到非常抱歉，因为没有阁下的指示，他无法从我这授权去做这件事。因此，我需要将此问题汇报给您，等待阁下您的命令。但我想补充一点，我相信从这里汇款给安洛克先生的英镑不能用于支付建造领事馆的承包商。并且毫无疑问，这些英镑已以上海最高的汇率兑换为当地的流通货币。

（签字）乔治·博纳姆爵士

帕默斯顿子爵

（3号）

英国领事馆，上海
1852年1月9日

先生：

1851年11月19日108号急件有关最近军需部因其薪酬支付形式而导致不可避免的损失事宜。我谨附上两位英国重要商人的证明，表明1英镑只值3.78上海西班牙币，在较短时间内不会变化。在我上封来函中，我提到有望价格能稍微上涨一点，但经过多周的宣传活动和询问，我发现除了小额款项外，不可能获得任何报价，因此就以相同的汇率出售了全部黄金，并将857.82银元借记在英国政府。二者间的兑换根据香港军需部与上海市场黄金价格之间的估值或法定价值的差额进行。由于每一次的尝试均会获得更有利的结果，我相信阁下会非常满意，且授权批准收取差额。

（签字）安洛克

乔治·博纳姆

上海

（原件）

（签字）强生

驻上海港的签名商户特此证明，根据上海的金银比价，英镑价值约为 3.78 西班牙币。上海的流通货币在短时间内不会变化。

（签字）A·M·卡洛克

A·C·R·穆达夫

上海

1852 年 1 月 6 日

（原件）

（签字）强生

（9 号）

维多利亚，香港

先生：

已收到你本月 9 日的 3 号急件。来函通知我以 4.80 汇率发给领事馆运营的 841 英镑已到。我目前已以 3.78 的当地最高汇率兑换成西班牙币。因此，要求以借记的形式请英国政府支付升至 857.82 元的差额。

请参阅我去年 11 月 29 日第 110 号信件，其中对你 10 月 19 日第 108 号信件做出了建议。你在信中提到，由于英国政府和领事在港口提供了上海未流通的货币而蒙受了巨大损失。我已经将信息及请示呈递给帕默斯顿子爵。我非常抱歉地提出，在收到子爵指示之前，你就该采取信中提到的措施。

（签字）乔治·博纳姆

安洛克

上海

（原件）

（签字）强生

（第110号）

维多利亚，香港，1851年11月29日

先生：

来函有关您本月19日108号信件的回复。在信中，您指出驻上海的英国政府和领事所造成的巨大损失，以及驻香港财政部在您的港口提供不流通的货币造成的巨大损失。我荣幸地通知您，我已经将您的信件副本及建议，一并呈递给了帕默斯顿子爵。我相信他会认为派遣财政部长指导这里的总委员长助理及用西班牙币汇款是合适的。

（签字）乔治·博纳姆

安洛克
　　上海

（原件）

（签字）强生

4号信件

财政部备忘录

1852年4月27日

请告知安丁顿先生，马姆斯伯里伯爵的资料表明，我的上司已经认真考虑了他们信中所附往来函件。

驻中国的英国领事抱怨，他们的薪水和其消费的支付方式出现了问题。据称，从香港转送过来的英国金币、卢比和墨西哥币，都无法在英驻中领事馆所在港口流通。据说这些货币受到交易日期汇率的影响。为了避免领事们遭受损失，补救措施是香港的军需部官员应当汇款西班牙币，因为西班牙币是中国港口的主要流通货币。

我观察到，为了解领事投诉的相关问题，并对其提出的补救办法可行性形成准确的意见，很有必要确定外国流通货币与英币之间的汇率。

一般认为，货币的贵金属含量是唯一能够估算交换价值的合理原则。正是在这一原则下，文明社会之间进行交易，具有不同货币的国家之间有货币汇率。当两个国家之间的交易必须调整时，双方都有自己的相同金属价值标准，因此他们货币间相对值可以很容易地确定。但当一方的标准包含黄金，而另一方包含白银，那么他们各自货币的中心汇率（标准汇率）在一定程度上是基于猜想的。原因是贵金属的价值易于波动，并且无法准确地定义一段时间内，一个国家的货币对于另一个不同本位制国家的货币溢价。这可能是由于贵金属本身的商业价值会产生贸易平衡或其他变化。

这一观点同样适用于那些承认双重货币价值标准的国家。而在中国这种情况下，就难以以这一方式调整他们间的比例以防止贵金属与金银币间相对值波动。

就英国殖民地而言，为方便调整有商业往来的各国间贸易，一般认为应该给这些国家合法流通的货币赋值；这样看来有必要指定固定利率，即：这些货币应该以这一汇率兑英镑及计算出士兵和公务员的薪酬。

当以此估价的货币是白银时，在中国就会在确定金币的相对价格时出现困难，与那些具有双重价值标准的国家类似。因为估价会不断波动，就会很难决定在商品交易中根据哪一个标准。唯一妥当的办法是殖民地公告中普遍采用的原则，即：基于贵金属在世界共同市场上彼此间的相对值计算。长期以来，这一平均值已经达到 15.73 个白银等于 1 个黄金的比率，相当于大约 5 个标准银价，一盎司银币。在此基础上，西班牙、墨西哥及南美洲国家的美元货币通常具有相同的含金价值，这些货币以汇率为 4*s.* 2*d.*，或 50/240 英镑，用于在英国殖民地流通，包括香港。

尽管在过去 40 年中，白银的相对价值在绝大程度上很少偏离这个平均价格，英币也以上述汇率与美元共同流通，但随着商业交易所的变化，显然美元和英镑的相对值绝对产生了波动。因此，英国金币在中国货币市场上溢价发行或是折价发行将标志着交易状态有利于或不利于这个国家。

我上司承认，中国人对西班牙币的偏爱使其在中国价值肆意增长，打破了上述原则，出现了例外。中国的货币流通情况却表明，处理与货币估值一般法则相背离的情况极其困难。

根据上海和厦门领事的信件，一些官员认为西班牙币，例如在中国使用的西班牙币，可以像其他货币一样轻易地获得。情况并非如此。中国人喜欢的这类货币不是现在从西班牙制币厂发行的货币，而是过去时期的某些货币，以双柱银元而闻名；即使这些货币定价不同，查尔斯四世时期的货币的溢价要高于费迪南德时期。

这些货币和其他货币一样，会渐渐磨损，受到损失，但没有正当合理的方式通过自由发行提供新货币。其交换值不是根据含银价值估价的，而是根据其稀缺性。这样价值会有很大的波动，因为随着货币需求的变化，流通量不能随之变化。因此，在不同的时期，相同的数额会交换更多或更少量的商品。事实上，这些货币在中国的可交换价值并不能准确地确定，而是在某种程度上以其他货币通常估计的贴现表示。

很明显，只要西班牙双柱银元拥有任意价值，香港军需部就不会以和其他货币相同的汇率支付。为了得到它们，需要支付保费，并且新的需求会带动这个保费的增加。

我的上司同时可能观察到，驻中国的英国的领事在评估他们最近交易中遭受的损失时指出，与西班牙币相比，墨西哥币的普通贴现造成了他们的实际损失。这个说法是不正确的。事实上，这个名义上的贴现表明双柱银元在交换中的价值高于其实际价值。如果双柱银元以 $4s.\ 2d.$ 的汇率提供给领事馆，他们则会是墨西哥币普通贴现额的获利者。

基于这些原因，我的上司无法承诺从香港向驻中国的英国领事馆提供西班牙币以弥补他们的损失。如果可以采取哪种措施能避免他们兑换英国金币，他们会很高兴。但在这一点上，人们会注意到，军需部官员在支付开销时一定会收到在香港合法流通的货币。从交易状态来看，与其他货币相比，英国金币按折价出售，自然他们就会倾向于它；如果在这种情况下，只提供银币给中国领事馆，那么驻港的部队和民事官员就会有理由抱怨因此而受损。我的上司看来，总委员长助理史密斯先生会在困境中考虑各方的利益公正判断。

避免为支付领事薪资而从香港转付货币时出现的不便，我上司建议的唯一方法就是，领事应该行使预留给他们的替代方案，以票面价格向军需部开票据；如果仍有困难，那么就完全改变措施指示他们，像驻外领事那样直接向财政部长提出工资和开支申请，经皇家特许在香港设立的东方银行上海分行或代理机构处理。我上司认为，以现行汇率支付这些账单，并从中得到这个地方流通的货币，应该没有困难。

然而，综上所述，阁下必须注意，在过去一年中国和东印度的高额汇率似乎是特殊情况造成的。根据最近的消息，交易已经大幅下跌。从我上司得到的最好信息来看，这个国家的账单可能会减少，中国的货币需求会进一步减少。伦敦白银目前的价格证实了这一看法。白银价格已经从东方高需求达到的高额汇率下降到之前的平均值，1盎司标准白银。如果这些预期得以实现，那么领事们所抱怨的损失即使不能消除，也将暂时缓解。

将这个备忘录的副本传送给总委员长助理史密斯先生，以资参考。

5号信件

安丁顿致汉密尔顿信函的副本

外交部，1852年9月28日

先生：

来函有关7月30日来信。受马姆斯伯里伯爵之命，随函寄给阁下英国政府驻中全权代表的来函副本，希望能解决驻中英国领事当前汇款制度带来的不便。

5号信件附件

贸易监管，香港，1852年7月17日

阁下：

奉命调查兑换差额及向中国各个港口转付香港金币所遭受的损失时发现，香港货币在这些港口经常以5%到10%贬值率交易。这使我突然想到，可以在这里通过信用证支付而不是以极大的代价兑换英国金币或墨西哥币（这个殖民地的普通货币），从而减少损失。通过这种新安排，避免了海运的风险、成本、各种不确定性和延误等，并且政府部门和领事官员都能获得好处。西班牙币是唯一在五个港口流通的货币，除非有相当高的保费（现在为6%），否则无法获得。向领事安洛克先生支付15,000美元，我可以通过东方银行公司以2%的贴现用信用证的形式向他汇付，并且已经指示安洛克先生将自己借记为领事账户中15,000美元的借方。用这2%的汇率他可以以上海两支付建筑物和其他合同，而这些都不能以香港货币支付。我发现这里的大户人家有从不同港口收大笔汇款的习惯。一般来说，因为港口对他们的信贷，在这里获款便利，我希望通过这种安排结束向各个领事馆货币汇款的费力、荒谬及昂贵做法。这对政府部门和领事馆人员都有利。

6号信件
财政部记录

1852年11月19日

请通知安丁顿先生和马姆斯伯里伯爵,我的上司对鲍林博士的报告没有异议。

7号信件
安丁顿先生写给财政部秘书的信的副本

外交部,1852年12月13日

先生:

您5月7日和11月25日的来信提到,女皇陛下驻中领事馆官员遭受的损失是由于其薪水发放方式导致的。受财政部伯爵之命,寄送一份副本,内容是关于伯爵写信给乔治·博纳姆爵士,告知他返回中国。

与此同时,请务必通知董事会,马姆斯伯里勋爵认同女皇陛下驻中领事馆官员遭受的损失。尽管首相并没有质疑您5月7日信中所述殖民地货币原则的适切性,但他认为这些原则适用于驻外人员的薪资发放上。尤其是在驻外大臣依靠殖民地财政部来支付他们工资的情况下,任何损失都不应该由驻外领事大臣及工作人员承担。首相大人明确表示,女王驻中领事馆人员有权得到经议会投票决定的薪资,数额不受其他因素的影响,如他们所居住的港口的汇率波动等。

我借此机会将向您发送一份最近收到的该信件涉及问题报告副本。

(签字)安丁顿

7号信件附件

马姆斯伯里爵士写给乔治·博纳姆先生的信件的副本

外交部，1852年12月13日

先生：

您知道，自外交部提议您入驻财政部以来，我们一直在考虑因支付方式导致的女王驻中领事馆人员所遭受的损失。这一点您在今年1月24日发来的第10封信以及去年11月28日发来的第138和153封信中都有提及。尽管您已经了解到财政部对此问题的态度，我认为您还是有必要在回中国前带上一份明确的文书，以确保在处理驻中领事馆工作人员抱怨的时候能做出回复。

鲍林博士在7月17日的信中提到，他曾通过东方银行向驻上海领事安洛克寄了一大笔钱。我至今还没有收到关于此大胆"尝试"的相关结果，但是财政部并不反对这一做法。不过，你到达中国的时候，就会了解这一举措是否妥当，到底只是权宜之计还是切实可行，是否可沿用到其他领事口岸。

无论如何您应该明白，我最大的希望是，在遵守财政部普遍适用于所有英国殖民地原则的前提下，我们应该微调一些做法。女王陛下的领事们应该得到经议会投票决定的薪资，该薪资不应受到任何日常交易产生的汇率波动影响，此原则应适用于英国其他殖民地。

与中国交往中有许多异常现象，其中包括比领事馆薪酬支付方式问题更奇怪的事情。在世界其他地方，执政官的薪金是付给可授权执政官代理权的人，授权他们可接受任何可以支付的款项；每季度期满后，由办事处寄给发薪总办事处各领事馆人员居住证，领事们这样就可以通过自己在这个国家的代理定期得到薪酬。

但对于驻中的领事馆来说，则注定是这样的一种情况。在香港有一个军需库，居住在中国港口的人从英国政府领取薪酬的机构是不确定的。这对于政府和个人来说是最方便的途径了。执行全权大使命令，付给各领事馆即可。而对于其他方面的花费，也都是以这种方式来支付。即使可以安排执政官无需军需部同意的情况下得到薪金，这虽可行，但也可能只是权宜之计。我不打算做任何会影响到主管现行政策的事情，这是一核心公共服务措施，将会继续实施。

然而，我知道改变现有安排方式存在另一困难，即不可能会有统一的货币体系来取代领事薪金的现行支付形式。很明显，一些领事官员按照这一体系领取薪资会很不方便。某一港口可能受益的体系可能在另一个港口完全不适用。例如，英国的法案在上海或广州谈判很容易，但是在厦门和宁波就没那么容易了。

这个问题基本上取决于当地调查的结果，我认为没有必要再推测。领事馆官员通常交易过程中承认，领事人员应向领事馆本身及香港和中国港口的商业社区申请确定。如果您的查询结果证明领事馆人员不能获得任何救济，请指示女皇陛下领事官员每年在期限内从下一个1月1日起提交一份声明，由一个或多个居住此地的受尊敬的商人提供他们在一年中可能遭受的实际损失金额。证明这一损失归因于香港军需处发给他们薪水时产生货币贬值，使得他们承受的贬值损失比商业港口普通交换波动所带来的损失更大。

我将尽全力考虑任何此类问题，并建议财政部采取措施，以满足女皇陛下领事官员的正当合理要求。

（签字）马姆斯伯里

（91号）

贸易监管，香港，1825年7月29日

阁下：

乔治·博纳姆先生11月26日来函中得知了安洛克领事的紧急请求，我将行使我领事财务管理权，命令总殖民地财政部拨款到上海，填补841金磅产生的损失（$857.82汇率4/2，产生损失是£.178.14.3），并将此计入政府账户。此事已经传到英国，但并没有收到外交部或财政部的指示。因此，很遗憾我不能满足安洛克先生的愿望。然而我要借此机会向英国政府强烈声明，命令所有的领事机构都遵守我们在香港设定的种种规定，存在执行困难。

我可以确定地说，香港的流通货币完全忽视了资金支付方式和商业惯例。

我谨保证，中国每年对外贸易总额可能超过2500万英镑。这些账户交易都留存，均是通过西班牙币。高级助理委员告诉我，他的年薪大约是12万英镑。殖民地的流通货币基于英金币这一有固定值的货币，卢比也是如此。

墨西哥钱币以及其他国家的货币汇率如西班牙、墨西哥及南美国家的货币，均以4s.2d.的价格兑换。

东印度公司领地的卢布，自1835年9月1日开始生产以来都是按照1s.10d.的价格兑换。我们还生产了面值为50戈比、25戈比、15戈比的钱币（1卢布=100戈比）。

目前中国流通的铜钱或铜币，每280枚是1s.。

目前，除了西班牙币，其他货币都没有固定流通值。任何企图将英币强加于这个幅员辽阔的中国的想法都是完全行不通的、荒谬的。我谦卑地提出，想迫使驻中的领事官员接受殖民立法强制执行的贬值硬币，是一件困难和不公平的事情。

何况女王陛下并不幻想通过随意某一种货币的实际值由任意值决定，这种欺骗手段来获益。驻中职员的报酬会受到当地情况的影响，因为他们不得不承担殖民当局造成的所有损失。但是，为什么在中国，一枚枚的货币不以其价值流通，而常常以5%—12%的折扣出售？在上海折扣则高达20%。如果继续逃避这一问题，做一些权宜之计，最后损失必然会落在英国财政部身上。目前除了在工作人员财务中保留一个任意的、不真实的，但固定不变的价值外，仍没有切实可行的办法。目前法定的不变的汇率是4s. 6d.。英镑是一切钱币交换的标准，荒谬之处在于白金卢布，因为白金在英国就像中国的黄金一样。蒙纳对卢比的熟知程度就像中国人对金币一样熟悉。

目前的安排又加剧了驻中领事官员的特殊困难，他们不得不在中国花掉大部分工资，而且他们必定要承受香港本地货币价值与中国其他港口之间价值的差额。高级官员通常可以以低于汇率的标准（1美元兑换4s.2d.的价格）向英国汇款，以此弥补他们的损失。美元的汇率总是低于金币，而我1851年的薪资，除去房产税和8%的养老金，亏损很多，所剩无几。

我衷心希望，马姆斯伯里勋爵和财政部会认真考虑这一反常的令人不满意的情况。

（签字）约翰·博宁爵士

8号信件

武霍斯写给下议院威尔逊先生的信的副本

外交部，1853年8月10日

先生：

此次来函有关乔治·博纳姆的来信。信中提到博纳姆已经授权上海领事大臣得到他们应得的薪酬。望您告知女王陛下财政大臣们，克拉伦登勋爵已经向乔治·博纳姆爵士表示了他对这一安排的赞同。

下议院的大臣可能会察觉到，乔治·博纳姆还没有报告驻中领事馆人员工资的问题。马姆斯伯里勋爵12月13日寄到财政部的信也许吸引了下议院大臣们的注意。克拉伦登勋爵完全同意乔治·博纳姆爵士的观点，即很有必要对驻中官员薪酬做出调整，因为在现行制度下，这些领事官员被剥夺了应得的待遇。

(签字) 武霍斯

8号信件附件

(23号)

上海贸易监管部，1853年4月15日

大人：

请允许我向阁下您提交财政部的情报和信函。安洛克领事信中提到的问题让我注意到，驻上海领事馆的大臣们正处于困难时期，因为每月的工资都是用一种高度贬值的货币支付给他们。现在，墨西哥元的贬值率超过了20%。有关此问题我对领事的回复很明了。

考虑到移交给当局效率会很低，我毫不犹豫地授权安洛克先生以当地货币的形式支付领事官员的工资，并在他的账户中收取任何可能会由政府支付的损失；我希望阁下对我在这件事情上的做法表示赞同，特别是当我通知阁下，我已尽可能地拒绝这一开支，直到我得出结论，都认为延迟这么做既不公平，又不合理。

12月13日的回信中我提到驻中领事馆人员遭受的损失巨大，中国流通货币问题不能再拖延了。我相信会出台措施解决这一问题。

(签字) 博林

英国驻上海领事馆

1853年4月14日

阁下：

继1月30日寄送的信件，此信中我将报告上个月驻中领事馆人员因薪资以墨西哥币支付而遭受的巨大损失，因为墨西哥币已经贬值了20%，达整整五分之一。他们不仅在上个月蒙受了这样的损失，而且这一支付方式还可能因为支付期限而给他们造成永久性损失。我也意识到：他们得到的薪酬完全不够用，比一个普通工人得到的都少。因此，他们必须寻找其他的就业机会。

在这种情况下，似乎只有一种选择：

其一，按照上海的汇率固定支付他们薪资；就他们而言，在兑换过程中带来的差额损失由英国政府来承担是目前来看最令人满意的安排。

其二，根据货币之间汇率的变化增加他们的工资，这样他们实际所得工资就可以达到正常水平了。

其三，减小领事馆的规模，这样省下来的钱可以支付给在任的领事官员们。

有关第一个提议，我理解阁下可能认为会有难以避免的反对意见；关于第三点，在判断各领事馆的办事效率时必须客观公正，以减少对公共服务带来的负面影响，因此考虑到这个提议的风险性，我并不建议采取第三条方案。

我恳请阁下认真考虑这件事，尽早做出决定。我在信中附上一份工资摘要单，您会发现每月支付给领事大臣的工资是62美元；为了达到保护领事大臣并留住他们继续在领事馆效力的目的，有必要把金额提高到75美元。如果这一数额可以被批准，我绝不会采取裁员的方法，阁下也必定会给我具体的指示，以避免领事机构的分裂或彻底的效率低下。

（签字）卢瑟福·安洛克

英国驻上海领事馆

1853年4月15日

阁下：

您昨日来函收悉。我认为除了把领事馆损失记到英国财政部外，没有更好的办法可以防止领事馆解体或者工作效率低下。因此，我们只能暂且绕过女王陛下的批准。只要货币危机仍然持续，墨西哥钱币就会蒙受巨大损失，我授权您密切关注此事。

（签字）博林

9号信件

财务记录

1853年9月30日

请告知武霍斯，克拉伦登伯爵同意博林先生对驻上海英国领事馆大臣们的支付方式进行调整。

薪酬支付方式给驻中领事馆人员造成了巨大损失，我将此事汇报给了克拉伦登伯爵。克拉伦登伯爵非常理解这一情况，会考虑采用任何措施来进行解决。

我的上司估计克拉伦登伯爵不会考虑采用新的财务体系补偿驻中领事馆遭受的损失。因为这与同等级别官员的相关政策会相悖。但他会愿意采用货币的形式来补偿香港领事馆官员所遭受的损失。

采取这一计划是为了补偿驻中领事馆人员所遭受的损失。目前在英国商谈此事其他解决方案尚存在一定的困难。以后如有更好的办法会及时进行修正，但目前而言，这是较为合适的办法，因为委员会可以通过讨论通过此方案。即使通过这种形式会造成货币缺乏，他们也不可能批准通过购买高溢价的西班牙币来进行支付。这样一来，除了英币溢价会升高以外，职员相关的损失就会转移到英政府。

中国各港口的商团都感觉到缺乏流通货币。在中国规定国外的货币流通超出了英国的掌控范围，我的上司担心没有好的解决办法。除非中国政府放弃目前不能合法供应一定数量的这一货币，并且建立与世界各国相一致的良好的货币体系。

附言：收到此信后，26日安丁顿先生的信及乔治·博纳姆有关驻中领事馆事宜的附件均已收悉。所有信函都有助于进一步协商此事。

10号信件
安丁顿先生写给詹姆士·威尔士先生信函副本

1853年9月26日

先生：

来函有关去年12月13日我的信件，涉及财务部转发给中国财务大臣的信件。主题有关驻中领事馆工作人员因工资支付方式而遭受损失事宜。遵克拉伦登先生之令，把乔治·博纳姆先生信件附件转发给您。此附件汇报了驻华领事馆官员薪酬受损事宜。附件表达了他的观点，认为应该修改不妥的货币体系。

提交给财务部官员这些信函的同时，我请求您向各位官员说明。克拉伦登伯爵同意乔治·博纳姆先生的观点，认为只有两种方式才能够解决这一货币体系的弊端。具体采取哪一种措施由相关官员决定。克拉伦登伯爵认为，鉴于目前中国货币体系混乱，及这一情况已经并将继续给领事馆工作人员造成巨大的损失，我非常迫切地要求你们尽快采取措施。

克拉伦登伯爵认为，要解决这一问题，不能忽略乔治·博纳姆先生提出来的问题：驻中领事馆工作人员都考虑在内，会发现他们的工资远远低于中国的商人办事员。因为这些商人办事员的薪金无论在哪个港口都是以西班牙币支付。

此致

(签字)安丁顿

10号信件附件

(71号)

先生：

虽然因为已经有了相关安排，我可以晚几个月回答去年12月13日克拉伦登伯爵25号信件，但这并不意味着我对此事不高度关注。该信件有关驻中领事馆工作人员薪金受损事宜。一方面我很高兴，不用再费周折回答此问题，因为在上海待的两个月里，我已经看到了领事馆人员薪酬受损而遭受的压力，且有权确定受损情况。我把从几个港口收集来的附件汇总，里面有详细的说明。同时，我会简短地对这一问题表达我的最终观点，并对能够解决此问题的唯一方案提出建议。

有一点很明确，只要在中国西班牙币是流通货币，而英国继续给驻中领事馆发放其他形式的货币，领事馆人员就会持续受损。因此，这些领事馆官员总会是受害者。但我很高兴从克拉伦登伯爵的来信中看到，英国政府问计于将来，命令议会商谈相关措施。

有两种方法可以采纳。一种办法是把领事馆工作人员从香港财务部解脱出来，允许贸易总监从英国国库领薪及支付各种费用。总监及其他五个港口的各种花销均以西班牙币支付，其间产生的损失由英国政府承担。另一种办法是如克拉伦登伯爵提到的采用货币支付的形式来补偿香港领事馆官员所遭受的损失。假如英国政府愿支付相关损失，仍需考虑要采取哪一种办法。就我而言，基于我对此情况的了解，以及领事馆官员花费具体困难,我认为在英国领取薪单,再在中国兑换成西班牙币支付较妥。但不管英国政府采取哪一种方法,我都真诚地希望他们能够较早地解决领事馆人员所遭受的损失。他们的薪酬早在我1850年2月26日信件中提及,把一切都考虑在内,还要低于中国商人办事员薪酬。此处无需多谈。

我认为约翰·鲍伦博士把领事馆人员工资受损事宜归因于殖民地的货币立法制度是错误的。香港的货币制度是1844年12月28日英国立法委员会而制定。这一立法于1845年5月1日在殖民地香港颁布。最后,我总结一下中国的货币市场,主要目的是说明鲍林先生提到的通过东方银行上海支行汇付并不能解决问题。去年4月份他通过东方银行上海支行支付了一笔现款,汇率是2%,从当时的市场行情来看非常有利。但同一年的10月份,他又进行了相同的操作。但西班牙币汇率已升至12%或14%,他就得不偿失了。而同一时期居住在殖民地的一位商人通过住所处的一家商行汇款墨西哥币的汇率是27%。东方银行拒绝使用信用支付。因此,很自然地来说,最新的建议是不可能的。因为在上海一元是6s. 8d.,还有望在茶市场升至7s.。这与西班牙币的20%溢价相比,领事馆工作人员几乎损失1/4。即使是按照当时6s. 8d.的汇率也会很难让当事人接受这一点。基于上述考虑,我认为如果您就此采取解决措施,领事馆人员会非常高兴。

此致

博纳姆

克拉伦登伯爵

11号信件

英国领事馆，广东，1853年2月26日

先生：

有幸收悉您6号信件。该信件有关驻中领事馆人员因香港殖民地财务部薪酬支付形式而受损事宜。

驻中领事馆所抱怨的这一事宜主要源于在中国这一货币形式没有相对固定值，而是在不断地上下大幅浮动。于我而言，采取相关措施废除这一现行制度是解决这一问题的最佳步骤。为改变影响驻香港殖民地领事馆人员遭受损失这一情况采取的任何举措，不可能会影响到英国在中国的商业全局。您会意识到，不仅在中国各港口只流通西班牙币，香港也没有机构能提供比西班牙币交易更为标准的形式。香港货币立法只是在香港实施，因此对其他地方而言，并不会起任何作用。

如果驻中领事馆的各项花费增加就像商人开销增加一样，只是由于中国可支付的货币形式引起的，那么这些薪酬就应该以其市场值进行支付。无疑这样做，转加给财务部的损失都会得以避免。

不管是简单地改用西班牙币支付酬金，或者是通过协商以其交易汇率来进行，这一问题确实应该进行进一步的考虑。

此致

（签字）约翰·鲍伦

乔治·博纳姆阁下，巴特（Bart K.C.B.）
英国全权代表，维多利亚

（原件）

（签字）弗雷德里克·哈维（Frederick Harvey）

26号信件

英国领事馆，澳门，1853年4月13日

先生：

有幸收到您2月18日4号信件。该信件要求我关注领事馆工作人员薪酬事宜，考虑使他们免遭受损失的最佳方案。有关领事馆工作人员薪酬受到损失事宜，英国政府表示了拟解决的愿望。因此，各种各样的方法提了出来。同时我承认说，我权力范围之内不能在澳门（外国）呈递和实施这些方案。因为薪水支付形式必须与英国殖民地可以支付的薪水方式相符：英国金币。但这一规定在澳门无效。因为中国只使用西班牙币作为流通货币，不接受其他货币，除非折损使用。因此，英国金币从来在澳门就没有使用过。必须支付使用时，相应要遭受很大的损失。英国金币的折损排除正常的商业贸易，其打折使用均不能看作是正常的交易行为。只要领事馆的资金与其他币种一样，需来自香港，那就意味着任何不使用英国金币而采用其他货币形式的建议，都是与财务部殖民地币种规定不符的。因此就很难讨论通过。因此我认为，解除领事馆人员长期遭受的这一重大损失的唯一可行办法是，允许领事馆在香港得到英金币支票，现场进行兑现，政府来支付相应的差额。这一建议的反对意见也许是，领事馆官员的损失虽然减少了，政府的开销增加了。这一点不假。所以，在有选择的情况下，不一定非要通过政府受损这种支付方式，如可以通过降低管理费用和所得税的方式来降低领事馆人员的损失。正如约翰·大卫在1854年97号信件中提到的那样，降低1/4税进行支付，这样做不更好吗？

此致

（签字）巴古斯（Backhous）

乔治·博纳姆阁下，巴特（Bart K.C.B.）

香港

10 号信件

先生：

已收到您 2 月 18 日发的 4 号信件，主要有关殖民地领事馆人员薪酬因汇率而受损问题。同样要询问的是，驻中领事馆工作人员薪酬受损，是否与过去的 15 年里，影响中国造成汇率巨大波动的各种情况有关？因为这一情况很可能在世界各地的领事馆都会发生，相同的情况也会影响到各个港口。这不是我一人造成的，而可能归因于多种因素。因此，我想以福州港为例，简单进行说明。

支出分为两部分：各种劳务费用支出和工资支出。

领事馆每月会支付定量的西班牙币给招募的中国劳工，当时此地没有其他币种。但自从各种币种出现以来，如墨西哥币、印度币、英国金币等，相应地来说，支付给劳工的费用实际上是降低了。必须明白的是，只是在驻中领事馆香港才支付给劳工墨西哥币这一贬值的货币。而在其他地方，无一都是使用西班牙币。看到这一事实及墨西哥币和西班牙币之间巨大的汇率差额，我感到很有必要思考一下，领事馆工作人员和劳工一样，在 1851 年遭受了怎样的损失。这一点已经向您进行了汇报。

换一种说法。领事馆交税额，尤其是维修等方面的税额是固定在 10% 左右，这样每年会高达 298 元。这些花费并不以当地的货币来支付，而是通过墨西哥币或卢比来支付。这样以来，实际上应当支付的就不会是 298 元，而是 255 元，大概少付了 8 又 1/2。如果是以英金币支付的话，则会付得更少。这一情况很可能不会同时发生。1851 年 4 月墨西哥币和西班牙币的值几乎接近（前者被称为英币，以别于其他币种及后者），通常的损失则不会发生。当在其他币种缺失的情况下，往往会以设计类似的卢比来代替，蒙骗不熟悉这一情况的人。

同样的不平等现象还体现在领事馆人员的工资发放上。一方面对我来说证明了这是一种绝对的不公正现象；而另一方面也表示，这一看似微乎其微的现象很可能会日积月累，造成收入损失巨大。您清楚，在香港没有哪个部门可以弥补殖民地财务部造成的这种损失。因此，我呼吁您采取任何有利于减少这一损失的措施来降低领事馆人员及劳工们的损失。

我找到了一封1845年5月7日约翰·大卫发来的35号信件。上面谈到，西班牙币和卢布共同使用。从发出通知到下一个薪酬支付，收取和支付的汇率均为 4s. 2d.。该信进一步说明，当地领事馆人员每月仍在收到这样的货币。我不能找到原件，因此忽略其准确性。但在我看来，没有比让他们得到西班牙币更令人满意的办法了，因为这是所有阶层普遍使用的货币。但从福州西班牙币的高汇率来看，在香港用西班牙币支付会需要好长的时间。信中进一步提到，驻香港的领事馆人员从来就没有得到比墨西哥币质量更好的货币。这种货币在某种程度上被称为"英国币"，也许是为了权宜之计。但为了各方的利益，也为了统一的安排，应该建立制度规定以后的财务支付形式，确定墨西哥币和西班牙币以同样的汇率兑换。

我希望您能明白我提出这一建议的唯一目的就是，能够在此港口减轻任何程度上政府因为各种不同的币种如英币、卢布、墨西哥币等造成的收入损失。这只是一种协议，距离法律法规还差得很远。考虑到这一点，香港作为殖民地，不应作为一种法律来制定。一些在中国设立代理的机构已经发现了这一问题，认为应该使自己的代理免受汇率变化造成的损失，开始把雇员的职责转移到社会。无疑，这只是一点点进步，同时只适用于个体。但在道理上，与支付工人的工资及各项开销是相同的。政府和个体一样，应该在没有任何契约的情况下，用西班牙币，其他货币支付任何情况下都不应发生，都不应造成财务部领事馆相关人员的工资发放中断。因为没有其他主导货币在流通，我也许提到在其他地方曾看到领事馆的劳工及贷方不得不接受墨西哥币，而领事馆人事则接受西班牙币或接受一定的贬值的墨西哥币，那时的汇率是11%。

总之，我的建议是，总管应该向领事馆支付必要的费用以弥补他们的损失。西班牙币的汇率应该是固定的、不能随意改动。汇率变化造成的各种损失或受益都应该以信用证的形式，由总管移交给英国政府。

希望您能够原谅我的冒昧。我贸然对此提出看法，有失敬意。但我愿意毫无顾忌地把它提出来，因为我相信谨慎的经济制度和自由贸易总是矛盾的。

此致

（签字）沃尔克（Walker）

乔治·博纳姆阁下，巴特（Bart K.C.B.）
英国总监

20号信件

英国大使馆，宁波，1853年4月11日

先生：

您2月18日4号信件和6号群发信件指示，各领事馆职能部门应该给您提供建议和看法，以减轻领事馆人员损失及对他们工资支付方式提出实施措施，以真正降低他们的损失。特此，我向您报告如下：

如问我宁波港的流通货币是什么，我将回答是中国银票、中国铜钱和西班牙币。但由于中国钱庄的票据、契约不能够用来支付领事馆的各种费用，有必要进一步观察。但我同样注意到，在宁波的商人和银行家都在大笔付款中使用纹银，因此可以视为流通货币。但与英国的金币相比重量很轻，我认为纹银不能够成为流通货币。

如果我用西班牙币支付宁波商人的费用，他会非常乐意接受；如果我在大街上给投机商提供西班牙币，也会被立刻接受；距离宁波27公里某区，为方便，我支付脚夫西班牙币也被立刻接受。目前阶段由于暴乱肆虐，各种币种的增加成为人们经常谈论的事情。人们已经提到了西班牙币的值，但从来没有提到墨西哥币、南美币的值。从这一点可以看出来，宁波主要的货币形式是西班牙币。

1851年12月1日，英国单桅帆船比赛时给领事馆支付了4000卢比、2000墨西哥币和216枚英国金币。这些金币的成色是14S4D，相当于1000L英镑。

1852年4月1日，副领事黑格（Hague）支付了我第一个季度的工资，100英金币、102又1/2墨西哥元。那时候我在中国1个金币只能得到三个半的西班牙币，而墨西哥币对西班牙币汇率折损是8%。为了止损，我把100金币经由上海寄回英国。然而，如果当时我需要钱的话，我必须花三个半西班牙币购买。

金币在中国不是流通货币，中国富人当成古玩来收藏。

墨西哥币通过政府补贴领事馆人员的损失在不同情况下运来，很快成为工资和劳务的支付方式进入钱庄（Paontac）。在这儿，人们在（陆埪）Lookong购买的鸦片在这里支付。墨西哥币因不是通用货币，在这个城市只有少数几家商店接受。

因此，墨西哥币就好像在英国一样，在宁波也没有形成流通货币。

1852年1月3日，我收到上个季度1851年的工资。大部分都是用卢布来支付的，当时定价为22d.。但卢布从来都没有像墨西哥币那样有价值。鉴于宁波很少有商店愿意接受卢布，我决定立刻把它们送到钱庄（Paontac），兑换成西班牙币，当然损失惨重。在中国，即使在市镇，从我实际经历来看，都不流通卢布。

当然，卢布不会是宁波的主要流通货币。

有几次财务部以英镑、先令和便士的形式支付我工资。1853年1月1日，我收到1852年最后一个季度的工资，但宁波没有任何人能变现。于是我分三次送给了上海的一位朋友，想请他把这笔钱换成西班牙币，但最终未能兑换。商务部门的领导很友善地把它送给了广东的朋友，想在香港换成西班牙币，然后再转寄到上海，尽管三个月已经过去了，我一直没有听说这笔钱最终到达上海。

　　从这个例子就可以看出，在宁波的领事馆如果收到英镑、先令或者便士形式的薪金的话，往往难以兑换成西班牙币，这个国家的流通货币。

　　而目前香港财务部这种支付形式，以英镑、先令和便士这种英国的货币形式来支付薪酬，在中国会造成很大的不便及巨大的经济损失，因为中国没有这些货币形式。有人告诉我说，这就是许多商人不愿意接受英国货币的原因。兑现香港财务部发给领事馆的货币会蒙受很大损失。因此，如果香港财务部能够做出安排，使用西班牙币，就会使领事馆人员受益，领事馆人员不得不兑换西班牙币而受到的损失就会避免。然而，英国的一位名叫戴维生（Davidson）的商人告诉我，即使在香港能把这些英国货币转换成西班牙币，也会蒙受15%—18%的损失。

　　今天，4月11日，西班牙币值1650个铜钱，而墨西哥币值1400个铜钱。墨西哥币折扣了15%—16%。

　　墨西哥元在英国值 $4s.$—$4s.\ 2d.$ ；美元在英国值 $4s.$—$4s.\ 2d.$ ；西班牙元在英国值 $4s.$—$4s.\ 2d.$ 。

　　确定上面数据准确，确定英国政府给驻宁波的领事人员发放酬金，那么无疑西班牙是最佳的选择。

　　结论：我建议香港财务部在将来支付各领事馆相关人员薪酬时使用西班牙币，而不是墨西哥币或卢布，以便于领事馆各种开支。

　　我认为已经向您阐述了我的亲身经历及得出来的结论。我相信我的这一报告会让您感兴趣。

此致

（签字）米德斯（Meadows）

乔治·博纳姆阁下，巴特（Bart K.C.B.）

（原件）

（签字）弗雷德里克·哈维（Frederick Harvey）

20 号信件

英国领事馆，上海
1853 年 4 月 14 日

先生：

来信回复您 18 日 6 号信件，有关英国驻中领事馆工作人员由于薪水支付方式而遭受的损失。我诚恳地向您汇报以下情况：

财务部根据相关规章制度向各使馆支付相关薪酬。任何普通的商业活动都会因汇率变化而受到影响而会受损，任何世界上其他地方的领事馆同样也会受到这种影响。不管是这一规章制度，还是实施规章制度，都不是抱怨的根本原因。真正的悲剧在于领事馆工作人员遭受到持续的重大损失。这种损失并不是"中国特殊的经济汇率变化造成的"，而是中国当地这种非常混乱的经济和货币情况。这种情况极具独特性，远非世界其他地方可比。仔细观察就会看到造成这种现象的原因非常特别。

中国商业活动使用的是国外货币。不仅在上海非常普遍，在中国很长的历史内都在使用。当然这一货币的数量不可能越来越多，恰恰相反，而是越来越少，直到消失殆尽。换句话说，流通中的货币是一种必需的、且日益减少的、唯一的货币形式，而经济却越来越需要更多的货币。通过这样一来，卡洛斯币就有了一种形式面值意义，而这也是该货币问题的所在。随着其面值的增长没有了界限，就难以观测到其真正的价值。而这种情况在世界上其他地方的物品交易中并不存在。其他地方不同，货币的价值会随货币本身的值浮动，有其限度，可从制造地购买足够的数量以满足其需求。

采取这一任意性的奇怪的货币形式来从事商业活动是什么目的，不得而知。但其混乱性和危害性却暴露无遗。西方对中的贸易扩张却碰到了其难以扩张的货币流通形式，国外和中国商人都对此束手无策，政府也对此无能为力。商品贸易扩张和国内货币缺乏二者之间的矛盾，势必会对这两者造成破坏，或至少对一方造成破坏。为了进行商业活动，他们把这种西班牙币进行切削或者是进行熔化切分。但交易和货币之间日益的不平衡，造成了这种货币日益畸形的价值。唯一的拯救措施是采用一种新的货币形式，不管是国内的还是国外的。且这种货币不受到各种形式的制约，在使用上是一种新币，也不能更新续用。也许这个国家正在进行的政治革新能够给我们提供机会来打破这一制约自己经济发展，也制约商人从事贸易的锁链。

关于解救这些领事馆人员于水火的补救方法，我坦白地称，没有任何方法能够做到。我只看到两种选择，要么接受财务部给他们的这一支付方式，鉴于任何相关的货币体系都不易限定最低限额，尽可能地减少10分、15分和20分的硬币；要么就是联邦政府考虑到领事馆人员的艰苦困难来承担一部分损失，不管货币的价值是多少，以当地使用的货币支付形式按照其实际的值支付薪水，而如果以现在的货币形式支付就难以维持他的生计。领事馆人员几乎所有的收入都用来谋生，不管是 4s. 2d. 还是 6s. 他一年的收入是 1500l.，但是如果换成卡洛斯币来支付日常花销、柴米油盐就会发现打了 1/6 的折扣或 1/4 的折扣，实际上得到的仅是 1000l. 或 1200l.。

扣除 8% 的所得税及管理费用等就达到了 15%—20%。这样一来，政府给他的工资就和实际得到的工资差距很大。这样一来，造成的损失是很明显的。无疑，如果政府引进一批卡洛斯币来承担领事馆工作人员这一损失的话将会比较合理。这样就会像其他地方的运作一样，只是正常汇率波动的影响，而不会给工作人员造成额外负担。但从卡洛斯币全世界范围内迅速、难以避免的数量减少来看，最终领事馆工作人员从这一安排中也不会有所获利。所以另一个方法无疑结果也是一样于事无补。要么是政府，要么是个人来承担这一损失。但正像我反复强调的一样，这一情况在世界其他地方并不常见。我们知道，其他地方工作人员也会受到汇率波动的影响，要么受益，要么受损，但通常不会超过一定的值。而这里却恰恰相反，卡洛斯币的值是无限高的。

此致

（签字）安洛克

乔治·博纳姆阁下，巴特（Bart K.C.B.）

（原件）

（签字）弗雷德里克·哈维（Frederick Harvey）

11号信件
财务记录

1853年10月25日

写信给安丁顿先生有关以前提到的领事馆工作人员因财务支付方式薪酬受损事宜。我的上司很慎重地考虑了乔治·博纳姆7月21日的来信，及驻中领事馆工作人员的陈情。

有关领事馆工作人员工资受损事宜，我的上司很遗憾地表示，目前还不能够做出决定。两个原因：其一，他不知道博纳姆提出来的这两个解决方案的具体内涵；其二，他认为应该征求克拉伦登伯爵的意见，博纳姆先生还没有向克拉伦登伯爵进一步汇报。

博纳姆的建议是让领事馆工作人员与香港财务部脱钩，由贸易总监来掌控此处及五个港口的各种所需，并以西班牙币支付，政府承担由此引起的各种损失。

很遗憾的是，博纳姆先生对此建议并没有提出来详细的执行措施。因为涉及汇款的支付，必须需要详细的执行措施才能评价这一建议的可行性。

从博纳姆先生的建议来看，是政府应该先以西班牙币支付给香港，再从香港汇款到五个港口的领事馆来支付工作人员工资及日常各种费用。如果这样来做，领事馆工作人员就会不再遭受目前的这种损失。但克拉伦登伯爵必须明白，在中国各港口难以得到足够的西班牙币用以商业往来，而从英国来安排在中国的货币兑换也会加重五个港口主要流通货币的缺乏。

我的上司已注意到对西班牙币非同一般的需求，用来支付领事馆官员的费用，将会增加西班牙币溢价，这样就会造成财务困难。后果还不止于此。如我上司所了解的，与北方各港口不同，同样的货币在广东和香港并不流通，后者可以使用切削过的货币，而在北方各省，这些切削过的货币因为有戳记不会被接受，只有那些完美无缺的货币才会在贸易中被接受。如果事实是这样的话，就会增加从香港运往上海这一货币的困难。真正实施的话，也会如我上司所观察到的，会暂时造成他们在上海退出流通。因为更高的溢价才能够让它们重新以汇款的形式运回香港。这一措施不仅非常昂贵，同样也会给商业造成损失。

对我上司来说，这一后果很明显。这就会让他感觉到博纳姆先生提出来的建议存在内在错误。但他建议有必要对这两个方案进行详细的考察。但有一点没有提到，也就是在采纳建议之前，哪一条必须要考虑。从目前领事馆支付形式来看，主要是来自财务部，贸易总监对支付数额不负直接责任。看来，殖民地财务支付和贸易总监的职权是分开的，但贸易总监有权给领事馆人员分发酬金。博纳姆先生提到这一建议，会使他成为财务委员会支付这笔款项的直接会计，无疑他在提出这一建议之前已经考虑到了这一情况，并确认这一做法不会带来任何不便。但是，很有必要让我的上司知道博纳姆先生对此的具体看法，以便确认采取的这一措施确实是必须的、众望所归的，并且能够保证所有的命令都能够通过审计委员会。这样一来，所有的货款支付及相关行为就都能在香港总监缺席的情况下进行。

　　我上司同时希望对博纳姆先生建议的这些评论，不要让他感到有一丝否定的意思（毕竟对这一部分的修改，会进一步进行解释），所有的这些都是为了避免新措施会产生不良影响。我上司也认为取代目前支付形式是非常客观必要的。如果有更好的解决方案，没有必要再坚持使用这一不便的支付方式，何况这一形式不管是在政府运输中，还是在领事馆人员薪酬支付中，目前已造成了很大的损失。

　　以卢比为例。从印度通过东印度公司运到香港，每一卢比是2s.。这也是目前东印度公司和英国政府之间达成的协议。但同一货币以 1s. 10d. 的汇率运到领事馆，就会产生不利于英国政府的8%的差异。但目前采取的这一支付形式是由于中国贸易的特殊环境造成的。正如鲍丁格（Pottinger）先生1843年10月30日的信中所说，在中国没有银行，也没有与之匹配的银行工作人员，而这些在任何其他国家都有。领事馆人员通过这些银行或工作人员就能够把从总监那得到的汇票出售。虽然在上海已建立了一些银行，但汇款业务没有任何的提高，英国政府在发布命令实施新的支付方式之前必须要确定新措施的可实施性。不管新措施多么完美，一定要先具有可行性。

　　他提到的第二个建议马尔麦斯伯（Malmesburg）先生也已经提到，即"在每年年底领事馆官员把因汇率问题而造成的工资损失汇报上来，由香港财务部进行补偿"。

鉴于上述原因，我上司非常遗憾不能采取任何更让人满意的措施，以减轻政府负担，同时能够使领事馆官员免于遭受损失。也正由此，我上司准备再次考虑由于中国这一实际情况而导致的上述不便，以能够得到更好的解决方案。

领导们也感觉有权向大家澄清一些误解。有关给职员造成损失的现行方案，有关让政府来承担相应的损失第一条和第二条建议，人们都存在一些误解。

人们认为英币、墨西哥币、卢比与西班牙币相比，表面上的差额代表了领事馆工作人员实际的损失，基于这一观点要求政府进行相应补偿。这其实是认为领事馆人员应该通过西班牙币进行支付，而不是通过先令及与具有相同价值的货币进行支付，不管这种货币与中国标准值纹银、铜钱相比具有什么值。我的上司们看来这一点是站不住脚的。

两个国家之间的贸易不可能完全对等。一个是银本位，一个是金本位，二者间汇率永远在波动，比例会有所不同。在一般情况下，二者之间的波动很少，不会出现剧烈或极端情况。也正因这一点，政府才考虑到应该支付给军队及殖民地各个领事馆多少银币，且以英国先令的形式来进行支付，而不会因这一支付体系而造成困难和损失。这一支付形式在当时来说，是最佳的支付方式，虽然在任何情况下都会有其弊端，但不是一成不变的。银币相对于金币的比率正是基于这种考虑而制定的，但会因实际情况而发生波动。比如发现新的金属矿就会改变先前的比率。否则的话，人们提到的汇率差就是其损失，这一怪异的观点就成了是基于国外的标准，而不是英国的标准。

然而，如果说衡量金银之间的相对值比较困难，那么两种货币因其所含金属量的值而进行比较，则更加剧了这一困难。在中国的西班牙币就存在这一情况。

很显然，写给我上司有关领事馆人员所遭受损失等信函表明，安洛克先生本人就是问题产生的一个因素，因为他个人也认为更愿意接受在中国通用的西班牙币。安洛克的这一观点非常明确。我的上司只是惊讶于他忽视了这一点，即：西班牙币的价值目前已经远远高于其内在值。也就是说，西班牙币目前已经代表了一种不确定的值，此值取决于贸易中对它的需求量。

西班牙币相对于其他硬币的溢价以及纹银根据西班牙币来定价，从一定程度上表明这个国家的贸易增长了，但是其用来流通的货币却没有增长，或者说，没有可以取代西班牙币的货币，缺乏相应等值、质量更好的商品货币。换句话说，也就是说西班牙币在交易中升值造成了它与其他货币相比而溢价。

在中国，西班牙币在交易中一直溢价墨西哥币。后者按英国货币来计算不高于 $4s.2d.$。因此，无疑西班牙币在中国贸易中远远超过了这一值。

同时必须承认，中国不熟悉的货币往往会折价使用，因此会造成领事馆人员薪水贬值现象。更进一步来说，尽管货币有限，会按照您所说的上下浮动，但价格在某一特殊的时期不会自我调整。如中国发生的这样，由于农民起义造成很大的不确定性而使价值巨大提升，同时也会造成一般商品交易中人们不再使用贵金属进行交易。

正因如此，我的上司们不认同驻中领事馆官员提到的相同数额的赔偿，不认为处于困境他们就应享受这一优惠。

我的上司们认为大体相当的数额可以根据英币与西班牙币进行兑换时，与纹银兑西班牙币的报价来确定。纹银是中国政府的流通货币，通过纹银收税及进行大宗的买卖。最终的价格标准通过中国和英国两国之间进行的交易来确定。这一信息需向他们进行说明，再考虑进去西班牙币交易过程中的汇率进行，同时参考英国的银价，就会得到一般的结论。同时才能够让委员会做出合理的决定，大概给驻中的领事馆多少费用，才能够弥补他们的损失。

考虑到这一点，要求博纳姆先生提供他提到的建议的具体佐证，详细到每一年的财政报表。具体涉及送到领事馆官员的几种货币，当年汇款时货币名义上的折扣，与西班牙币同期相比纹银的价格，同期香港、印度和英国各自的商品交换汇率。我的上司希望他提供过去十年里平均每一年的具体数值信息。写信告知香港的领事馆有司，告诉他们领事馆工作人员因为汇率问题而受损事宜，我的上司非常理解，非常关注。有关此事写给外交部的信函转寄给他，他从中可以看到我的上司们将会认真考虑他们提供的相关信息，并会促成解决方案。

告诉他中国人更不愿意接受卢布作为支付方式，因为与墨西哥币和英币相比，价格更低。这样一来，领事馆工作人员就会遭受更大的损失。从最近的建议来看，他已经进行协商，使用墨西哥币，而不是价格更低的卢布。这样就不再向驻中领事馆运输卢布，并且希望这样做尽可能与其他货币相比更加有利。

12 号信件

韩蒙德先生写给威尔逊先生的信件副本

外事办，1854 年 7 月 5 日

先生：

奉克拉伦登伯爵之命，传达您财务部执行委员会的信件副本。这一信件副本来自鲍伦先生，汇报了在广东建立中国制币厂仿造卡洛斯币事宜。仿币的一个样本也附上。

此致

（签字）韩蒙德

12 号信件副本

贸易总监，香港，1854 年 5 月 2 日

先生：

为了为财务部提供参考信息，我必须向您汇报一下对未来中英货币关系存在不小影响的一些情况，同时也是为了能够规范目前相当混乱的交易情况。

在广东或其附近建立了制币厂，目的是仿造卡洛斯币。卡洛斯币在中国的许多商业商贸中溢价很高，尤其是在上海。在此附上广东仿币的样本。有人告诉我，这一仿币和真正的西班牙币本质上没有区别，但真正的西班牙币溢价 18%，仿币只溢价 10%，大概差出来了 8%，这一差距最终将会消失。只有中国经验丰富的收账员才能够看出真币和假币之间的差别。

此致

（签字）约翰·鲍伦

克拉伦登伯爵

13 号信件

财务记录

1854 年 7 月 18 日

来自外交部 7 月 5 日的信件收悉。信来自约翰·鲍伦，汇报了在中国广东建立制币厂仿造卡洛斯币，并附有一枚样品。

转交给制币厂有司，要求铸币。

14 号信件

制币厂负责人托兰先生的信件副本

皇家制币厂，1854 年 8 月 21 日

先生：

回复您 10 号信件，附有约翰·鲍伦先生的副本以及两个仿西班牙卡洛斯币及仿卡洛斯柱形币的样品。来信要求我仿造 1791 年 1017 年的规格造币，并根据我的观察向您汇报以下情况：附表表明三位评估师仿币评估结果，精确到小数点后两位数字的纯银以及纯金的含量；总共重多少克及每一个里面的纯金属的重量，及纯银标准；每盎司标准银 5s. 汇率标准它们的值；确定金币称之为金币的标准，银币称之为银币的标准。

为便于对比，在此附上约翰·鲍伦以前寄来的表格，里面有类似的结果，并汇报其纯度。这些都在我 7 月 27 日的信中进行了汇报。

从汇报结果来看，这些样本的平均值是 4s. 2d.，银每盎司标准是 60d.，必须增至 0.83d.，高于市场上的平均银标准每盎司 60d.。目前市场平均值是 61 又 1/2，它们的平均值是 51.24d.，或近乎 4s. 3 又 1/4d.。

一号样本中的贵金属已超出了恩菲德（Eckfield）和杜邦思（Dubois）报告的西班牙币最高纯贵金属含量，而其他的三个比科里（Kelly）报告的"以西班牙币为名的世界流通货币"贵金属含量要低。

目前从这些样本可以得出结论。这样的货币代表现行卡洛斯币，不会在流通中引起尴尬。

此致

（签字）何适（Herschel）

14 号信件附件

约翰·鲍伦先生转给我的中国制造的三枚仿卡洛斯币汇报

样品数量	年份	毛重（格令）	十进制报表 纯银	十进制报表 纯金	绝对含量 纯银	绝对含量 纯金	值,判断贵金属值 金(d.)	值,判断贵金属值 银
1	—	411.5	0.9073	0.0011	373.4	0.45	51.4	50.5
2	1,791	408.5	0.9032	0.0027	369.0	1.10	52.3	50.0
3	1,017	414.8	0.8825	0.0018	366.1	0.75	51.1	49.6
平均	—	—	—	—	369.5	0.77	51.6	50.0

15 号信件

财务记录

1854 年 8 月 25 日

读制币厂负责人报告，21 日快递——韦德（Vide）

请上交此报告及报告附件给韩蒙德，以便于汇报给克拉伦登伯爵。

16 号信件

韩蒙德先生信件副本，给威尔逊先生

先生：

去年 8 月 31 日的信件奉命转递给您，以便您转交汇报给财务部。信件有关英国全权大使在中国铸造卡洛斯仿币事宜。

16号信件附件

（200号）

贸易全权大使，香港，1854年11月29日

先生：

我面前摆的是您9月6日116号信件，内容有关我呈递您的仿币样本。很抱歉地告诉您，目前尚未成功。在上海折扣30%使用，尽管它们的内在价值和真正的卡洛斯币没有区别。因此，有充分的理由相信目前从欧洲进口过来的卡洛斯币不是真币，而是上海流通使用的高仿币。

中国人有许多难以计数的怪异行为，从我们与他们的交往中发现，在Tien-Tow河，卡洛斯币没有墨西哥币更受欢迎。

美国专员在对中国的抗议中，强烈表达了希望中国进行立法，把代表真正内在价值的货币流通权交给三大契约国之一。但他的建议没有得到任何重视。对中国货币进行改革，对政府和人民来说都会最大受益，但当地旧习，一如好多其他地方，难以完全改掉。

17号信件

武霍斯先生信件副本，给威尔逊先生

先生：

奉克拉伦登伯爵之命转递给您财政部专员的信件。信件有关驻中全权大臣得到安洛克先生的陈述，汇报说领事馆工作人员由于上海卡洛斯币的高溢价而薪酬受损事宜。

此致

（签字）武霍斯

17 号信件附件

香港，1855 年 1 月 6 日

先生：

我已经收到了安洛克领事另一紧急长信。信中提到了领事馆工作人员因为上海使用的卡洛斯币高溢价而薪酬受损事宜。我把安洛克先生所附证明呈递给您，里面详细汇报了相关的信息。这是一个难题，久而未决造成的焦虑和不安实在太明显。中国货币复杂多样、变化不定，是造成这一奇怪的土地上各种荒谬事情的主要原因。只有通过强有力的手段才能够解决。我一直都在呼吁有影响力的中国人改变这一状况，但收效甚微。

此致

（签字）约翰·鲍伦

克拉伦登伯爵

驻上海的英国商人签字的这封信件证明，1853 年 12 月 31 日，墨西哥币与上海使用的墨西班牙币之间的比率不少于 25%。

（签字）斯金纳（Skinner），波特（Potter）

18 号信件

韩蒙德先生写给威尔森先生

1855 年 9 月 11 日

先生：

来信有关 1854 年 5 月 26 日和 3 月 27 日写给您的信件，至今尚未收到回复。来信有关驻中领事馆工作人员由于汇率问题而遭受重大损失事宜。奉克拉伦登伯爵之命转递给您驻中全权大臣的信件，其中附有安洛克先生的信件，汇报说领事馆工作人员由于上海卡洛斯币的高溢价而薪酬受损事宜。

来信旨在请把此信转交财务部专员，以尽快处理此事，尽快解决驻中领事馆工作人员所遭受的损失。克拉伦登伯爵对未能尽快妥善解决这一问题，也表示深深的遗憾。

同时告知，克拉伦登伯爵将把这一状况提交财务部考虑解决。可以决定不以港口当地 4s. 2d. 的汇率来支付驻中领事馆人员的薪酬。这样的话，为了正常支付领事馆工作人员薪酬，驻上海领事馆将会从财务部专员那里得到足够的卡洛斯币。而驻广东的领事馆，在香港全权大臣都可以奉命以相同的方式来支付南方各港口工作人员薪酬。

如果得到同意，克拉伦登伯爵就会命令全权大臣实施。但同时仍需考虑到补偿领事馆相关人员损失的适切性，建议他们以最有利的方式进行。

(签字) 韩蒙德

18号信件附件

(230号)

贸易总监，香港，1855年7月6日

先生：

有关财务部给向领事馆人员薪酬发放事宜，很久前交给了您，希望能够尽快得到您的回复。安洛克先生的长信转交您，希望我没有打扰到您。不管怎样，此事历时太久，迫切需要解决。受到安洛克领事的恳请，把他所言信函转您，希望财务部大臣能尽早办理。

(签字) 约翰·鲍伦

克拉伦登伯爵

99 号信件

先生：

在进行今年年终报告，准备下个季度离开之际，我再一次向您汇报长久以来驻中领事馆工作人员薪酬受损事宜，希望您考虑一下。墨西哥币与西班牙币相比汇率很低，而工作人员收到的是西班牙币。不管二者间差异是多少，都需要用西班牙币换掉墨西哥币。因为墨西哥币在当地港口不是流通货币，会使工作人员遭到很大损失。

来自两个英国商人的附件证明，西班牙币在上海与墨西哥币之间溢价25%。而实际上会溢价30%。也就是说，100墨西哥币在上海只能换得大约75西班牙币。

我提到的要求财务部对驻中领事馆工作人员进行补偿事宜，已经在双方的来往信件中得到了证明，不想再浪费您宝贵的时间再说这一点。我只是希望，如果还有任何实际存在的问题，或者说还有一些潜在的损失，尤其是由于当地的商业交易环境造成的这些不利，都希望财务部能够最终做出决定，给予回复。然后就是由外交部国务卿采取措施来解决这一久而未决的问题。这已在将来不再涉及我个人的利益，但有关过去，我知道我到底损失了多少。如果政府决定领事馆人员承受损失，而不是由财务部来承受，那么我只能默然接受这一损失。我敢保证，克拉伦登伯爵本人也不愿让领事馆工作人员受损。但不管采取什么样的措施，最好有关官员知道带来的最坏结果，这样就会解除他们解决这些问题的疑虑。如果对领事馆人员来说，已经造成了持续的、永久的损失，就应该尽一切努力来改变这一状态，使他们不再节衣缩食，降低生活水平来弥补这一损失。

整个问题涉及范围很小。有关当局在议会授权下，根据领事馆人员居住地最初估计的生活花销水平，确定领事馆人员的薪酬，并根据人员级别发放。自内战以来，当地对其他货币存在严重的歧视。在过去的两年里，汇率发生了巨大的、难以预测的变化，尤其是在此地。领事馆官员领取其他形式的货币已经造成其薪酬大大的缩水。这一缩水很可能是由于财务部的薪酬支付方式，没有考虑到由于其他因素出现的情况下而造成的额外花销。如果支付官员们英镑，而1英镑相对于当地各种原因造成的高溢价西班牙币来讲，则是相当于3西班牙币。而在两年前，1英镑相当于4或4.5个西班牙币。这一结果就是驻中领事馆工作人员满足日常花销所不得不承受的额外负担，即其所遭受的损失。

财务部一直坚持两点。第一，有关遭受损失的数量比例。财务部坚持说，英镑受到白银的影响存在增值的可能性。第二则有关政府没有责任认可这一损失。原因是根据合同，政府每年支付一定的英镑，而不用考虑国外各种汇率的变化及其工作人员置身于这种变化中所遭受的任何损失。

去年3月3日第24号信件中，我尽力使财务部明白，当地内战及其他情况根本就不可能导致领事馆工作人员购买力增长，我自己的账单即可证明这一点。大部分工资都用来支付了目前的日常花销，日常花销的费用至少以相同的汇率增长了。

与西班牙币这一货币特殊流通形式共存的各种事情是地方性的、独一无二的，不可能与世界上任何其他国家相比。我确定导致领事馆工作人员购买力增长这一情况，还有很多地方没有彻底讲明白，因此领事馆人员的诉求需要给予特殊关注。

现在我手中拿着的是本季度的薪酬，即使100元折损30%和35%也不能够买到上海西班牙币，没有人愿意购买它。第一个问题一般就是影响人们购买的可能性。最糟糕的时候，汇率才可能会出现第二种情况，影响到人们的食宿及日常生活。我不认为应该听任领事馆工作人员遭受这种恶境。只要政府坚持用这种汇率来支付他们的工资，他们就很可能很长一段时间内缺衣少穿，影响到其日常生活质量，从而会造成他们不愿积极履职。这种情况下，政府就应该以 5$s.$ 墨西哥币形式支付给他们西班牙币，尽管现在应该支付的是 4$s.$ 2$d.$ 墨西哥币。还有一件事儿必须要说清楚，要么是最初确定的工资没有必要地高了，要么是工资根本就不够花。根据我自己的经验，我可以很负责任地说，在过去的两年，如果我不用自己的资源，我就得关掉一半儿的设施，关掉一些部门，独自一人承担所有的责任。

有关我最后一封信的最后一段，我还想再耽误您会儿时间啰嗦几句。从这儿寄出，用于支付公共花销款的汇率，是他们唯一能够把货币汇付的汇率。遵循博纳姆先生的建议，这笔费用从待转介所的账目中扣除，要比两年前贵得多。这一差异从来就没被补齐过，而事实上都是我个人掏腰包，在此我声明无须承担任何法律责任。我恳请在有司离开香港之际，对这一问题做个圆满的解决。又一年就要过去了，仍然没有答案。尽管在下一个季度里我准备卸任，把这些转交给下一位领事馆总管，我想确定这一情况下这些能否得到解决。我指望能得到迅速的回复，我也希望这一回复会令人满意。

此致

（签字）安洛克

约翰·鲍伦

受居住在上海的英国商人请求，兹证明墨西哥币从 1853 年 12 月 31 日至今，相对于西班牙币损失至少 25%。

（签字）斯金纳（Skinner），波特（Potter）

1854 年 12 月 30 日，上海

19号信件

武霍斯先生信件副本，给威尔逊先生

先生：

受克拉伦登勋爵之命，转交给您财务长官驻中国贸易全权大臣的来信。信的内容有关上海道台和美国领事在货币制度及其他方面的分歧。希望转交给您的信件原件尽快返回发信本人。

此致

（签字）武霍斯

19号信件附件

（266号）

贸易全权大臣

先生：

转递给您7月25日来自上海罗伯特领事的两封信件。信件内容有关道台和美国领事对当地货币制度及港口税收及内地茶叶征税等各方面的分歧。看似英国领事没有参与这一讨论，但我认为英国领事就像我怀疑的那样很确定，考虑到中国政府以及一般的国际法则，美国领事不会保持其一贯立场。我清楚有关货币相关规定及差异性，各国商人立场各不相同。但这一点很清楚，即无论给美国做出何种让步，英国商人都有权享有。

此致

（签字）约翰·鲍伦

克拉伦登伯爵

（33号）

英国领事馆，上海，1853年7月25日

先生：

向您汇报，美国当局驻上海港官员安博特（Abbot）和墨菲领事先生已经撤销了美国货船的税收，允许"大浪花号"及其他船只不用清关即可离开上海港。墨菲先生写给我的信件中提到的几点很令人满意地暂停执行。

一般来推断这封信会在本月1日2日到达香港，会早于"诺拉号"船只。这样我们就可以借此机会根据相关情况建议"诺拉号"也依此进行。其他好处我暂且不提，暂汇报这一情况。附件中的合同来自《北中国信使》，它刊登并详细公布了这一情况。

我还没有完全涉足这一业务。因此，有关美国当局推迟执行你的命令我先不做任何判断，我认为合适的时候会进行相关处理。

此致

(签字) 罗宾逊

约翰·鲍伦

美国领事馆，上海，1855年7月18日

先生：

向您禀告。中国当局王海亚（WangHaiya）屡次违反协议中的第五条、第三条以及拒绝履行条约规定。他这样做的后果是，我决定撤回税款，直到我收到他们上一次的赔偿，并保证将来严格遵守条约。

今天我也把美国"大浪花号"船相关信件寄给了您。我会继续以同样的标准收回美国其他船只的付税，直到中国当局和我能够达成协议，确保在上海港我们享有不可剥夺的协议所规定的各种特权。

此致

(签字)墨菲

(35号)

先生：

向您禀告，今天写给您33号信后再次向您汇报，我收到了墨菲先生的来信，请见附件，里面提到美国和中国当局已经达成了满意的修订案。

此致

(签字)罗宾逊

约翰·鲍伦

美国领事馆，上海，1855年7月25日

先生：

附件有关中国道台和我18日快递中的一些分歧。现在向你禀告附件中的三个信件说明，这个问题已经圆满地得到了解决。

此致

(签字)墨菲

罗宾逊先生

这些损失主要源自支付薪金的英国金币与当地普遍使用的西班牙币之间的汇率差太大。西班牙卡洛斯币在北方各个港口使用，通常被称为柱形币。

有关美国领事墨菲先生和贸易总监周（Chaou）之间的信件。内容有关内地茶叶税、港口货币汇率以及长江进海口。1855年7月24日，上海

美国领事馆，上海，1855年7月24日
公布海事总监签字的相关信函。

美国领事馆墨菲

来函请您关注，上海卡洛斯币在迅速地贬值。卡洛斯币在上海是标准货币。并恳请您打击这一给上海港口贸易造成巨大损失的邪恶现象。

这些情况已向前任官员进行了汇报。尽管官员承认这一邪恶现象的存在，并且想改变这一现象，但没有得出任何有效的措施。我很高兴地汇报目前社会秩序已经牢固地建立，我们大家都在致力于使港口免受这惨痛损失。同时我们还在想扩大当地的贸易。

卡洛斯币是当地唯一流通的货币，而一些其他的货币，尤其是墨西哥币，与广东官方认可的货币含银量大体相同。广东官方早已不再制造这种货币。然而对它的需求还在增加。每年它的需求和供给之间的巨大差距造成了很大的货币压力，也影响了商业的繁荣。这就是1853年广东的现状。当把这些报告给长官叶（Yeh）时，明智的叶长官立刻采取了一些措施，情况因而有所改善。

叶长官根据条约采取了一些措施，使各国在广东及其他港口同样享有特权。从广东处理此事的成功经验来看，最佳的消除货币压力的方法就是，对中交易中政府其他关税及港口关税也采取同样的办法，拆除现在的各种障碍。因为这些都不合乎情理，只是一切物品毫无依据地根据卡洛斯币来计算，想当然地认为只要各种货币和卡洛斯币内在价值相同，就可同等使用。英国政府很关注这一主题，中国本身也很关注，而我本

人则感到非常的担心，确信这一邪恶的体系需要采取措施永远根除。

此致

美国领事馆墨菲

写给周长官

从记录来看，中国海关收到了大量的债务，大概四万两。尽管没有现金支付保证这一港口的进出口安全。对于其他的国家的账单也只是为了支付这一个账单，没有设施保障航道畅通，也没有账单需要支付。因此，据我观察，中国同其他国家之间的票据是不平等的。这样的政策非常尴尬，对于我们国家来说也会造成一定的损失，会使我们的商船延期到达。否则的话，就能够增加进出口及我们的税收。

我只是泛泛地提到这些以便您了解我分析的这一情况。真诚地希望这些都能够让您得到足够的信息以便我们获得双赢。

1. 一艘外国船只在长江北岸搁浅，桅杆上挂着一个球，表示他处于危险的浅滩。

2. 放上了竹子做的立标，一个放在南岸，另一个放在岛上，涂上不同的颜色，以彼此区分。

3. 两岸最靠边儿的地方装上了一些浮标，南北各用不同的颜色以进行区分。

我又咨询了安博特，他同意配备人员和船只完成这一工作。如果你能够提供一些设施，那么就会少花一万美元。把一切安排妥当一年需花3000美元，而海关增加的票据在第一年就会远远超于这个数。

希望能尽快得到您的回复。

此致

美国领事馆墨菲

写给尊敬的周先生

海关总监周先生：

　　来信有关我和地方官员 21 日协商事宜。第一，有关浙江征收 1.2 两的茶叶税，及您所坚持的关税支付时应收到税款收据。禀告您，我已就此事致函总督阁下，请求他安排浙江当局查询事宜，并采取相应措施。我向您承诺关税支付时应收到税款收据。此后征收的任何此类税款，均将按照你的建议安排（即付税应收到收据）。

　　墨西哥和其他外币缴纳税款的收费率应符合我上个月在本大使馆与三国领事协调一致的测定值。按法规规定，每 100 两额外收 1.2 两作为熔化、再熔化的费用。所有其他未在该测定中指定的外国硬币在交给之前，必须以同样的方法进行测定。

　　附上我对此问题发出的诏令副本，供你参考。关于扬子江航行改善问题，正如在大会上向您汇报的那样，我把这件事的管理权交给了海关检查员。你说已经要求船队队长委任官员执行这一措施，我不反对这样做。但是，由于过去曾多次试图实现这个目标而没有成功，你最好明确地说明此举会取得成功，才能开展工作。这很有必要。这个项目所需的资金将由检查员决定，检查员将为您提供必要的资金。

　　对于飞行员的规定，我们可以在这方面协商一下。

　　写给墨菲领事，美国

咸丰五年（Heenfung）六月十日
1855 年 7 月 23 日

江南省（Keangnan）关税局局长周先生在此发表了一份特别声明

三国领事在场的情况下，我所在的海关和地方官员在海关检测了新币的纯度，我有义务公开公告检测结果。

测定了以下六种硬币，结果发现：

100 两纯银等同于

Ts.	m.	c.	c.		
112	1	1	–	墨西哥元	
111	9	5	7	秘鲁币	
111	2	5	5	玻利维亚币	100 两纯银
110	7	2	–	卢比	
113	1	5		法郎	
110	6	2	2	卡洛斯币	

除就上述事项做出报告供当局参考，向政府银行发出指示，要求他们严格按照上述分析行事以外，同时我也有责任要求从事贸易的各个阶层人士立即服从，并按照相应的税率收取上述硬币。必须服从！

特别布告

咸丰五年六月十日，1855 年 7 月 23 日

以下是所提到的分析副本

测定过程	3墨西哥元	3秘鲁元	3玻利维亚元	3卢比	3法国	3西班牙卡洛斯币
熔化前重量	T.m.c.c 213 – 19 – –	T.m.c.c 2 – 6 – 184 –	T.m.c.c 212 – 191 –	T.m.c.c – 93 – – 84 –	T.m.c.c 198 – 175 –	T.m.c.c 2135 193 –
熔化后重量	– 23 –	– 22 –	– 21 –	– – 9 –	– 23 –	– 25 –
每种硬币中的合金等价于100两纯银的硬币的数量	11211 –	111957	111255	11072 –	11315 –	110622

美国驻上海领事馆，1855年7月23日

先生：

您来信收悉。感谢您对第二十一条上提出的几点意见做出了明确的答复，我非常赞同这些答复。

制定条约以来，内地税收问题一直是最棘手的问题。您提出的迅速有效检查其他省份其他机关违法行为的方式是非常值得称赞的。而且我相信，我国政府也将会对它高度赞赏。关于外来款项的应收问题，您采取的措施也和我的观点一致。尽管存在很大的利益关系，但这种改变不应该太突然，如可能的话，这种改变希望是循序渐进，以至于不会造成损失。

阁下采纳我提出的这个计划，相信会有效果，虽然效果不是那么立竿见影。这个计划会在这个港口引入有实质价值的货币流通。供应是无限的，这是我们值得共同努力实现的目标。

关于河流进行划线和设浮标，我可以向阁下保证，如果和海军准将能够合作，毫无疑问，我所提出的改进可以完全成功地进行。将立即采取初步措施，尽快完成工作。

我借此机会向阁下表达我崇高的敬意。

此致

（签字）美国领事墨菲

20号信件

财务有司，1855年12月4日

写给武霍斯爵士，主管们已经在商议中国领事官员，尤其是上海领事官员的工资兑换所造成的损失，希望这个令人困惑的问题可以得到令人满意的解决。

然而，我的上司们在上月 26 日武霍斯勋爵的附件，即美国领事与上海海关总监之间的通信中发现一个让人震撼的消息。他们以前就表达了该地卡洛斯币的特殊流通地位，并认为应引起对这的关注。

美国领事清楚地表明，这一币种的稀缺性及其具有的内在价值使之在流通中具有特殊的虚构价值。商业界所遇到的真正不便之处来自，作为交换媒介的这一货币已经过时，其数量必定持续减少，而其所进行的交易却在增加。

由于流通中的货币价值取决于它在流通地贸易中所占的比例，所以卡洛斯币在上海当地获得的不合理偏好必然会产生墨菲先生所说的后果。因此，外交部信件中的转换损失计算是错误的，它混淆了墨西哥币与卡洛斯币。

我的上司们对这一事实很关注：贸易混乱与内战的不可分割性可能会由于需要通过输入现有货币来调整其服务而加剧。正如安洛克先生所说，商品价格可能不会轻易地适应流通中不断增长的货币交换价值；只要卡洛斯币是现在的人为价值，这些都不会影响真正的交换损失问题。根据普遍适用于其他货币的原则，仅以其贵金属含量来估计其价值，那么任何可以用来支付领事工资转换费用的建议都是完全不可接受的。

然而，请注意，1855 年 7 月 23 日在上海发布的公告是在美国领事的干预下颁布的。该公告规定，这些地区流通的各种其他银币都应可以交关税，根据它们所包含的纯银量来确定。与卡洛斯币相比，正如各位大人所相信的那样，这样以来可能会消除这些异常现象。此外，他们建议克拉伦登伯爵确定本措施生效后才可以就中国领事工资问题进行处理。几年前在广州采取了类似的措施，似乎已经对该地区的货币体系产生了相当大的影响。广东和上海各种不同的汇率就很明显地说明了这一点。自从颁布美国领事拟定的公告以来，广东和上海的汇率报价中，前者的利率与后者的利率相比大幅下降。

21号信件
武霍斯先生写给威尔逊先生的信件副本

外交部，1855年12月4日

先生：

克拉伦登伯爵命令我向女皇陛下财政部长们提交一份英国全权代表和中国贸易总监急件的副本，并随函附上上海道台发布的公告。其中包含2月6日起，所有美元都是按实际重量和实质价值收取的信息。

此致

（签字）武霍斯

21号信件附件

（298号）

香港贸易监管，1855年9月13日

先生：

很高兴转发您上海道台公告的译件，该公告是条约国领事同意发布的。中国新年（1856年2月6日）开始，各种货币参照卡洛斯币的真实重量和内在价值收取。我相信该公告有助于终止目前的状况，即：具有内在值的银币有时具有商业价值，会和真实值相差超过30%。

此致

（签字）约翰·鲍伦

上海，1855年9月1日

随函附上海关总监周先生发布的公告，有关本港口货币规则，供一般性参考。

（签字）墨菲领事，美国

罗伯逊 H.B.M. 领事

伊顿法国领事

周先生的声明
规定新币旧币都可以流通

中国长期以来沿海诸省商人阶层在交易中一直使用外国铸造的银币作为流通媒介。以前流通的货币在形式和图案上都不一样，有的是圆形的，有的是细长椭圆的，图案有马、剑或人脸，最重的可能达到一两，重量最轻的为几钱。

但是在嘉庆时期，由西班牙创造的带有人脸的圆形货币在中国首先流传开来，其重量为 7m. 2c.，不到我们中国标准银纯度的十分之九，但具有纯度和重量均匀等优点。这种圆币因作为标准价格很便捷，受到贸易阶层的喜爱，因此外国人停止向中国提供其他类型的货币。

西班牙币也因此开始普遍流通，以前使用的其他类型的货币（到今天为止，在江苏省广为人知的是旧的卡洛斯币），如椭圆形，并带有一个奇怪的马或剑的标志则早已消失。偶尔会有一两枚在古董收藏中遇到，视为珍品珍藏。我们可以从这些珍藏中推断中国的货币迄今为止在不同时期经常发生变化。

在过去的几年里，据报道西班牙已经停止生产这些货币，因此在中国货币流通中逐渐消失。而另一方面，当地习俗和中国下层人民有偏见，认为没有这个特定的货币就不能生活。然后不诚实的商人，借此获利，占领或者垄断市场，从而抬高西班牙币的价格。比如，按目前的汇率，一个西班牙币达到一千八百至一千九百个法定铜币。因此，人们很乐意支付9两标准纯银购买只值7m.2c.的劣质银（不及标准纯银的十分之九）。

一些商人能很巧妙地挑选和辨别西班牙币，特别是在向他们付款的时候。内地制造的那些不同名称的货币，不论是广州币、深圳币还是苏州币，虽然它们比卡洛斯币的纯度更高，但它们仍然要进行一定比例的调整。这是逻辑和理性完全无法解释的。

上海1843年开始作为对外贸易港，来到中国的商人各自带来了自己国家的货币，形式各异。当这些货币第一次出现在中国人面前时，他们对这些货币感到新奇。一开始他们拒绝这些货币，但后来在"新货币"这一命名下接受了它们，实际上与卡洛斯币相比，它们的折扣幅度为20%到30%。

外国商人不满于现在漏洞百出的货币制度，因其必然会带来商业上的困难，于是纷纷请求各自的领事同我商量，商定一个更好的流通制度。

由于担心新的货币（墨西哥货币）可能在纯度上比卡洛斯币低，于是我在新的海关大楼召集了三个条约国的领事。在那里，在有经验的矿石冶炼厂的帮助下，当面参与了货币熔化的过程。经过计算发现，新的货币（墨西哥币）与卡洛斯币纯度相似。那么，商人在商业交易中需要支付的20%到30%溢价，原因何在呢？

但是，这种不良状态不是一天就出现了。因此，我们考虑是否该另行通知，立即将旧的卡洛斯币与新的货币相提并论，只允许它们以这样的汇率流通？对于至今仍通过卡洛斯币进行交易的中国内地商人来说，由于本身商业活动不发达，自己的问题还没有解决，所以这样做无疑会使他们遭受严重的损失，会由于货币的突然变化而毁于一旦。

因此，我，道台，在管理事务上，本着人民的利益，不愿意采取任何先入为主的想法，已经与三个条约国家的领事充分地讨论了这个问题。我们得出的结论是，先让人们充分关注，通过发布公告告诉商业阶层，不诚实的商人提供的卡洛斯币是虚假高价格，并给他们充分的保证——旧的卡洛斯币降低价格不会有不便之处，并把旧的卡洛斯币与新的相提并论。只要它保留了其内在价值，唯一要考虑的是其重量和纯度，不再看是旧的还是新的。但是应该留出时间使中外商界能够就此达成一致，以防造成损失。

我收到了外国领事们的一封正式联合函，表示他们同意新币在中国新年即将来临之时开始运作。

为了更加充分地落实新制度，我已经向总督和这些省的地方官员汇报了上述全部情况，请求他们可以在其管辖范围内发布总命令。

除此之外，我有责任事先通知并发出命令。因此，现在的公告是写给所有的商人、商人经纪人、士兵、人民和各阶层。充分了解这个公告后须服从命令。使用旧的卡洛斯币时，不得提高其内在价值。希望通过这些方式，西班牙币逐渐恢复至其真实的价值。

应该清楚的是，在即将到来的中国新年之后，所有在海关检验的美元或新的外国货币，在领事的见证下，应与旧的卡洛斯币相提并论，根据含银的纯度和重量来衡量价值。禁止任何人从顽固的个人利益角度来投机货币的价格，以便货币和商品可以自由流通，中外贸易可以公平地继续下去，这也会促进收入的增加。

在此之后，任何表面上遵守，但是私下反对这个制度的人，仍然允许不诚实的人愚弄他人且与公共利益相悖，就应因阻碍措施实施而受到最严厉的惩罚。

因此，每一个人都要恭敬顺从。

特别告示。

咸丰五年七月十日

（正本译件）

（签字）辛克莱

（正本副本）

（签字）高·S·莫瑞森

22 号信件

1855 年 9 月 4 日香港政府的急件摘录，1856 年 3 月 1 日由殖民地转寄给英国财政办。

利息

14. 在考虑通过东方银行维持司库手中货币汇率的平衡。然而，实际上可能会有困难。政府有自己的货币，在我看来，最荒谬和不明智的是把英镑作为法定标准纯度，公共财务仍以英镑形式存在。因为黄金在中国不流通，且往往大幅贬值 30%。地方强制非流通货币以货币形式流通，显然，领事人员和国库受到地方立法的影响。有人认为官员高达 12 万 1 的平均收入能够调节，甚至会最终影响中国高达四千万英镑的各种贸易，这一想法极其荒谬。我经常指出，这没有必要再去进行实地调查。据说香港的货币就是根据英镑而规定的，因为人们认为英镑是世界标准。后果是我们财库不断地遭受损失。目前流通货币与官方定值间的差异（除了领事馆人员工资外）及殖民地所有财务中货币在流通中的真正价值都是源于此标准。

15. 除了规范货币，没有其他形式能够更好地维护我们在中国的商业利益了。这个问题以一种极其失控的状态呈现出来。如果我能成功地从中国当局那里获得一个港元的内在价值，我会毫不犹豫地建议在这个殖民地铸币。这不仅是一个宝贵的收入来源，而且可以利用公共设施和优惠等优势。黄金和白银的相对值不存在可估比例，且银币内在价值有时伴有30%至40%的商业差异。显而易见，以其真正的金属值获得官方认可的香港铸币将是非常有用的流通货币。我认为把这样一种货币引入到中国是迟早的事，因为这是最好的结果。

23号信件

韩蒙德给威尔逊的信件副本

外交部，1856年11月22日

先生：

奉克拉伦登伯爵之命，向您转交一份女皇陛下的急件，供上级财政部长参考。随附两份女王陛下驻上海领事的复本，涉及地方官员对该港口货币形式命令。

请鲍伦先生打印信函后送回办公室。

（签字）韩蒙德

23号信件附件

（336号）

监管贸易部，香港，1855年10月22日

尊敬的阁下：

尊向阁下您转达两份信函副本，日期为2日及5日（及其附件），来自于罗宾逊先生，内容关于上海货币的管制。

考虑到中国政府采取了合作措施进行改革，我赞同英国和美国的领事意见，以对商业的获利产生很大的影响。货币的波动和某些硬币的虚拟价值让一些房产有利可图，因此他们并不甘放弃。但是，目前的货币作为内在可确定的参考值本身就是一个重要的目标，在我看来，官员们

应该在目标完成的过程中得到帮助。

（签字）鲍伦

克拉伦登伯爵等等

72号信件

英国领事馆，上海，1855年10月2日

先生：

谨随函附上登特先生和比勒·安多特伯斯先生等写给三个条约国信函复本，涉及道台8月26日发布的告示及美国和英国领事馆的答复。法国临时领事拒绝参加这一活动，理由是没有法国人提出抗议，他在这件事上没有管辖权。我还谨将艾登先生信件复印给抗议活动组织，以提出其分开回答的理由。阁下将看到约30家英国公司中只有六家签字了这一抗议，其余的则是美国公司、英裔印度人和两名鸦片船只主人的签名。

艾登先生自称与该项运动有关联，我不明白他的立场。墨菲先生和我对他的一段长时间采访中，艾登先生声称没有法国人签字，因此他不能回答相关问题。然而，这并不是什么重要理由。有好多社区同意，有人拒绝在摩尔（Messrs）、登特（Dent）及其他信件上签字，就可见一斑。

此致

（签字）罗伯逊

鲍伦先生等

上海，1855年9月18日

先生：

您1日快递涉及海关督察周发布的该港口货币管制，宣言了一些信息，我们认为有义务与您谈谈。

我们必须请您注意宣言中提到的汇率制度改革以及商团们的愿望。对于"请您与道台协商，并同意采用更好的流通系统"的那部分，您必须充分意识到，提议人数比例不足以使他从全局考虑。先避开不谈这种提议有何优点，中国政府在任何商品中强行干预，这是与我们与中国达成的协议相违反的，也不符合商业行规，我们强烈抗议这种干预行为，它只会引起巨大的混乱和不信任。因此，作为商人，作为我们选民利益的保护者，我们被迫提出抗议，要求强制中国政府改变卡洛斯币的价值。为此通知您，我们不能同意遵守此宣言，我们觉得您应从塔塔耶那里撤销与条约规定极不一致的公告。

总之，我们要求您转达 Chaou 此信的附件，说明此信息。

以下是签名各公司：

登特·比勒公司（Dent, Beale & Co.）

林塞公司（Lindsay & Co.）

大卫·安松公司（David Sassoon, Sons & Co.）

罗素公司（Russell & CO.）

百利·沃顿公司（Birley, Worthington & Co.）

特纳公司（Turner & Co.）

奥斯汀·赫德公司（Augustine Heard g&Co.）

沃德和阿根公司（E.Warden, Agent P.& O.S.N.Co.）

布尔·奈尔公司（Bull, Nye &CO.）

翰伯瑞公司（Hanbury &Co.）

巴氏公司（E.M.de Bussche.）

席勒兄弟公司（Sillar, Brothers.）

派唐·富安居·卡玛公司（Pestonjee Framjee Cama & Co.）

哈吉·阿杜拉·纳塞公司（Hajee Abdoola Nutha.）

艾吉·富安居和索比·富安居公司（for Eduljee Framjee, Sons& Co., Sorabjee Framjee.）

卡吉·潘乐吉公司（Cowasjee Pallanjee &CO.）

卡萨和·纳塞和公司（Cassumbhoy Nathabhoy Co.）

安丁侯·呼毕侯；孟乐基公司（p.pro Alladinbhoy Hubibbhoy; J. Moledina.）

孟虎·赞虎和马侯公司（p.pro Mohamedbhoy Thaverbhoy& Co.; M. J. Mahomed.）

德赛·朴厚和安奇公司（for Dhurumsey Poonjabhoy, L. Khakey）

呼毕侯·爱博和呷沃公司（for Hubibbhoy Ebrahim, Sons & Co., M. J. Gover.）

安莫迪和扎侯和陈侯公司（p.pro Ameerodeen & Jafferbhoy & Co., A. Chandabhoy.）

约翰·安德森公司（John H. Anderson.）

给美国领事馆墨菲

英国领事馆 D. B. 罗伯特森

综上所述，我们必须请求您将本信复本，连同其附件翻译转发给周阁下，以供其参考。

上海，1855 年 10 月 10 日

先生：

我们 27 日收到您 18 日来信。信中，您对海关总监周阁下该港口货币监管公告发表了意见，并要求把对该公告的抗议转达给相关官员。

充分考虑了该信件之后，我们发现只是中国当局针对其国内臣民，要求根据银币的内在纯度来决定外币的流通总量，与任何商业条款无关。

考虑到中国当局对其臣民有明确的、不可争议的立法权，中国采用合法的制度，基于合理的规则来宣布规范全国的货币体系，并宣布在中国境内的外国货币应采用其标准，确保商人的安全和贸易的发展与自由，我们认为将您的抗议转达给周阁下不妥，因此我们必须拒绝您的请求。

（签字）美国领事墨菲

英国领事罗伯逊

致邓特先生，比勒公司及其他人，上海

（法文略）

78号信件

美国领事馆，上海，1855年10月5日

先生：

向您转寄墨菲先生、美国领事和某些美国公司之间的信件副本，内容涉及该港口的货币管制问题。

他答复意见与我一致，其实我意识到这是我们相互沟通后的意见。

（签字）罗伯逊

鲍伦先生等

上海，1855年9月27日

先生：

我们另写信给您，主要有关最近道台引入墨西哥币的公告，以便您更充分地了解我们与英国和法国领事反馈的意见，这些意见一般由外国居民提供。

我们特别希望对公告提出两点反对意见：首先是对债权人很不公正，他们可能被迫使用贬值的付款，在贬值前开始销售货物或销户（除五个月内根据通知结算账户之外，不提供任何准备金），突然的变故会引起很大的灾难；其二，中国当局对任何外贸商品价值的不当干涉。

在该港口进行交易，特别是当交易必须在旧基础上继续时，在五个月内不可能结算账户。这在商业活动中是毫无争议的，也很少有人会怀疑普遍使用的货币价格会遭到如此剧变。而中国人尤其不喜欢外国法院，不了解外国法律，将会受到很大的打击。

关于第二点，道台宣称惩罚那些支付卡洛斯币市值的中国人，如果市值高于其任意值。我们认为这是政府无端干涉，请您敦促道台撤销该法令。

同时，提反对声明的同时，我们希望各方明白，如果采取循序渐进地来，我们不反对引进墨西哥元，尽管我们6月12日拒绝签字英国、法国和美国领事提出的与中国当局的调解信。我们认为这种干涉在现有货币情况下不合时宜。

（签字）罗素公司（Russell，Co）
奥斯汀·赫德公司（AugustineHeardg&Co.）
布尔·奈尔公司（Bull,Nye&CO.）

致墨菲阁下

美国驻沪领事馆

美国驻沪领事馆

1855年9月29日

先生：

我收到了您27日的来信，信中解释了您、我的同事及部分外国居民签字给我的来信。信件有关周道台对该港口货币的宣言。

关于您对公告的第一个反对意见。

我并不清楚这是否会让债权人遭受到不公正待遇，除非公告能够"事后"生效。而另一方面，很明显，任何法院做出这样的裁决都是不可能的。下一个中国农历年之前签署的所有合同虽然超出了当时的时间，但由于没有任何超期特别协议，只能合法或公平地按当时并存的货币支付。

关于您的第二个反对意见。据我所知，根据条约或其他方式，中国当局还没有将其对领事或商人的管辖权归属本国人。因此，如果这些规则或法律不侵犯条约特权，道台仍然可以自由地制定规则和法律，而不受领事干涉。

条约特别提供了确定和固定外币价值的手段。我没有必要详述相关部门在该港口采取的措施。因为，正如您目睹的那样，引用条约会使他们坦诚对待，一致遵守。对此您无法控制也无权干涉，因为这一措施三个条约国已完全同意。

这一变化并不突然，已经历时很长了。此外，多年前这个港口令人尴尬的货币状况就引起了大多数人的注意，并敦促美国专员马歇尔阁下做出改变。然而当时并无结果。

中国官员的固执及其他类似自然方面的障碍都呈现在他们面前，这滋生了恶果。您所渴望的一切现在已经完成。要使这一变化对所有人都有好处，且对任何人都无害，只需外国商人做好工作，接受墨西哥币。这一体系必须也一定会运转良好，因为它"越多越好"。

在回答您看似我凭空想象的反对意见的时候，我提出了一个可以消除这些反对意见的建议。我再次高兴地看到您信中的最后一段，并且非常满意地注意到如果采取循序渐进的合理措施，您不反对引入墨西哥币。没有任何其他的被采纳，也没有任何其他的受到我的制裁。因此，我感到有理由感谢您坦诚地同意一个没有别有用心的措施，在保留大多数人的利益的同时不伤害任何人。

（签字）墨菲领事

致罗素公司（Russell, Co）

奥斯汀·赫德公司（AugustineHeardg&Co.）

布尔·奈尔公司（Bull,Nye&CO.）

24号信件

约翰·鲍伦爵士致詹姆斯·威尔逊议员的一封信

政府大厦，香港

1856年3月24日

先生：

你知道一些损失，但这仅仅是在中国银货币不稳定和不协调的情况下所产生的困惑、损失和不便的一部分。

我想我可以提出一个补救办法。此法对中国殖民地来说非常有利，而且对商业非常有用。此法不仅适用于中国，而且适用于所有的周边地区。

在香港建立一个制币厂，采用十进制制造英币。这种英币将确定为我们货币和会计的基础，而且我认为它可能会成为这一幅员辽阔、贸易广阔的国家的流通货币。如果财政部当局满意这个计划，我将正式与殖民地有关部门合作。我相信我该为我们驻中各国的巨大利益提供永久服务；这样的货币会有巨大的政治和商业价值和社会价值，将成为一个重要的收入来源，在各方面都将获得巨大的利益。

在东亚，整个美洲，太平洋以及整个商业领域最广泛的部分，英币的普遍性使得这个建议尤为重要，并且我相信此重要性会在审查中日益增长和扩大。

在目前繁荣富裕的财政状况下，如果国内当局一致赞成，我认为实现这一目标几乎没有任何困难。

合作到最后，我应该积极地与所有五个港口进行沟通，并通过与中国官员的谈判，使英币可以被中国人接受。它的外观会受欢迎，其纯度和标准将为之带来当之无愧的声誉。我不怀疑，在未来几年内，它将成为中国的流行货币，而中国将不可能尝试引入黄金货币。

这封信的目的仅仅是解决这个问题，旨在确定这项提案是否会受到国内政府的欢迎，而且进一步考虑这个问题，我将把一份副本寄给外国和殖民地的事务秘书。

（签字）约翰·鲍伦

25号信件

韩蒙德先生致威尔逊议员的一封信

外交部，1856年7月9日

先生：

我授克拉伦登伯爵之命转交给您女王陛下财政部官员信件。这是女王陛下在中国的全权代表的一份副本，并附上了上海当局在有关货币问题上发表的声明译件副本。

（签字）韩蒙德

25 号信件附件

(131 号)

贸易监督，香港
1856 年 4 月 17 日

阁下：

我已收到领事罗伯逊先生 3 月 29 日发出的信函，已转发有关当局就汇率问题发表声明。罗伯逊先生指出："由于外币商人渴望改变而又胆怯畏缩的行动"，他认为通过提升墨西哥元内在价值来调控货币的机会现在已经没有了。

我很遗憾地告知你，我从其他方面得知，目前没有希望消除卡洛斯币价格反复波动带来的不便。

巨大的利益的确与投机和这种特殊货币所代表的虚假值有关，但这些似乎只是暂时的，因为我观察到上海交易所的报价和交易现在只能用卡洛斯币。我越来越感到正如我 3 月 22 日第 98 号报告所建议的那样，将英币引入到此领域很重要。

（签字）约翰·鲍伦先生
克拉伦登爵士等

众所周知，西班牙币长期以来一直在中国流通，被贸易商和人民普遍采用，且受到信任。除了"铜-混合币""铅币""轻重量币"，以及"苏州币"，所有其他（西班牙）币都按相同的汇率交易。但有一些狡猾的股商，他们一直在为自己谋私利而损害人们的利益。之前，我作为金融代理专员在我的管辖范围内发表了一份公告，严格禁止西班牙币（滥用）。一段时间以后，这些钱贩子已经不再畏惧法律了，如今在肆无忌惮地用最愚蠢的借口来抑制货币的价值，敲诈勒索与日俱增。这是公然违反法律的行为。

货币从外部流入这个国家，形成了一种方便的流通媒介。那么，既然这种货币既不轻巧又不劣质，为什么还要通过不确切的方法检测这些货币呢？各种大小币种，印有各种戳记，大多数是人们为了区别于掺铜或掺铅的货币而做的标记。因此，印的商标越多，流通的时间就越长。毫无疑问，这是它们获得信任的一个更重要的原因。然而，货币上的商标绝不会影响其触感或重量。

然而，仍有一些不法之人仍在设法制造出各种奇怪的称之为"西班牙币"的货币。有些人被称之为"大削""小削""赝币""烂版银元""响声银元"及"锈币"等，因为这符合他们的企图，便于他们降低或提高银元的价值，通过这些手段谋利。

贫穷阶层又怎么会知道这些呢？他们易被这些狡猾人的贪婪所折磨，在忍耐和沉默中遭受损失。对富人和富商来说，损失比较小。损失都落在穷人和穷人阶层的身上，他们的痛苦日益增加。如果不严格地斥责一切，那么每天的一切都将以一种更为糟糕的状况出现，届时什么也就不能解救我们了。

最近，由于货币兑换商的一些货币交易，科举考试期间在伍基昂（Wookiang）地区发生了一场暴乱；暴乱中，投机商被裁判官逮捕并施以枷刑。这条消息传到了省府，立即使这些疯狂的商人恢复了理智。可见，严格执法对这些恐怖的欺诈者是有一定的震慑的。

采取一些这样严格的措施绝对有必要。可藉此来解决问题，纠正人民的错误，停止现存不法行为。此外，我还从广平省当局得到了一份正式的通信，他已经下达了禁止滥用的命令。

因此，要发出真正的禁令，即现在的公告。

因此，让所有货币交易商、商家、店主和所有人都知道。

从这天起，所有（西班牙）币，除不再使用铜或铅以外，都将在市场上流通，无论它们是"大"还是"小"的切削币。

所有类似"响声银元""烂版银元""赝币"及"锈币"等的名称都会永久地被推翻，并且没有折扣。

如有任何店主或任何人稍有损毁货币，或歪曲汇率，那些向他们兑换西班牙币的人就有权将这些店主带到地方当局。他们被拘留的时间不得超过检查案件所需的时间。如果美元是铜制或铅制的，那么提供给他们该货币的人也会被追究责任。但是如果美元并不与铜或铅混合，只属于"大削"或"小碎"这一类，那么显而易见，店主存在欺诈违法行为。为了保护人们的利益，店主将被要求兑换适当的美元。

接下来，在公开法庭，他将被戴上枷锁在每条街道游街，一整天站在每个货币兑换商的商店门口，暴露在公众的视野内。受这耻辱与羞愧，可能就会感到后悔，同时，路人们看到也会感到害怕。

对于所有企图对此类违法者打掩护或私下释放的公务人员和走私者，应予以拘留和处罚。

我作为代理财务处处长，进一步打算在该国的每一个地方派出值得信赖的人，其责任是进行查询，无论在哪里，只要有犯罪行为，就会严惩，而且毫不留情。

因此，所有那些爱自己也爱家人的人，以及那些尊重名望的人，都需要改进他们过去的习惯而谨言慎行。

让他们绝对服从法律。

咸丰六年一月二十六日（1856年3月2日）

（签字）翻译：查尔斯·辛克莱，口译员

（签字）复本：伍德盖特

负责 Soo-sung-tae 流通的长官海关副总督兰（Lan）发布宣言，重申他对英币及卡洛斯币的迫切需求。

迄今为止，在上海商人的交易中旧（卡洛斯）币一直是流通媒介。虽然与旧（卡洛斯）币相同，但如果新币只是因为形式变化很大无法进入流通，使那些带着怀疑目光的人难以适应，那就会造成业务停滞，商家亏损。

去年，这个港口的外商便看到了公开介绍各自领事与周道台联系的必要性，这是一种将英币引入流通的方式。有关英币与卡洛斯币之间纯度的不同，周邀请了外国领事在新的海关大楼见面。通过熔化、鉴定和计算等证明二者间的纯度一样。令人满意的结果证明，将它们引入流通不会带来任何损害。

有少部分的人固执于自己的习惯与观点，很难立即从全局思考。考虑到这些人，给予他们一些时间，以便让他们逐渐接受，这是很必要的。希望中外客商对这一问题有一个充分的理解，这一办法对双方都没有任何损失，是最有效的方法。

时间表已经制定出来。该表以不同形式展现了不同类型新西班牙币各自的纯度。政府银行家们等人公开要求将旧卡洛斯币降到与新币同等水平。从第一个中国年开始，无论是西班牙币还是卡洛斯币都应该平价流通。

同时向各位阁下、总督府和省总督提交了一份正式报告，希望在其政府的整个管辖范围内发出类似的指示。

第二个月的上旬已经到来，新的货币体系还没有开始运作。一般来说，如果追溯起源的话就会发现，一个地方的货币掌握在银行家手中和储存库中，如果要运营成功就需要银行家领路。通过这些手段，商人们就没有理由害怕陷入经济停滞或混乱的危险之中，而货币本身就会成功地运作起来。

我所知道的是，货币银行家已经提交了一份意见书，称中国流通货币有多达四种或多种，即墨西哥元、秘鲁美元、玻利维亚及法国五法郎。后三种如秘鲁、玻利维亚亚及法国五法郎，质感和重量都有所不同，墨西哥元（带有鹰的图案）可以说是唯一的统一货币，而且要求其他银行只能按照在市场上的利率用于银行购买墨西哥币。

我已经批准了他们的请求，并且同意他们以墨西哥元交易。

此外，由于商人阶层中可能还会存在一些怀疑与担忧，这会造成他们不接受新的货币。我认为再次恳切地发出公告很有必要。我特此宣布，告知所有商行、商店老板以及银行家们，和那些可能涉及到人们。

因此，本公告日之后，按照本协议规定，墨西哥币在每一种商业交易中都是以其市场汇率流通的，而银行家的订单也将以该币发行，该币在所有的商业交易中都必须自由流通。摒弃所有先入为主的观点，这些观点只会损害利益攸关的贸易利益。任何一个假装服从，但私下里反对的人，或者垄断市场的人，都应该受到严惩。让每一个人，无一例外都服从于此。

咸丰六年二月十三日（1856 年 3 月 19 日）

（签字）翻译：查尔斯·辛克莱，口译员

（签字）复本：伍德盖特

26 号信件

财务部备忘录

1856 年 7 月 15 日

写给韩蒙德先生克拉伦登伯爵的信息，很遗憾未能在上海引进一套健全的货币制度。

考虑到上海偏好卡洛斯币，约翰·鲍伦爵士提出在香港建立制币厂发行英币的建议，我认为是行不通的。如果以英镑作为替代品的话，我上司也不愿意为了一个不可靠的实验而在当地设置制币厂。

27号信件
韩蒙德先生致财政部秘书的一封信

外交部，1856年7月15日

先生：

受克拉伦登伯爵之命，呈交财政部大臣们女王陛下在中国全权代表的两份信函副本，信中建议在香港制造英币，引入到中国货币市场。

（签字）韩蒙德

27号信件附件一

贸易监督，香港，1856年3月21日

先生：

转交您我写给威尔逊先生的信件，随附财政部和殖民部部长的信。这封信关于在香港建立制币厂造英币，就像外商在中国所有账户使用的货币一样进行流通。

如果这个建议能够被支持，我应该尽最大的努力，通过与商团的合作及官员的行动，使英币成为法定货币，或者成为在任何情况下都被认可的货币。

您能看到，广泛流通的货币上面印着英王的肖像，并不是与政治无关，而是与其实际价值无关。

如果将英币引进中国，其在日本、科钦（Cochin）-中国、朝鲜和其他临近地区都将会受到欢迎。模具雕刻可能会在英国落户。如果女王陛下对这一建议表示赞同，就可与伦敦和加尔各答的制币厂的官员通信，安排细节问题了。

（签字）约翰·鲍伦
克拉伦登伯爵等

政府办公室，维多利亚，香港，1856年3月24日

先生：

把写给威尔逊先生的信件副本寄给您。此信有关在中国殖民地建立制币厂铸造英币及其辅币。

我认为现在货币很不方便、复杂昂贵。造币的好处就是使公共服务用英币元和分来记账，就像每一个商业机构一样。

重大损失使得财政部以黄金为标准，这个标准几乎总是处于贬值状态。在不是金衡制的国家永远不可能维持其相对价值。金币仅仅是商品，处于永久和常常无法理解的波动状态。

如果从香港制币厂生产的货币在中国获得青睐，那么其在内地以及周边地区的价值是不可预估的。

我提议把这些通信的副本寄给克拉伦登伯爵。

（签字）约翰·鲍伦
尊敬的亨利·拉波切艾议员等

27号信件附件二

（136号）

贸易监督，香港，1856年4月23日

先生：

3月22日第98号信件中，我很高兴地通知阁下，中国货币令人不满的状态终于引起了高官的注意。我很荣幸地将来自福建政府的《北京宪报》翻译转寄给皇帝，建议铸造西方国家那样的货币是为了人民的利益，也是中国财政部门的资金来源。

本人怀疑，这份信件并不足以证明我向英国政府转达的意见，即在香港成立一个制币厂，把英镑引进中国。

我收到了广州一位最年老、最有经验的商人的备忘录，我请求将其交托于阁下，因为它包含了许多有价值的建议。

正如威尔金森先生所认为的那样，我认为为了让卡洛斯币易于接受，有必要让其外表保持不变。因为查尔斯三、四世时期的卡洛斯币在中国人看来是同等的。毫无疑问，这个共性应该被保留下来，但稍加修改就不会引起严重的异议。

阁下很可能会将这封信及其附件交给财政部议员，让殖民部部长熟知该信件的内容是可取的。

据我所知，英币的发行在整个东方都会受到欢迎。如果接受这种货币的话，它将成为殖民地大笔合法利润的来源。我强烈地认为10%的合金，也就是说，一个90标准的货币将是最令人满意的调整。

如果总体方案得到英国政府的批准，每一个必要的调查都应该参照细节进行，因为必须经过一段时间才能建造和使用制币厂。

（签字）约翰·鲍伦

克拉伦登伯爵等

福建省地方官员陆钱孙（Lu Tsiuen-sun）在信中谦卑地陈述，在现在这个尴尬的时期，类似于外币的钱币最有利于国家利益，也能减轻国库的压力。

自从战争以来，财政部已经支付了两千万两。但是这些措施一天也不能放松，也不能减少开支。每一个政府成员都想发现应对目前困难的手段，因此提出种种这样的计划：储存的粮食转化为现金、造大铜钱、开放金矿和银矿、建立一种纸币（他列举说，政府没有成功使之成为流通纸币，原因是钞票不能兑换成货币，但是却被用来支付政府费用）、用铜以外的其他金属制造现金等，所有这些计划都值得考虑。你们的部长和他人一样，日夜不停地为增加国家资源和造福人民制订计划。在他出生并长大的江南省，他注意到人们使用的外国货币受到了极大的尊重，并超过纹银的价值，原因很难解释。这完美的货币重7m. 2c。它在所有欧洲国家都受到打击，被指定为"扇子"（外国蛋糕或晶圆），和"花硼"（花边），通用名称是"洋钱"（外国钱）。它首先被引入到福建和广东，然后被引入江苏、浙江和江西，现在在北半球非常普遍，直至长江流域南部。在福建和广东，切碎的美元被大量使用，虽然损失惨重，但其价值却等于纹银的价值。

在浙江和江苏，切碎的西班牙币是不流通的，而另一种货币更受欢迎。最初1西班牙币价值高达七钱；价值逐渐升至八钱，现在超过九钱。人们并不考虑它的纯度和重量。它便于携带，而且人们也已经适应了它，因此，高价也没有削弱其受欢迎度。不仅在大城市，它还存在于每个乡村。纹银情况则恰恰相反，因为需要钱币鉴定人来决定它的纯度与重量，因此，人们将手中的纹银兑换成西班牙币。这不仅在城镇或乡村为了交易，还总被当局用来支付税款。

由此可见，这种外币扣除合金时，只含有6.5钱的银，超过了中国9两纹银的价值。这一方面是一个巨大的收益来源，另一方面也是白银从国内流出的原因。限制使用西班牙币将是无用的，因为人们不会服从他们。对进口的限制也同样无用，因为野蛮人从中获得了太多的利润。根据情况和公众意见，最好的办法是打击同类货币。通过这种方式，我们可以在国内保留现在外国人的利润、白银的成本将与其价值成比例及能防止黄金过度出口。请陛下慎重考虑草案中有关这个问题的意见，并且恳请陛下命令税务委员会和所有可能在首都的江浙两省的高级官员就此做个汇报。

圣旨。让战争委员会和财政委员会报告陆钱孙先生提出的规则。

此摘自1855年11月7日《北京宪报》。4月4日收到。

规则草案尚未在这里公布。

（签字）伍德盖特

有关香港英国货币的备忘录

与西班牙元相比，纹银的折损和高溢价变动很大。采取平均8个百分点的溢价（虽然所有的港口都包括在内，将会低于这个数字），西班牙元的标准为89.16/100纯银，那么会有百分之三的利润来满足造币的费用，为此应该在香港建立一个制币厂。

引进新币是否会成功很大程度上取决于未来的大额交易量、设备的不变性，以及货币选择的印记，因为这些有助于测试其标准正确后投入使用。最主要的困难，即使不是唯一的困难，就是对外开放港口（尤其是上海）货币消亡带来的改变，这是新币盛行的原因。

如果有必要将君主的名字和铸币年出现在英国硬币上，这些可以以字母环绕的形式，作为不变的成分出现在新的英币上。如果要确定殖民地货币的币种，硬币的一面可能会带有"王室武装"的印记，在他们周围有主权统治的名称和年份；另一面可能有英文、中文及马来字母，以示硬币是"墨西哥殖民地货币",或者说"皇家货币",就像现在墨西哥元上展示的一样。

在英国殖民地的英币考虑到耐用性按银两流通。尽管在香港,只有完美的货币才能被视为是合法的。

但是对于硬币的玷污或标记不应附加任何处罚,私人也不得将污损货币以重量计算。

在硬币上做记号,以保证一旦发现是坏的硬币就会被换掉,这种习俗一定会被当局所忽视。新币在香港以外的地方变成货币的可能性不大。目前可以在英国皇家铸币局铸造一定数量的硬币,以供香港使用,以试验用中国人制造新币的可能性。而建立当地制币厂的问题可以以后考虑。现在,墨西哥元作为一种有利可图的流通货币,被商人们引入中国,而政府对于商人的定位也不应有所不同。最后一次伦敦报价为每盎司60美元,香港政府本可以以52便士每元的价格进口(假设是由女王的船只进口的,货物和保险便不考虑在内)。然而现在,为了满足资金需求,同样的货币他们通过出售英国财政部或印度的纸币筹集资金,价格为不少于58便士。

通过进口各年度需求而节省的费用可使香港政府能够承担皇家铸币局所需硬币的全部额外费用。

香港政府可能会通过公告使新币在其管辖范围内流动,而由广州引入南美元之后的景象可知,毫无疑问新币很快会在那里获得支持,并逐渐在其他港口盛行。香港的货币不应该因为公告而限于新币,因为这会迫使政府不得不持续供给;然而,通过使同等纯度和重量的西班牙币流通的话,那么制造的新币随时可能在政府账户上中止。

但是如果引进成功的话,香港政府就不必再为供应问题而烦恼了,而是把这个问题留给商人们了。每当贸易需要进口西班牙币时,商人们按照印度制币厂制定的费用,充分利用"皇家制币厂"进行生产。

＊上海，1856年4月11日，与卡洛斯币相比，纹银约为百分之二十的折价。

从国内订购货币之前，应该好好考虑货币的设计及其标准和重量，因为一旦做出决定，希望不再改动。关于货币上的文字，与一些中国人进行协商是明智的。

建议殖民地货币不要采用英国的标准，因为如果那样做，硬币的重量将减少到400.22克（grain），而且不会被习惯于用416克银元的中国人所青睐。通过采用十分之九的纯银或10%的合金的标准，新的硬币可能会保持旧西班牙币的重量，除了其成本略微提高之外，纯银量的增加有助其更受欢迎。差异如下所示。

	纯克	合金克	总计	纯银
西班牙币	370.90	45.10		89.16
建议的标准英币	374.40	41.60		90.
英币标准	384.80	31.20		92.50

请注意：波特先生于1846年比制币厂的专家更早地提出了香港货币这一议题。如果当时这种货币被引进了的话，这种新银元可能是这个港口（广州），也或许会是厦门和新加坡等地的唯一货币。

威廉·伍德盖特

28号信件

韩蒙德先生给财政部部长的一封信的副本

外交部，1857年1月6日

先生：

奉克拉伦登伯爵之命回复您7月17日的来信，请交给女王陛下的财政部长，附有两封信的副本以及它们的附件，来自女王陛下在中国的全权代表，介绍有关在中国殖民地建立制币厂铸造英币等。

（签字）韩蒙德

28号信件附件

（363号）

香港，1856年11月11日

先生：

在中国和东部地区讨论英币在香港流通的议题越多，对我们来说就越有利，所以我冒昧重申这个议题来引起政府严肃而友好的注意。与现有异常情况相关的劣态汇率增长，会随着我们贸易关系的拓展而成倍增加。我相信这个计划不仅是切实可行的，而且非常有利可图，这些地区得到的政治以及商业利益也是无法估量的。

现在我有幸转寄上海所有美国大公司自发签字的通信副本，这是我从来不敢奢望的，但我相信您会对该信件非常感兴趣。随函附上我的回信以及来自领事罗伯逊先生的传真副本，其中转达了商会的来文，指出我的建议备受青睐。

（签字）约翰·鲍伦
克拉伦登伯爵等

上海，1856年11月5日

先生：

我们是上海的美国商人，非常感兴趣地看到阁下最近与港口英国商人通信，邀请他们就香港建立制币厂表达自己的看法。您提到了对此举的赞同，认为这能使这个群体摆脱目前货币汇率所产生的影响。

我们推测，英国商人已对这一邀请做出回应。但是，了解到这一重要议题仍然存在意见分歧，我们向阁下畅谈一下我们一致通过的结论。这样以来，阁下便可更加肯定我们提出的安排会有发展，通过竭诚合作，前面所提到的补救措施定会取得成功。

我们坚信英国政府比任何其他政府政权都更有资格来处理这件事，所以才斗胆写信给阁下您。英国与中国及其邻国更大的贸易往来均表明了这一点：引导英国委员会确保每个国家的商人可参股任何盈利事业的开明政策赋予了英国在中国贸易的权利。此外，英国女王陛下政府的稳定性和完整性保证了任何一枚英国制币厂发行的硬币均可信永恒，而这正是上海货币十分需要的。

可能对于阁下并无参考价值，但我们要在此说明我们坚定的立场，在香港通过制币厂引入新币是有效解决港口贸易萧条的唯一办法。虽然我们希望自己的观点被有司重视，但有司有可能不完全了解这个问题。因此，我们恭请阁下允许我们回顾一下相关问题。

周围地区的中国人，实际上在所有中部省份，很久以来习惯于使用被称为卡洛斯币的西班牙硬币，西班牙制币厂制造的这种货币很可能都发行到了中国。

但是，这些货币早已停产。而且，由于戳记和熔化造成每年的损失量很大。这些货币又广泛分散于民众之中，现在由于数量太少而不能满足市场的需求。

尽管如此，中国人仍不愿意改变。他们依恋自己熟悉的货币。其纯度、均匀度和雕刻文字及其价值似乎最适合他们的需要。他们拒绝使用任何其他货币做生意。在这种情况下，不仅我们的对中贸易，这个五千多万人口国家的内部交易也会受到这种偏见的严重影响。

这种劣势的自然补救办法是，中国政府应该通过自己的制币厂提供合适的替代品来取消外国货币。但是，中国政府没有做这件事。事实上，我们可以放心地说中国政府做不到，因为中国政府只能通过那些臭名昭著的、挪用公款的官员行事。自己本身的需要加上其对货币学的无知也很可能在不久后造成货币贬值，这将破坏民众的信心，并驱使人们重新使用外国货币。

中国人和外国人都提出了其他补救措施。

第一，使用纹银或近乎纯银的鞋形纹银。

有充足的白银，本地矿产、熔化不流通硬币及来自欧洲的银条可提供足够的供给。在当今商业交易中，白银每天都如银条一样在其他地方使用，成为了重要的货物，并部分取代了货币的地位。

但是，它不是钱。外形上，它十分笨重；重量上，它轻重不一；质量上，它毫无规格。这些特点使之无法参与流通。在交易中，它像任何其他商品一样被买卖。如今白银的丰富程度不能提供比等量的铅或棉更多的交易优势。因此，我们不能把它视为文明民族商业中的价值衡量标准。

第二，引入墨西哥币或美元。

这是在今年初尝试进行的，并得到了外国和中国官方的支持。它失败的部分原因是外国人意见不一，但主要是因为官方的命令和商界的努力都无法强迫中国人使用他们不喜欢的硬币。

阁下深知政府在这样的情况下几乎普遍无能为力，毫无疑问会认同中国政府完全无法强制要求民众接受其自身强烈反对的硬币。

反对墨西哥货币的原因是它的重量和纯度不定，容易被伪造。但主要原因是普通百姓不懂而又不愿意学习它的雕刻文字。

第二个障碍可能会被克服，就像在广州那样。但这一结果将需要非凡毅力和耐力，并做出必要的牺牲。但这些花在一个没有很大价值的货币上似乎很浪费，其供应量和质量都有可能会因发行政府动荡不安而受到影响。

第三，采用印度卢比。

印度卢比在这里还未曾被尝试。但是，卢比在海峡的发行并未取得成功，那里人们对卢比的偏见要少于中国，这表明卢比在中国的命运不会好到哪去。卢比的主要缺陷是它不是十进制的，而长期以来中国人受到的教育是使用十进制来计数。他们很可能宁可回到易货贸易，也不愿为了某一种货币而放弃这一原则。

这些都是我们考虑到的卡洛斯币的所有替代品，每一个都是经过认真讨论的，第一个和第二个也许会有一些拥护者。确实，中国官员非常不情愿再次命令人们使用墨西哥币，法令本身的缺陷就预告了其失败。

但我们认为现在商界的普遍观点是，恢复商业贸易活力的唯一手段就是生产一种新的货币。这种货币具有一致性值且美观，纯度高，中国人易于接受，且对于所有人来说既有用又可靠。

即使是这样一种货币的引入也不会很快，因为中国人特别反对创新。虽然如此，从各种商业公会向官吏提出的请愿中可见，他们也觉得需要一种不劣于我们的稳健的货币。而且因为卡洛斯币在风格上和固有品质上更适合这个民族，它逐渐融入到货币流通当中。新的货币应可以甚至更好地适应这些需求而被接受。最初的努力必须来自外国人，但我们相信会得到赞同。如果中国官员随之发布有利的法令，毫无疑问，将会更快地达到预期的效果。但我们主要依赖的应是货币本身的优点。

我们建议铸造的货币需具有与卡洛斯币相同的重量和纯度，以免造成账目损失。此外，要切割得很好，使中国的造币者难以模仿，人们不用担心会上当用了伪造品。它一面刻有英文文字，以确保货币能体现出人们对英国钱币融入的认知尊重，另一面是中文文字，说明它的重量和价值。

有了这些条件，它便不容易像墨西哥币那样受到反对，而可能很快开始与卡洛斯币竞争谁更具有被接受的优势。

我们承认，中国引进这种新货币可能很缓慢，但阁下也许还记得，广州现行的条例承认了重量和纯度等同于墨西哥币的货币。显而易见，关于制币厂事宜的一个重要渠道已经开放了。新的硬币在那里就会如同在这里一样适用，因为那个港口的现行货币一点也不稳定。一旦墨西哥币打开销路，它将迅速自广州流入，并且在相对较短的时间内，我们有理由期待它成为南部各省的首选货币。

在福州普遍使用的西班牙币很快会被新币替代。该港口从开通以来，就是使用切削过的墨西哥币，来自广东引进来的墨西哥币库存。因此，库存每年日益减少，目前已经很难满足福州的需求，福州现在从上海得到卡洛斯币。

因此，阁下将察觉到，对于各主要港口来说，货币不是缺乏，就是将面临缺乏。

这不能公然地归咎于中国的不稳定状态，也不能归咎于不断增长的进出口贸易逆差，虽然这些情况无疑加快了这一恶性循环的发展。根源在于自很久以前中国就开始使用单一货币，而且这一货币生产未能持续。只是在近几年内中国才开始持续地进口白银。1853年以前的很长一段时间里，它每年被迫出口大量的白银，以支付其进口额超过其出口额的逆差。在那段时间里，流通货币不断超过其银价溢价，卡洛斯银元则溢价从10%到15%不等。

因此，我们得出结论，这种货币的现状与所谓的"贸易平衡"几乎没有关系，如果二者有关系的话，但几乎完全是中国人偏爱卡洛斯币这一稀缺货币的结果。

我们还认为，中国人的这种偏爱是不能消除的，但它可以有利地转移到我们所提倡的新货币上。

货币的优质和充足和香港殖民地因制币厂可获得重大利益，这些均可指望贸易能持续发展（我们作为美国商人，我们也衷心祝愿）。考虑到上述情况，英国政府不要再为是否建立制币厂而犹豫不决了。

而阁下也可能会通过以下数字证明，如果中国人接受新币，为如此便利的货币支付铸币税，也就不太可能会提出异议。

在广州，一年平均来算，108两重的墨西哥币就足以买到100两纹银（纯银）。但是制造100两纹银却需要112两重的墨西哥币。因此，这四两，或者将近百分之四的差额通常是为了制造新币而支出的额外费用。

在福州约104两碎银元可购买100两纹银，但是113两银元只能产生100两纹银。九两的差额是因造币而支出的额外费用。

目前，在上海，74两卡洛斯币可买100两纹银，但112两卡洛斯币只含有100两纹银。人们为熟悉的可信赖的货币额外支出了38两的差额。

这些数据似乎不仅支持中国人愿意为一种好货币花大价钱的观点，同时证明我们对新货币的需求以及纹银的地位的看法均是正确的。

相信阁下可能对这些话会感兴趣。

（签字）罗素公司（Russell, Co）

奥斯汀·赫德公司（Augustine Heardg & Co.）

布尔·奈尔公司（Bull, Nye & Co.）

布鲁克公司（P. pro Kingg Co.）

麦克瑞恩·史密斯公司（Mackrill Smith Co.）

威廉姆斯公司（Williamsf Co.）

致约翰·鲍伦爵士阁下、骑士，

香港总督、英国贸易总监，

（副本）

（签字）威廉·伍德盖特

256号信件

政府合署，香港

1856年11月11日

先生：

　　尊敬的全权大使，英国女王陛下全权代表阁下已经收到并非常感兴趣地阅读了你所赞赏的重要信息，并赞成香港问题提出的建议，即以十进制原则来划分银元货币。整体来说，那是消除中国及其邻国现有反常现象和不便之处的最佳办法。

　　你曾痛苦地经历过这一弊端带来的损失，了解迄今为止采取的或提出的补救措施的不足之处。因此，无需多言。约翰·鲍伦爵士非常赞同你的陈述，将尽其职权所有来落实你的愿望。

　　阁下自己也很清楚，将一种新货币引入有根深蒂固货币观念的中国定会非常缓慢。然而，这绝不是一种劣势。因为即使是一小部分货币的供给都需要大量时间，何况要在这块广袤的土地上进行如此庞杂的外贸活动。对于这个中国及其邻国来说，将需要相当一段时间来消化制币厂供应的货币。这一货币制作精美，不易模仿，纯度高，不容置疑，相信很快会被人们接受，因为他们虽固执己见，但同样聪慧睿智。

　　约翰·鲍伦爵士认为，合金含量恰好是十进制将会有更多的优势，即十分之九的纯金属。

　　信件副本连同这封回信将会被送往英国政府。

　　此致

（签字）威廉·伍德盖特

拉塞尔公司及其他公司，上海

（原件）

（签字）威廉·伍德盖特

160 号信件

英国领事馆，上海，1856 年 11 月 6 日

先生：

　　来信有关阁下 8 月 19 日 113 号信件。您信中谈及港口货币的高汇率严重影响了官员们的薪酬的问题。如我 8 月 13 日寄与阁下的 126 号信中所述，我征求了上海公众关于在香港殖民地制造货币的意见。我广泛地探讨了此问题，并将其特别提交给了上海商会，并煞费苦心地联系当地的个别公司以查明他们对这一问题的看法。在此呈附您商会的答复。商会盛赞阁下设立制币厂的建议，认为适当管制下，制币厂作为一项事业将对中国的贸易大有裨益。

　　商会在 10 月 7 日转发给阁下的第 146 号信回信中提到尊道台的公告。

　　在这个问题上，我必须提到 1 号和 4 号快件，快件说三十多名中国重要银行家说上海卡洛斯币太过稀缺，他们收集不到足量银元以满足银行的命令，并请求允许接受零碎的银元。我告诉他们，他们拒绝了一年前提供给他们的货币平衡机会，如今已经发行了可支付票据，因此他们必须以此价格或相当的价格兑现。我拒绝干预这个问题。

　　这一压力会迫使纹银进入市场，并使卡洛斯币保持较低的兑换率。卡洛斯币汇率通常很高，每 100 两纹银可兑换 102—105 卡洛斯币。今天是 102.50。如果不是银行停付订单，使纹银进入货币流通，伦敦的兑换率将比以往任何时候都高。目前的情况是，六个月内稳定在了 7s. 4d.—7s. 6d.，私人信贷和单据是 7s. 5d.—7s. 7d.。墨西哥币对于上海卡洛斯币的溢价为 54%，目前是 50%。我提及这些意在表明这个港口货币的灾难性状况，并证明进行一场激进改革的巨大必要性。并且，我认为只有通过建立一个标准的价值措施才能完成，如只有英国本土的制币厂才会起作用。

此致

（签字）D·B·罗伯逊

约翰·鲍伦爵士阁下，L.L.D.,

女王陛下的全权代表，等等。

香港

（原件）

威廉·伍德盖特

英国商会，上海，1856年11月3日

先生：

奉命商会委员会回复您9月11日和19日来信。上次回信介绍了商会的信息，是来自上海道台兰公告的翻译件。他代表一批本地商人，支持引入纹银作为这个港口的价值标准，并对导致我们贸易沦落到此不理想境地的原因发表了意见。

后者向委员会通报了英国贸易总署长鲍伦爵士阁下向你所发的一封邮件，其中阁下承认中国货币迫切要求改革，建议在香港建立一个制币厂作为补救措施，生产一种帝国银元在所有对外贸易口岸流通。同时告知，南方商人总体上赞成这一措施。

委员会已经采取办法征求了多位会员对此问题的意见。对于第一种情况，他们发现会员们对任何有意引入纹银货币的企图持强烈反对意见。

他们认为，兰阁下的提议完全不切实际，根本无法缓解我们现在的尴尬境地。

所有人都很清楚，诸如纹银之类的笨重物品以及纯度差异很大的物品不能用作衡量价值的标准。并且，对于贸易频繁的港口来说，一种保证重量和纯度，且在任何时候都可以大量供应的货币是绝对必要的。

在这种情况下，本会特别赞成约翰·鲍伦爵士提出的在香港设立制币厂的建议。他们认为，在适当的监督下，保证所生产的硬币的重量和纯度，这样的承诺对中国的贸易通常是最有利的。

此致

（签字）S·E·帕塔洛，局长

D·B·罗伯逊

英国皇家领事

（原件）

（署名）威廉·伍德盖特

28号信件附件

香港，1856年11月11日

阁下：

写信有关今天上海货币问题的363号信件。现呈附上上海官员对引进墨西哥币的观点的译文。

我担心官方干预完全不足以产生我们所期望的变化。

如果财政部最终决定不允许在殖民地建立制币厂，是否可以考虑请英国伦敦制币厂发行面值是1银元、0.5银元及0.25的银元到这些地区？

此致

（签字）约翰·鲍伦

克拉伦登伯爵

等等

上海官员在江苏省松岗（Sungkeang）根据指示发布这一公告：

我有幸收到上级兰先生、代理监督官苏（Soo）先生、宋（Sung）

先生和戴（Tae）巡抚等官员的官方通信：

上海是商人和交易人员大量聚集的贸易场所，我不可能说明日常交易在各种商业交易中外币使用的确切数额，因此所有的货币运作都应秉持最严格的公正原则来进行。

不过，据我所知，近来银行出纳在收取货币时拒绝接受其市场价值，与以前相比更加注重选择根据外币汇率。在收到损币时，每美元扣除30美分到40美分，这样就造成了商业交易的障碍，交易的利益受到很大的冲击。现在农民把棉花和棉布带到上海卖（他们的出路很少），把收到的墨西哥币换成铜钱时，会发现自己损失非常严重。

我认为，由于卡洛斯币日益稀缺，其价值也日渐上升，银行通过囤积银元侵占了人民的利益。他们的欺诈行为是为了自己的利益，为了达到自己的目的而给予银元不同的名称，因此这些人是最可恶的。应该迅速采取措施，救民众于水深火热之中，使他们脱离钱币兑换商的不法行为。

经检查发现有一种硬币（墨西哥币），表面有一只鹰的形状，是纯净而明亮的，它有一种响亮的声音，没有图章，标记和商标，可以取代卡洛斯币。虽然我发布了好几个公告建议使用它，人们在交易中还是没有利用它。不过，经过再三考虑，我把原因归咎于银行，他们不约而同地坚持他们的囤积行为，且因这些墨西哥币在贸易中还没有流通而拒绝接受拿这些墨西哥币来换取铜钱。

再三考虑了这个问题，我只想到了一个方式，那就是命令各行各业尊重上海主要商务场所建立的组织，目的是让他们接受用墨西哥币兑换铜钱，而且那些银行商铺应与苏州政府的银行商铺类似。

如此以来，当农民来到上海卖棉花和棉布收到墨西哥币时，他们就可以去这些银行商铺，以市场价换取铜钱，也可以用这些银币来交纳税款，而不再承受一定额度的扣款。

通过采用这种方式,那些支付墨西哥币的人不会因为扣款而遭受损失,接受它们的银行也不会有任何处理的困难。假设它也有小额硬币(半元墨西哥币等等),价值因比大额的要小,可能会难以使用。但可以说,只要这些都是按照它们的内在价值和当前市场的比重来衡量,这些硬币的流通就不会有障碍。

因此,我有责任命令商行一起商量设立银行商铺,接受墨西哥币。他们过后会给你发送一个相关议题报告。请转发给我,我会考虑他们的意见,并据此采取行动。同时,你们就这个议题发表一个公告。

除了指示三方就有关规定进行磋商,并指导他们就此事向我汇报之外,我有责任发表这一声明。我现在向你们转发上海商人和交易员发布的声明以供参考。

你们同意这些措施就报告给我,我会把它们传送给巡抚后,在上海的主要商业场所专门设立银行商铺,收取墨西哥币。这样一来,农民出售棉花和棉布收取这种银元时,会去商铺将这些银元根据市场价格兑换成现金。

墨西哥币流通后会被作为税款支付,而且不会导致税收减少。这样的话,支付这些银元的人也不会承担任何损失。接受这些银元的银行商铺在处理上不会有任何困难。小钱币不具有相同的价值,将被视为其内在价值的市场价格,使用它们不会有任何障碍。这对于商人和民众来说很方便。就让一切照此行事。

特别公告,1856年10月25日

(原件)

(签字)约翰·A·T·梅多斯翻译员

29号信件

选自亨利·梅里维尔先生写给C·E·特里威廉爵士和巴斯高级勋爵士，1857年2月24日。

"同时，我受命附上约翰·鲍伦爵士的信件和报告副本（但可能与已有信件重复），关于他在香港建立制币厂的提议。拉布凯尔先生（Labouchere）很高兴能够了解到上司对此问题的看法。"

29号信件附件

（163号）

香港维多利亚政府办公室，1856年10月11日

先生：

1856年3月24日44号关于财务问题的信件中，我提到设立一个制币厂，谨请附上加尔各答当局这一重要事项的答复副本。

在这里建立制币厂会存在很多障碍，但我相信可另谋他法，可从伦敦或加尔各答制币厂提供这种货币。

此致

尊敬的亨利·拉博奇尔，国会议员

（签名）约翰·鲍伦

3739号信件

致殖民地秘书，香港。

（财政部）

先生：

我收到并呈交总督您4月25日的信（第282号），其中包含关于加尔各答制币厂对中国造币条件的询问，加尔各答制币厂包含机械在内的建筑成本，及其业务总体安排。

有关您第一部分的调查，我要说明的是，目前加尔各答制币厂的所有材料都是为了满足政府的需求。而且，它没有明确表明将承接中国的货币制造工作。

关于其他参考标准所需的信息，我谨向您转交所附信件。

（签名）埃德蒙·德拉蒙德，

威廉堡，1856年8月8日

印度政府裁判司

（原件）

W·西蒙斯，殖民地秘书

21号信件

制币厂总管J·H·贝尔少校致制币厂委员会秘书E·F·哈里森先生

先生：

1. 谨收到您1856年6月24日来信，其中附有印度政府和香港殖民地秘书的信件。内容涉及在加尔各答制币厂铸造英制英镑的建议及这一制币厂的建造成本、机械、总体布置和其工作人员的职责，及其发放的硬币数量和种类。

2.不言而喻，此制币厂目前不能从事任何工作，只能制造印度货币。对于所建议的货币，以后是否能在香港政府目前压力下发行也是一个问题。即使现在还不能完全否定，无论如何，这种不确定性将使我认为，向该国政府提出任何关于货币铸造的期望都不能有望执行。

3.它没有说明制造钱币需要多少数量的金条，但我得出结论，香港政府已经准备好持续造币。因为显而易见，一个金银办事处一旦开张，市场上所有的贵金属都会在短期内汇集至此，除非有出口需要。因此，开办加尔各答制币厂打造银元必须是永久性的（除非在中国建立制币厂）才能真正起到服务作用。如果因为香港政府的缘故而把这些贵金属拿来等待打造钱币的机会，结果只能造成财政上的尴尬和沉重的损失。

4.如果制币厂有时间把币造好就不会有困难，但需要提供一些新设备，而这些设备只能从欧洲提供。同时，我认为一个致命的反对意见是，任何情况下，现在制造的银元与英镑以及一些部门的印度银币之间存在差额，达到4dwts。而银元制造一直在进行，这本身就会阻止这两种铸币的同时执行，有时可能造成很大的尴尬。

5.史密斯中校记录了建造制币厂铸造铜钱的必要性。如果制币厂建立起来的话，就我判断，要把它与香港造币计划结合起来其实并不难。如果香港政府更喜欢这个计划，我不觉得印度政府会提出任何异议。殖民地政府可以自己决定是建厂或是购买货币支付往来货物，可以对比一下哪一个更有利可图。这一问题，不论是成本还是公共必要性，造币执行度都是最重要的。

6.此处铸币率对各种硬币来说都是百分之二，尽管远不能肯定这是一个合理的比例，因为整币和小币的相对量是未知的。此外，预熔费用为每千分之一，或1.1%。但如是在当地的检测办公室购买黄金的话，就会被预先熔化，或者在那里进行切割熔化，这样就不会产生上述费用。

7.有关制币厂铸造新币的可行性提出我的意见。如果它真的建成了，我希望能够由史密斯中校进行更正、决策。他的判断远远优于我自己对于所有这些问题的判断，特别是在这一点上。因为他是新制币厂的提议者，并且已经考虑到适当的组织结构及其将占据的场地空间。

8. 随附的备忘录（A）显示了加尔各答制币厂及其所用机器和设备的成本。我对中国造币的预期需求量一无所知，因此不能对香港建立制币厂的必要性提供意见。但是，通过高压发动机提供充足的蒸汽动力将是最好的策略。

9. 现在，与加尔各答制币厂同等动力的机器比以前便宜得多了，不仅机器的成本普遍降低，而且制币厂的机械，特别是精压机，已经大大地改变和简化了。

10. 由于造币需求变化很大，任何时期制币厂制定的货币报表都不能正确显示其能力。因此，最好是说明，制币厂日常工作时间是每天13万枚银币，20万枚铜币，或者是每天25万枚银币，全年可考虑共计260天工作日。

11. 硬币的品种包括——

金莫赫币重量与卢比相当，每一个价值15卢比。

卢比币。

半元卢比币。

四分之一卢比币。

两个安那币（anna）。

铜派士币（pyce），每个相当于半个安那币。

一个铜派士币——四分之一安那币。

半派士币——八分之一安那币。

五分之一派士币——二十分之一安那币。

12. 附表（B）显示了制币厂的工资，并简要说明了其职责；备忘录（C）显示了制币厂的总体安排。

（签字）J·H·贝尔

加尔各答制币厂，1856年7月9日

制币厂官员

（A）

　　展示加尔各答制币厂成本的备忘录及其使用的机器和设备、建筑成本和机械一般安排等。

　　加尔各答制币厂的原始价格是240万卢比，其中110万用于机器，130万用于建筑物。

　　银熔化室有16台熔炉，4台起重机，4台浇注架，3台研磨机，2台搅拌机或浮渣清洗机。

　　层压室由两台40马力的动力蒸汽机组，4台破碎机，8台轧机，2台大型剪板机，4台圆形剪板机和8台反射炉组成。

　　精轧、切磨和磨削部门由24马力的动力蒸汽机共同工作。机械包括6台精轧机，18台切削机，8台双铣床，4台振动机。

　　酸洗、烘干室包含4个反射炉，1个漂烫或酸洗锅炉，2个烘干炉，8个摇床。

　　印刷部门由20马力的蒸汽机和排气机构组成，共有12台冲压机，每天工作7小时可制出35万枚硬币。

　　模具部门、磨坊和一般车间拥有一台14马力蒸汽机。

　　熔化机器由伦敦的莫兹利建造；磨坊由约翰·伦尼操控；造币机和五个蒸汽机由博尔顿和瓦特操控。

（签字）J·H·贝尔

加尔各答制币厂，1856年7月9日

制币厂专家

（原件）

（签字）E·F·哈里森

制币厂秘书委员会

（原件）

（签字）艾德蒙德·德拉蒙德

印度政府主管秘书

（原件）

（签字）威廉·西门

殖民地秘书

摘自制币厂委员会秘书的一封信，1856年7月15日，财政部印度政府秘书处。

标有（A）的官方造币专家第一封信附件显示了建立制币厂的总金额，包括机器的费用，截至1833年4月共计240万卢比。标记（B）的第二封信附件没有显示殖民地办公室已收到制币厂的成本费，不包括制币厂专家的工资。附属于检测部门和制币厂委员会办公室的机构费用同样不包括在内。但是，因为这些项目的总量要计入造币成本，所以必须出现在制币厂的费用中。具体如下：

	Rs.	a.	p.
制币厂专家的工资	2,766	8	-
制币厂建造	9,218	-	8
贵金属制品鉴定所	3,642	5	9
制币厂委员会	574	-	-
总计	16,190	14	5

每月，或者每年公司的汇总：194,290.13

（摘录原件）

（签字）艾德蒙德·德拉蒙德

印度政府主管秘书

（原件）

威廉·西门

殖民地秘书

（C）

加尔各答制币厂的总体部署

1. 现在制币厂所需的主要材料白银主要从商人那里得到，尽管仍然有大量白银来自内地的非流通硬币。

2. 来自商人的白银部分是精加工银条，欧洲测量纯度为994，高于B18或者18dwts。这些银条高温加热后"切成"几片，达到制币厂认可的不含有其他金属或物质的块状混合物后，进行分析。任何纯度较低的银条在检测前都要进行预熔。

3. 从商人那里也收到了大量的外国货币。这些货币熔化后像银条一样进行检测。

4. 上述过程以造币为目的以最好地保障银条的完整性在官员的监督下进行的，但制币厂不对熔化或其他损失担负责任。银条在所有者或其代理人在场的情况下处理，让厂房内的银条所有责任人确保银条处理的安全性。

5. 银条在切割和燃烧后，或者预熔化后会按重送到制币厂制币部门。有司收到后会给收据。银条检测完毕后，由检测师给商人提供纯度检测分析证书，以及支付给商家扣除硬币取出和预熔化费用后的金额。在财政部交易后20天内支付。

6. 从任何来源收到的银条都是与其他银条一同经过检测和登记，如果有必要的话，与铜合金一起，以达到印度标准。合金是在制币部分制成的，也是从那里它们被装进盒子送往熔化部门，每个盒子里的合金在一个罐子里被熔化。

7. 熔化后对每个罐子单独测定。如果金属符合标准，或者十分接近于标准，它将送至下一步处理。

8. 银条在经过不同制造过程之后以不同形式的硬币出现。如果总量在 10 万以下，每天从冲压机中取出 1 枚硬币，或者总共出 10 枚硬币，经过检测后，其确切的纯度是高于或者低于标准，会在检测专员的报告中进行详细说明。这些硬币代表整个造币工作，而制币厂的报告是参照他们所展示的高于或低于标准的值而制成的。

9. 这些硬币由制币厂委员会成批称重。单独称重，每批 1 万枚，若总数少于 10 万，则 10 枚一批。

10. 上面没有描述造币的过程，因为所有制币厂的生产过程必然是相同的，只有细微的差别。马德拉斯制币厂除外，那里的货币调整是通过双重切割来实现的。

11. 铜板由方坯制作而成。方坯经过退火，被分成适当大小的带状体。货币则没有调整。

12. 在加尔各答制币厂，整个金银和铜材料的保管由金银保管员负责。金银保管员森严戒备，并且在每个部门都有自己的代理人。不同工序的管理者只负责自己工作的正确性和优良性。在金银办公室，制币厂厂长的助手们只监督和登记接收、配送的金银以及货币的发行，除了下班时看一看坚固的房间上或其他存放处上的密封条外，不负责任何其他的安全保管。

（签字）贝尔

执行制币厂厂长

加尔各答，1856 年 7 月 9 日

原件

（签字）西蒙斯

殖民总督

原件复本

（签字）德拉蒙德

印度政府秘书

原件复本

（签字）西蒙斯

制币厂委员会秘书

182号信件

政府办公室，维多利亚，香港，1856年11月12日

先生：

续上个月164号信件中，向您汇报已通过邮件请克拉伦登伯爵关注该殖民地铸币这一重要问题。

我给克拉伦登伯爵写信的直接原因是上海商业界视之为对港口的"特殊恩典"。

但我没有料到，能从一封信里得到大量有关信息和帮助。这封信来自驻上海的美国人。这封信件提到一个简洁明了的问题解决方式，我认为交予您一份复本比较合适。

因此，我随函附上一份。

此致

（签字）约翰·鲍伦

尊敬的拉布谢尔议员阁下

（签字）谢尔本

谢尔本伯爵给威尔逊议员阁下的信的复印件

外交部，1857年12月17日

先生：

克拉伦登伯爵指示我寄给您信件复本。该信件来自驻中英国贸易总管，有关该国的货币状况。请求您交付英国财政大臣约翰·鲍伦先生信件及其附件的时候说，克拉伦登伯爵对香港官员的提议持强烈反对意见，不应用英币支付驻中人员工资。对驻中英国公务员利益采取不公正的措施不可能得到英国财政部的批准。

（签字）谢尔本

* 这封信印在1856年11月11日363号快件56页，已经由约翰·鲍伦先生发送给克拉伦登伯爵。

30号信件附件

贸易监督

香港，1857年10月23日

先生：

恭请您参考我致函殖民地首席秘书有关货币问题的快件复本。

向殖民地财库发放金币的提议使我再一次注意到了这个问题。即：我被迫遭受大量的损失。并且在许多情况下，用金币支付几乎相当于不支付工资。我希望英国政府能够保护其职员，使其不再因薪酬所得货币难以流通而遭受损失。

（签字）约翰·鲍伦

克拉伦登伯爵

154 号信件

政府办公室,维多利亚,1857 年 10 月 23 日

先生:

借此机会呈上 153 号信件,信件有关货币问题。再次迫切地请英国政府关注在殖民地建立制币厂的愿望,或在伦敦制币厂授权发行英币的提议。

议会授权下的现行货币发放体系在该殖民地引起了损失、混乱、各种各样的问题和争议。这些(在中国完全拒绝接受的一种硬币)货币的不便之处,只有那些经历过且日受其害的人才明白。

没有一个政府部门不会因为金币的任意价而感到尴尬。这种价值不被任何商人和店主接受,除非甘受巨大损失。由财政部向驻中国港口的领事馆官员发放工资,而中国港口不流通这些金币,而兑换成当地港口的流通货币会造成最令人烦恼的问题。这引起了英国公职人员的不满,而一些补救措施也同样尴尬和不便。

如果我的建议有幸得到了批准,那么所得利润将能使殖民地建立起制币厂来铸币。它的十进制铸币量极大,而且如果该项目由英国政府持有,将会富有成效。

1 银元的铸造成本很可能是 4s. 3d. 到 4s. 4d 的,而很长一段时间以来,货币兑换价格已经稳定在 4s. 9d. 到 5s. 之间。在北部港口,与墨西哥币同等内在价值的卡洛斯币值 6s. 8d. 到 7s. 4d. 英镑。

仅中国的需求就会立即带来五十万银元的收入。我相信,对英币的需求将会多到连最高效的制币厂也很难供应。中国的商业将处于消化一亿多英币的状态。这确实会取代暹罗(泰国的旧称)的货币、海峡定居点的卢比及许多周边人简陋的货币。

我请求附加威尔金森先生来信摘录,他是我们商人中最了解情况的

人之一。

我可以自由将这个急件的复本寄给外交大臣。

此致

（签字）约翰·鲍伦

原件

（签字）墨里森

尊敬的拉布谢尔议员

摘自威尔金森先生1857年10月22日在香港写给鲍伦爵士的信。

我利用这个机会来提一下最近的报告，大意是一制币厂将在马尼拉成立，主要是铸造金币，虽然毫无疑问是使用白银。如果尚未进行，我建议应该由西班牙评估他们所采取的步骤，并再次敦促政府在香港建造一个英币铸造厂。中国人可能会习惯使用这种货币，因此尽快推出这种货币是件好事。为了达到这个目的，我建议一旦货币铸造设备确定，铸币就应该开始了。根据英国最后的账目，等重的金条状纯银的成本差异接近3%，并往往少于3%（报价分别为5s. 1d.每盎司）。差异将足以弥补所有的造币费用，这正如11月11日伍德盖特先生寄给上海的美国商人的信中所指出的那样。香港的需求将消化掉未来一段时间内能提供的所有货币，这样一来这种"试验"货币不会造成任何损失。无论铸币在条约港口的引入可能面临什么命运，都可以通过公告来实现货币流通，新加坡也可如此。

原件摘录

（签字）墨里森

31号信件

财政部记录，1858年2月26日

写信给韩蒙德先生旨在通知外交大臣，由于金币在香港是法定货币，工作人员会收到这种货币形式的工资。议员们不能承诺会发布命令，不以这种货币形式支付工资。而实际上，由于委员会采取的特殊措施，殖民地的财库只供应银币，且由于银元是以 4s. 2d. 的汇率发行，与英镑相比远低于其现在的价值，所以公职人员到目前为止，没有任何抱怨的理由，都在享受他们原则上没资格享受的优待。

改变价值标准和非货币化香港的货币是一个非常严重的问题。如果接受这一个提议，必须考虑比约翰·鲍伦先生急件中提供的更多的数据。他提到金币的任意值，但英镑已经被采纳为标准价值（它的采纳源于不同银元的任意值所产生的混乱），其他货币的值根据此标准来调整很有必要。事实上，由于交易过程中与贵金属相对值的不断变化，外国货币调整成英镑的计算方式已被篡改，汇率大于 4s. 2d。因此，人们抱怨银元估值过低，而不是金币估值过高。如果银元在香港采用银币标准，则有必要重新调整缴税银元的汇率，并应参照其在兑换英镑时的实际相对值来支付工作人员工资。

约翰·鲍伦先生提及在香港建立制币厂以解决目前存在的异常现象。除了这些反对理由外，有司还必须观察一下被严重低估了的铸币成本。他说1银元当然可以以 4s. 3d.—4s. 4d. 的成本制造出来，但是没有任何数据显示这是建立在制币厂费用或香港银币制造费用的基础之上的。

有司倾向于认为，购买墨西哥币并将其运到中国的实际成本，对此问题会提供最好的借鉴。新的制币厂不可能比建立已久的制币厂铸币成本更低。现在，财务部购买运到香港的银元在某些情况下多达 61d. 伦敦盎司。银元运输费为 60d.。当运费、利息和其他费用附加在这个价格上时，银元到达香港时的价值将会达到每个货币 4s. 6d.。

将外交部信的原件附件，以及这个记录的附件传送给梅里瓦勒先生，以方便殖民地事务大臣能了解到香港制币问题。

32号信件
梅里韦尔先生给特里维廉先生信的复本

唐宁街，1858年2月6日

先生：

参考上月30日信件，转发您香港总督1857年10月23日153号急件复本，供有司参考。秘书拉布谢尔先生指示我给总督相同日期（和附录一致）的第154封急件复本写附件，重申他以前提出的，在香港建立制币厂铸造银元的建议。

此致

（签字）赫尔曼·梅里韦尔

33号信件

财政部记录，1858年2月27日

来信有关韩蒙德先生1857年1月6日提交外交部长有关外事部的信。请说明有司已经在切实考虑英国全权大使在中国制币、发行流通的各种主张。要么在香港建立制币厂，要么在伦敦皇家铸币局为这一目的制造特殊货币。

请声明，我的上司对这一权宜之计很不满意。去年11月11日，约翰·鲍伦爵士以远离英管辖的上海商人的交涉为依据，发出了这封信。因此，提出这一建议并不是为了纠正英国领地的不当，而是为了纠正由于在外国缺乏明确的价值标准而引起的不便。

我上司毫不怀疑这个试验会使该地的商人感到满意。因为如果成功，他们会获得好处，而如果失败了，这个费用会落在英国的头上。但是官员们认为，该地商人在这个问题上的损失可能会通过以墨西哥元代替过时的卡洛斯币作为公认的标准而联合解决。广州已成功采用。因为不缺墨西哥元，并且没有人抱怨它们的自由流通存在障碍。有司并不倾向于提供给中国人不熟悉的货币这种拿不准的行动。问题的主要阻力来源于少数人的偏见，这种偏见导致他们执拗地坚持旧习惯。虽然这可能会让他们尊重有英国标志和国王肖像的货币，但另一方面，这也存在危险，即会更让他们喜欢卡洛斯币而使其升值。

请参考当月6日的信和以前的通信，以相同的说法写给梅里维尔先生。

*154号信件及其附件印在67页，它们的复本已经被约翰·鲍伦先生连同他1857年10月23日第409号信件一起发送了给克拉伦登伯爵。

*本函及急件仅涉及货币，1857年第二届议会投票决定将用该货币向香港殖民地付款10000 $l.$ 以补贴其财政。

*见第56页

34号信件
韩蒙德先生写给汉密尔顿下院议员阁下的信件复本

外交部，1858年3月2日

先生：

奉马姆斯伯里伯爵之命发给您一份摘录，请向英国财政部大臣递交领事罗伯逊先生写给驻中英国贸易总管的急件摘录，内容有关上海港口货币状况。

此致

（签字）韩蒙德

34 号信件附件

上海领事寄给约翰·鲍伦先生的急件摘录

1858 年 1 月 6 日

卡洛斯币迄今为止一直是上海唯一的流通货币，加之稀缺，造成卡洛斯币价值波动频繁，以至于根据重量而不是货币面值而进行交易。因此，采用"两"及其十进位，钱，分等来代替卡洛斯币。不幸的是，银币有两种标准：用于给皇室交税的纯纹银及用于商业交易的上海纹银；后者平均比前者纯度差 11.5 两，因此制造 100 两海关纹银要花费 111.5 两上海纹银。上海纹银作为流通货币用于经济活动，而 1 两上海纹银与卡洛斯等值。银条或银元宝作为流通货币非常不便，特别是在小规模交易中，因而墨西哥元在很大程度上受到青睐。这是我两年前所提出要使用的货币，但是被商界拒绝了，虽然他们现在逐步认同我的观点。在此基础上，我建议关注它与纯银的相对值。如果能制造出银币或银元从而使港口波动的汇率平息下来就太好不过了。

过去一年货币市场的汇率波动一直没有平息。1 月份为 $6s.\ 6d.$；3 月和 4 月份维持在 $7s.\ 5d.$ 到 $7s.\ 6d.$ 之间；8 月份下降到 $6s.\ 9d.$，目前长期维持在 $5s.\ 10d.$。近来汇率的跌落可能归因于大量进口的黄金和国内市场的萧条。任何低于 $6s.\ 4d.$ 的汇率交换都是亏本的。这里白银的花费降低了，主要是印度出口了 150 万两，就目前的前景而言，这很可能将继续下去。中国的货币——铜钱非常稀缺；三四年前值 1,800 到 1,900 铜钱的西班牙元，现在只值不超过 950 到 1,000 铜钱。这对价格有严重的影响，导致所有普通物品的价格翻倍。

进口量一直很大；很难知道有多少是通过私人来源运抵的，但是经由东方公司海运的数量可能价值 2040 万墨西哥元，或者是 540 万英镑。再者，可能在私人手中有 170 万英镑，平均总计 680 万英镑。

35 号信件

财政部记录，1858 年 3 月 9 日

请写信给韩蒙德先生，告知收到了来信，并请他向马姆斯伯里伯爵陈述上海领事提供的信息及其急件摘录。马姆斯伯里伯爵倾向于采取办法真正解决当地货币中存在的问题。

36 号信件

韩蒙德先生写给汉密尔顿下院议员阁下的信的复本

外交部，1858 年 4 月 5 日

先生：

奉马姆斯伯里伯爵之命写信给您，请向英国财政大臣递交一份英国驻中贸易总管的急件复本，随附《北京公报》关于墨西哥元在中国港口流通的摘录。

此致

（签字）韩蒙德

36 号信件附件

香港，1858 年 2 月 8 日

尊敬的大人：

尊呈您去年 12 月 17 日《北京公报》的摘录翻译，我冒昧地表达一下看法，希望墨西哥元在中国各个港口流通的棘手问题能够得到解决。

（签字）鲍伦

克拉伦登伯爵

摘自1857年12月17日的《北京公报》呈文

我是福建和浙江两省总督王艾提（WANG ETIH），我向女王陛下提交这份备忘录，有关福州和福建与其他港口的对外贸易。

外商在福建各港口与中国商人做生意时，用的是纹银或西班牙元，中国人也同样在平时的货币交易中用纹银和西班牙元。然而最近外商给福建引入了大量的一种叫做墨西哥元的新货币。

福州的英美领事之前请我批准以同样的汇率发行墨西哥币和西班牙币，我立刻就此问题向皇家外交部长兼两广总督叶铭钦（Ye Mingchin）通信，请他考虑给予答复。后来我收到了叶总督的回信，内容如下：

咸丰三年，墨西哥元和其他各种外国货币引入到广州，随后中国的店主请求我批准流通这些货币。我指示下属发布公告，允许这些货币和西班牙币同汇率流通。目前它们在广东的每个港口都在流通。今把这封信寄给你，供你检查和了解相关信息。

随后，福建省茶商陈保树（Chinpaon Shoo）等人多次向我请愿，情况如下：

福建的中国商人迄今有义务缴税给国库，或以纹银或以西班牙币支付。若用西班牙币，则要按照现在的市场价格来弥补差额；当他们从事商业活动时，可使用纹银和西班牙币这两种货币，这样一来他们能获利。在过去的几年里，外商一直在把墨西哥元引入福建。其内在价值不亚于西班牙元，而其外观和完整性都更胜一筹，因此我们认为，应该批准墨西哥币和西班牙币以同样的方式投入使用，以使其在商业上的价值可以与西班牙币同等。

在福州及其郊区建立的银行也向福州知府请愿依照如下方式使用墨西哥币：

各种各样的外国货币现在都流入了福州，差别是有些货币在商业交易中并不使用。西班牙元目前是称重计算的，而不是作为货币在商业上被大量使用。然而，我们已经达成协议，以与西班牙币相同的条件流通墨西哥币。因此现在恳请阁下向英美领事通信，下达给所有的地方法官，可以在全省实行相同的规则。

因此，福州知府叶容源（Ye YungYuen）与副知府及知县一起就请愿要旨进行了磋商，并就此问题通信给我。

我王艾提经过考察，提出拙见：西班牙币都是从外国流入的，福建的居民将其和纹银同等使用；墨西哥币近期才流入福州，因此福建居民还没有习惯使用墨西哥币。这说明他们流通还得需要时间。外商也担心中国人不会对墨西哥币产生信心，会由于流通不畅导致最后无法流通。

现在墨西哥币在广东的流通没有任何障碍，我有理由预期它们的流通应该扩散到其他省份，这样其他省份的人也能了解墨西哥币。此外，在熔化墨西哥币时发现，它们的内在质量与西班牙币相当，而且由于目前白银非常稀缺，应授权墨西哥币与西班牙币同等流通十分重要。因此，福州知府就此事向英美两国领事写信，恳求他们向商人下令，在相同的条件下同时收取和发行墨西哥币和西班牙币，但不以与西班牙币相同的汇率支付墨西哥币，且拒绝以同样的汇率收取，以便中外双方有同等的优势。从而，使两国人民的政府财政和货币交易都从中获利。

除了发布有关墨西哥币流通的公告之外，我还写信给福尔摩沙的所有下属，向军人和贸易阶层发出命令，令他们今后必须与中国货币一道收取和支付墨西哥元，以便货币可以自由流通。

在福州海关，从咸丰六年九月到咸丰七年八月这12个月，收到了异邦人436,000两白银的税收，其中309,000两是纹银，127,000两是异邦商人用墨西哥元支付的。现在，由于福州市的纹银非常稀少，墨西哥币还没有通用，墨西哥币也不可能兑换成纹银，所以我现在请求陛下能够批准我把墨西哥币转入财政专员的财政部，暂时用来支付军资；当墨西哥币变为通用货币时，能够换成纹银，我们也就可以转用传统的纹银制度。

我还写信给皇室外交部长兼两广总督叶铭钦（Ye Mingchin），告诉他以上信息，以便墨西哥币和西班牙币可以在同一体系流通，并请他写信给总司令来收取墨西哥币以支付军资。

我现在恭请陛下您备忘。

税务委员收到陛下的命令后会授权向军队支付墨西哥元，并流通这种货币。

殖民部和外交部接收的关于中国市场白银供应问题、上海和广州的汇率以及补救上海高汇率带来的不利因素的通信复本；随附财政部记录供参考。

威尔逊先生

由下议院命令印刷

1858年5月18日

［价格 9d.］

在12盎司以下

后记

因书中多处涉及到货币单位"*s. d. l.*",并且原文中时而用斜体,时而不用斜体,为统一和美观起见,在本译本都采用斜体,并统一在此标注为:*s.*= 先令;*d.*= 便士;*l.*= 英镑。

还因书中有些许纰漏,故在原文中进行了修改并标注为:原文如此。

另,书中有许多人名、地名及英音译中文名称。为避免歧义,对所有人名首次出现进行翻译的同时,在括号内保留了其原文中人名。对难以确定的英音译中文名称,在还原中文的同时,在括号内保留了其原文中名称。

虽殚精竭虑,反复斟酌,但译者千秋,未免会有待商榷完善之处,期待业内同仁批评指正。